A MAN OF TWO FACES

A Memoir, A History, A Memorial

兩張面孔的人

一本自傳｜一段歷史｜一份紀念

Viet Thanh Nguyen
阮越清——著
李斯毅——譯

獻給媽媽

獻給媽

獻給琳達・金・阮（Linda Kim Nguyen）

獻給阮氏七（Nguyễn Thị Bẫy）

獻給我的母親

一九三七—二〇一八

Contents

PART

3

推薦序

說吧！遺忘的記憶啊

——讀阮越清《兩張面孔的人》

作家／朱嘉漢

經過了《流亡者》移民文學的操演，從少數族裔的小故事，一路轉進氣勢磅礡《同情者》、《告白者》（還可以期待第三部的誕生）。讀者不必擔心阮越清小說的會有鄉愿、溫情、妥協，去使用一種身分政治，去反覆書寫投西方人所好的亞裔文學（匡靈秀的《黃色面孔》對此譏諷不少），而是見證破殼而出的新的書寫。

以《同情者》與《告白者》為例，「雙心人」的特殊敘事口吻（這不免令人煩躁的敘事主體不正是殖民造成一個撕裂的主體嗎？）中，近似瘋人言語（是以，西方自十九世紀來，以文明理性自居的反面，不正是亞洲的愚昧與弱小，且需要教化的孱弱主體？）展現出的五花八門的譏諷法，確實赤裸裸地呈現當中難以直視的暴力，令人大呼過癮或捏把冷汗。

然而，這樣的書寫必然有代價：在美國與在越南，都是處於「兩面不是人」的雙方不討好狀態。

實際上，阮越清的書寫最迷人之處，在於他不認為「兩面不是人」會是結果，而是條件。一個在美國長大的難民，打從一開始且永恆地兩面不是人，要不成為理性的他者（說著英語，黃皮膚但思維完全是美式的），要麼成為瘋語且失敗（如何失敗？沒接受美國文明教育的「恩惠」）的情感怪物。

《兩張面孔的人》裡，阮越清揭露的不僅是自己的過去，也包括他「如何」提煉出自己的聲音。

近幾十年來，西方的文學書寫與評論，大抵上已經共識，長期以來我們對於自傳的坦白機制，其實並不簡單。「我」之於「我的經驗」，並非有全然的主權。我說我的故事，並不是一種坦白的自述，背後有更多有意識與無意識的經驗重構。若是不自覺，便落入社會結構的暴力敘事中的遺忘與記憶重塑；若是自覺，就必須艱難地與語言搏鬥。

我們可以清楚看到，《兩張面孔的人》當中種種搏鬥的痕跡：正常段落的行文，以及用離散的形式吶喊潰散的句子，兩者交錯。阮越清更進一步的顛倒語法：一般穩定段落的敘述是讀者們多半預期的、控制過後的自述，但潰不成聲的吶喊與和聲的散裂句子，卻才是真正批判性的。

《兩張面孔的人》的兩種句法，造成一種緊張的撕裂，而我們不可能忽略任何一方。

過往的阮越清，小說無論在情節架構與敘事口吻皆非常嚴謹。文論集《一切未曾逝去》更是展現他對後殖民理論以及歷史的熟稔。到了《兩張面孔的人》，阮越清似乎有種不得不以吶喊與氾濫的情感叫喚，才能把理性與秩序文明中，被壓抑的聲音順利地發出來。他似乎逼迫敘事者我走向極端，瀕臨瘋狂（否則如何體現暴力？），又要讓這極端的個體，成為一個歷史無名的「大我」：複數的我。

所謂複數的我，不是概括的、可以印象包覆的「我們」，而是猶如希臘神話的提豐（Typhon）：長著一百顆頭，每個頭都說著無法理解的言語（於是，也成為天神宙斯必須徹底壓制的最終怪物）。但此同時，他又必須自我壓抑，以殖民者、殺害他許多同胞者的語言，將這實則無法以單一語言訴說的離散經驗，在這自由競爭的美國書市間，找到一個能被傾聽的位置。

對於難民而言，他們的經驗要不以外部的、如手術刀冰冷的方式述說，要不以內部的、陰暗無語的方式，以病徵展現。前者以忘記自己原先的身分，以一切如新，看待切割過的過往光明地訴說；後者深陷於記憶的泥沼，說著無能。

然而兩者皆通向了遺忘。前者是對過去的遺忘，必須忘了故鄉、告別自身的傳統，成為一個西化的人，才得以安心談論過去。後者是對現在的遺忘，你必須在新的國度假裝自己還是原來的人，維持相同的信仰與傳統，靠著同族的相濡以沫，卻不知故鄉本身或許以更快的速度瓦解。不論如何，兩者皆難以通往未來。

阮越清一直以來要做的，或許就是與這兩種遺忘對抗，以便找到一個「不再遺忘」的未來。他在《告白者》中，曾精彩演繹韓波的名言「『我』是他者」。難民的我，在美國社會中是永恆一再塑造的他者。難民的經驗雖然不是本源的，而是被反覆建構的（因此是虛構的），但卻又是他真切感受的（因此是紀實的）。

從《一切未曾逝去》的學者角度，到《兩張面孔的人》的童年與少年回顧，我們可以窺見阮越清面對的是自身的遺忘（他對越南並沒有記憶，而父母為了生活而順從遺忘），又得面對世界上最具規模的記憶工程生產國製造的大量影像。

你必須被迫地，看著美國人如何用電影、用文學，以他們的方式，將越南的歷史變成可以安心凝視的他者。殖民與戰爭本身或許不是最恐怖的，畢竟這些直接的暴力會在某種程度上劃下句點。但更恐怖的是記憶工程會不斷地讓你以「不是自己」的方式重生。在美國的越南難民，若要奢談記憶，就不是以個人記憶去對抗國家的遺忘之力，而是以個人遺忘的空缺，去指出國家（甚至某方面來說，美國就是「世界」）製造的記憶再現是如何虛妄。

阮越清以敵人的武器（借用安妮．艾諾的說法），用英語寫就高水準的文學，並佐以文化批判理論，去為自己的族人討回公道。如果記憶無法公平，至少保護起每個人有尊嚴的遺忘。那個空缺，那些死亡，不該再被干擾，而是靜靜地銘記。

然後，試圖在迷霧散去之後，重新拾起遺忘之地中，或許閃現一瞬的記憶破片，屆時將不再扎手，足茲紀念。成為可以愛，訴說愛的主體，在能說出更廣大無名者的言語，被傾聽之後。

FACES

PART 1

要如何才能把「我」變成複數……
要如何述說出我以外的我的故事？

莫里斯・梅洛—龐蒂☆
——《知覺現象學》——

☆ 譯注：莫里斯・梅洛—龐蒂（Maurice Merleau-Ponty, 1908.03.14—1961.05.03）是法國知名哲學家，其於一九四五年出版的《知覺現象學》（*Phenomenology of Perception*）為法國存在主義的重要著作。

FACES

你知道怎麼去聖荷西嗎？

記憶是從什麼時候開始的？
我尋找的是什麼樣的記憶？
在歷史與記憶的薄弱邊界處，
我能夠從哪裡重新
找回我的記憶？

記憶從爸媽開始。他們的形象就像照片，他們的故事宛如一部電影，一部收錄在黑色家用錄影帶裡的電影，存在於好久以前就被我丟掉的錄影機的年代。

我們的父母都應該擁有一部關於他們人生的電影，至少我的父母應該要擁有。他們史詩般的人生旅程值得受到明星等級的對待，即使只是一部獨立製作的低成本電影。由顏值在巔峰時期的美女演員陳沖[1]飾演我的母親、年輕時的帥哥演員王盛德[2]飾演我的父親。

就算這兩位演員都不是越南人，那又如何？
反正我們都是亞洲人。

陳沖曾在奧利佛．史東[3]的傳記電影《天與地》[4]中扮演過一個越南母親的角色，那部電影講述越南農家女孩馮黎莉陷入無情戰火的故事。性感的王盛德擁有輪廓分明的臉龐與微微上翹的嘴唇，如果好萊塢願意找亞裔男性擔任浪漫愛情電影的主角，他一定有機會成為電影巨星。王盛德烏黑的頭髮讓我想起我父親於一九五〇年代拍攝的黑白大頭照，我父親的頭髮在那張照片裡也同樣閃閃發光。我從十六歲開始就迷上了替頭髮做造型及保養，或許我應該趁爸還記得的時候問問他使用哪一種護髮產品，如此一來我便能用相同方式打理自己的頭髮。就好比我在我母親過世之後拿了她的灰色運動服來穿，並發現這麼做能填補我心靈的虛空。

我在腦子裡的老舊電影院播映這部電影，電影配樂由傳奇人物鄭公山[5]創作，並由與他一樣具

1 譯注：陳沖（Joan Chen, 1961.04.26—）為華裔美國演員及導演，是唯一擁有金馬獎最佳女主角和金馬獎最佳導演頭銜的電影人。

2 譯注：王盛德（Russell Wong, 1963.03.01—）為美國演員，其父親為華人，母親則為法荷混血的美國演員，其弟王敏德為在香港發展的知名演員。

3 譯注：奧立佛．史東（Oliver Stone, 1946.09.15—）是美國電影導演、編劇及監製，曾以《前進高棉》（*Platoon*）和《七月四日誕生》（*Born on the Fourth of July*）二度獲得奧斯卡最佳導演獎。

4 譯注：《天與地》（*Heaven & Earth*）是一九九三年的美國電影，由奧利佛．史東執導，陳沖主演，內容改編自越南裔美國作家馮黎莉（Le Ly Hayslip）的傳記《*When Heaven and Earth Changed Places*》及《*Child of War, Woman of Peace*》。

5 譯注：鄭公山（Trịnh Công Sơn, 1939.02.28—2001.04.01）是越南知名的作曲家。

有傳奇色彩的繆思女神慶離[6]演唱。他們兩人的合作能讓這部電影的音樂傳達出越南流亡者及難民的鄉愁與失落，透過每面四十五分鐘的卡式錄音帶播放，樂曲在迷濛的香菸霧氣裡緩緩飄出，適合一邊啜飲軒尼詩干邑白蘭地一邊聆聽。這部電影由王家衛[7]以其鬱鬱寡歡但充滿魅惑的典型手法執導。燈光設定？朦朧。氛圍設定？浪漫。色調設定？像褪色的拍立得照片。

要找哪個演員來飾演我呢？一個擁有一雙黝黑大眼睛的可愛小男孩。

在這部電影播放結束之後，
再也沒有人聽過他的消息。
也沒有人會記得他的名字。

或許王家衛和他的攝影師杜可風[8]可以在我們位於聖荷西高速公路旁的那間房子裡展現他們的電影魔力。那間房子的外觀漆成深棕色，也許是為了讓人聯想到樹皮。那間房子是以木頭與屋瓦、灰泥與靜默、記憶與遺忘打造而成的。

我的父母都是英語不流利的難民，當他們以現金支付全額購屋款時，房屋仲介商的驚訝程度不難想像。

大多數的難民和移民只能住在租來的小房間或小屋子，或者擁擠不堪的公寓或平房，與一大家子的親戚及無法避免的室友同住。雜亂的房間、空洞的人生，這就是費梅恩娜・吳[9]在她的小說《骨頭》裡所描述的移民生活。她的故事背景設定在沒有異國情調的唐人街，但至少那裡是舊金山的濱海區。哪個人寫過距離舊金山大約一個小時車程的聖荷西的書籍，或者拍過關於聖荷西的電影？無論如何，狄昂・華薇克[10]曾用一首歌來頌揚這座城市：「你知道怎麼去聖荷西嗎？[11]」

當然，這首歌比不上那些描述舊金山的歌曲。

---

6 譯注：慶離（Khánh Ly, 1945.05.06—）原名阮氏麗梅（Nguyễn thị Lệ Mai），是越南知名的女歌手。慶離與鄭公山是合作夥伴，兩人關係密切。

7 譯注：王家衛（Wong Kar Wai, 1958.07.17—）是香港電影導演，曾多次奪得香港電影金像獎，是首位拿下坎城影展最佳導演獎的華人導演。

8 譯注：杜可風（Christopher Doyle, 1952.05.02—）為香港電影攝影師，曾獲得七座香港電影金像獎、四座臺灣金馬獎，並憑著電影《東邪西毒》及《花樣年華》先後在威尼斯影展及坎城影展奪獎。

9 譯注：費梅恩娜・吳（Fae Myenne Ng, 1956.12.02—）是華裔美國小說家，其處女作《骨頭》（*Bone*）講述三位美籍華人女性在舊金山唐人街成長的故事。

10 譯注：狄昂・華薇克（Dionne Warrick, 1940.12.12—）是美國女歌手、演員暨主持人，曾獲得葛萊美獎終身成就獎。

11 譯注：〈你知道怎麼去聖荷西嗎？〉（*Do You Know the Way to San Jose*）是狄昂・華薇克於一九六八年推出的單曲，這首單曲在全世界賣出七百萬張，並使狄昂・華薇克於一九六九年贏得葛萊美最佳流行女歌手獎（Grammy Award for Best Female Pop Vocal Performance）。

我們居住的街道甚至沒有名字，不像桑德拉．希斯內羅絲[12]的芒果街[13]，只有方向和數字：南第十街。屋子的窗戶上有黑色的鐵欄杆，一定是我們那些來自東半球的同胞安裝了這些鐵欄杆。由於無法從屋內打開鐵欄杆，因此發生火災時我們會被困在屋裡。我得責怪我們的同胞老是貪圖方便。有些同胞來替我們建造露臺，可是沒將水泥鋪平，結果留下了像月球表面的坑疤。

隨著聖荷西漸漸繁榮，向我們買下房子的人後來把原本是草坪的院子鋪上水泥，以增加停車空間。我母親以前經常躺在院子的草坪上，擺姿勢讓我父親為她拍照。我們在美國的照片幾乎都是彩色的，不像在越南拍攝的大部分照片。我父母在越南的照片都有一種迷人的朦朧感：我母親站在教堂旁邊的草坡，身上穿著越南長襖，看起來美麗動人；我父親就像當今的韓國偶像一樣身材纖瘦，拍照時臀部輕輕倚著他的豐田轎車。

他那副太陽眼鏡已經找不到了，就如同我們從前失去的點點滴滴，早已隨風而去，不然我現在就可以戴著那副太陽眼鏡，像他在他的轎車旁邊照相時一樣拉風，站在日落大道上留影。

那時候大部分的人都只有摩托車，而且就連買得起摩托車都不簡單。即使到了現在，我們家鄉騎摩托車的人還是比開車的人多。有個笑話是這麼說的：

要怎麼稱呼越南的小客車？

摩托車。

我家客廳牆上的那張由黃公崴[14]拍攝的黑白照片
——不是潘氏金福[15]小時候被凝固汽油彈燒傷
且一邊奔跑一邊尖叫的那張知名照片——
是一個男人騎著摩托車逃離戰場，
機車的前座載著兩個男孩，後座
是他的妻子抱著另一個男孩，
另有兩個男孩坐在她身後，
眼睛看著黃公崴的鏡頭。

在我隱約的記憶中，我們家的一名幫傭會騎摩托車載我去幼稚園。幾年前我父親告訴我：他騎乘他的偉士牌機車時，你會站在他前方的空位。我真希望當我們從那些肌膚被太陽曬成古銅色的三

---

12 譯注：桑德拉・希斯內羅絲（Sandra Cisneros, 1954.12.20—）是出生於美國芝加哥的墨西哥裔女詩人暨散文家。

13 譯注：《芒果街上的小屋》（*The House on Mango Street*）是桑德拉・希斯內羅絲於一九八四年出版的詩化中篇小說，全世界銷量近六百萬冊，共有十多種語言之譯本問世。

14 譯注：黃公崴（Nick Ut）是越南裔美國攝影師，普立茲獎得主。

15 譯注：潘氏金福（Phan Thị Kim Phúc, 1963.04.02—）是越南裔加拿大人，越南戰爭的受害者。潘氏金福九歲時在越南戰爭中受凝固汽油彈波及，當時擔任美聯社攝影記者的黃公崴拍下她驚恐逃亡的照片。該幀照片成為越南戰爭中最令人印象深刻的畫面，因此獲得普立茲獎。

輪人力車車夫或三輪計程摩托車司機旁邊呼嘯而過的時候，能被拍下一張我的頭髮隨風揚起的照片，一張由王家衛拍攝的完美照片。我沒繫安全帶？我沒坐安全座椅？我沒戴安全帽？哈！那裡是越南！

如果我現在問爸是不是還記得
這段回憶，我怕他會回答：
不記得。所以我沒問他。

爸是我們家負責拍攝紀錄片的人，他的照相機拍下了我們在賓夕凡尼亞州哈里斯堡[16]近郊的中產階級社區的第一間房子，我們到美國的最初三年住在那裡，可是他沒有拍下我們位於市中心一條繁忙的雙線道馬路旁的第二間房子：一間紅磚屋。我們的房客住在樓上，是一對白人夫妻，他們的小女兒和我經常在一張被前任屋主丟棄在院子裡的舊沙發上玩耍。我和我哥哥睡在同一個房間，他經常聽七〇年代的流行歌曲，例如〈加州旅館〉[17]，與他年紀相仿的越南男孩都會唱這首歌。當時我都把廚房（kitchen）說成雞（chicken），逗得我父親哈哈笑。在那段短暫的歲月中，我父親的英語能力比我強。

南第十街是第三間房子，讓我們朝著美國夢™閃閃發亮的霓虹招牌又邁出一步，那面紅色的霓虹招牌一直在這個共和政體的黑色曠野中召喚我們前進。我的父母從他們的好友巴貴那裡聽說了加利福尼亞州的聖荷西，便搭乘飛機越過重重的曠野。巴貴當年和我母親一起逃離我們的老家，她說聖荷西的天氣更溫暖、機會更多、同胞也更多，因此我們在一九七八年搬家了。

感謝上帝。

我是開玩笑的，哈里斯堡別生氣。

我根本不信上帝。

說真的，我只是開個小玩笑。我對你非常滿意，哈里斯堡——賓夕凡尼亞州的首府！——但對於一個七歲的孩子而言，只要有人愛他，他在什麼地方都會覺得快樂，即使他距離美國曾發生最嚴重的核能外洩事故的三哩島[18]只有十五英里。那場核能電廠反應爐核心熔毀事故發生在我們離開後的那一年。

16 譯注：哈里斯堡（Harrisburg）是美國賓夕凡尼亞州的首府。

17 譯注：〈加州旅館〉（*Hotel California*）是老鷹合唱團（Eagles）第五張專輯的主打歌，該單曲於一九七七年二月發行。

18 譯注：美國賓夕凡尼亞州哈里斯堡南邊的三哩島核電廠（Three-Miles Island Nuclear Generating Station）於一九七九年三月二十八日曾發生部分反應爐核心熔毀的事故，是美國商業核電史上最嚴重的一次事故，該事件被評定為國際核事件分級（共七級）的第五級。

所以，哈里斯堡，就算聖荷西有屬於自己的歌而你沒有，那又如何？
　　想去舊金山的人也不需要問路。

狄昂・華薇克自己也承認：「這是一首很蠢的歌，我原本不想唱。」儘管如此，這首歌曲在一九六八年成為全球十大熱門歌曲，還讓她贏得一座葛萊美獎，唱片銷售量高達數百萬張。那一年人們在家中用高音質的立體音響播放這首歌或在舒適的高級旅行車裡跟著狄昂・華薇克哼哼唱唱時，一支由墨西哥裔的美國上尉所統御的美國軍隊在美萊村[19]殘殺了五百零四名越南平民。那是在我出生前三年發生的事。

我的國家持續殺害無辜之人。
我第一次修改這句話的那一天，

「五角大廈第三次
　承認有平民在
索馬利亞傷亡。」[20]

死者是努爾托・庫索・奧瑪・阿布卡爾（Nurto Kusow Omar Abukar），她在五個月前發生於索馬利亞吉利卜市（Jilib）的一場攻擊事件中罹難。

那場攻擊是以青年黨[21]成員為目標。青年黨是
一個與蓋達組織[22]有所關聯的極端主義組織。

努爾托・庫索・奧瑪・阿布卡爾是一名十八歲
的少女，她最初被美國非洲司令部指稱為
恐怖分子。

她被一枚由美國動力公司[23]所製造的

---

19 譯注：美萊村大屠殺（Thảm sát Mỹ Lai）是指越戰期間美國陸軍第二十三步兵師第十一旅第二十團第一營的士官兵於一九六八年三月十六日在越南廣義省山靜縣美萊村進行的大屠殺事件，受害者包括男女老幼甚至嬰兒。

20 譯注：「五角大廈第三次承認有平民在索馬利亞傷亡。」（Pentagon Admits to Civilian Casualties in Somalia for Third Time）為《紐約時報》（*New York Times*）二〇二〇年七月二十八日刊登的新聞標題。

21 譯注：聖戰者青年運動（Ḥarakat ash-Shabāb al-Mujāhidīn）通稱「青年黨」（al-Shabaab），是活動於東非索馬利亞的一個伊斯蘭原教旨主義恐怖組織。

22 譯注：蓋達組織（Al-Qaeda）是奧薩瑪・賓拉登（Usāmah bin Muhammad bin Awaḍ bin Lādin, 1957.03.10—2011.05.02）於一九八八年成立的伊斯蘭教軍事組織，被聯合國安理會列為世界恐怖組織之一。

23 譯注：美國動力公司（Dynetics）是美國一家應用科學和資訊科技公司，主要客戶為美國國防部、美國情報圈及美國國家航空暨太空總署（NASA）。

GBU-69/B 小型導引彈藥所擊斃。

該公司提供與國家安全、網路安全、
太空及重要基礎設施安全部門
確實相應且具成本效益之
工程、科學和資訊科技解決方案。

我哥哥說他認識美萊村大屠殺一名罹難的孩子，
是他以前的同學。

許多年之後，我去參觀了被越南人稱為
「大屠殺村」的美萊村。那座村子裡有水泥鋪設的道路，
路面上印有代表那些已逝的死者（或活著的鬼魂）
所留下的腳印。我小心翼翼地
避免踩在他們的腳印上。

在狄昂・華薇克的那首歌曲登上排行榜十年之後，我來到聖荷西，觀賞了以她的歌曲為背景音
樂的都市公共服務聲明。當時我心中暗忖：這實在太不酷了，雖然我本身也相當不酷。

來到聖荷西的人可以開車穿越東聖塔克拉拉街，這條路會經過有如大肚腩的聖荷西市中心。在市中心的某條陰暗小巷裡，巴貴開設了聖荷西市的第一間越南雜貨店。她沒有結婚、沒有孩子，在越南新年時會給我一百美元的紅包。媽在巴貴的店裡幫忙了幾個月，爸則去工廠當作業員，然後爸媽就開設了聖荷西市的第二間越南雜貨店……就在兩個街區外。

這肯定就是友善競爭的定義。

我們的雜貨店位於東聖塔克拉拉街，就像這座城市大肚腩上的肚臍眼。我父母將它取名為「新西貢」（SaiGòn Mới），這個店名將英語的西貢（Saigon）與越南語的西貢（Sài Gòn）融合為一。不把「新西貢」的店名翻譯為英語，肯定是一種「我們能夠在這裡，是因為你們在那裡」的主張，甚至可能是一種反抗的表現，但我當時還不明白，只知道這家雜貨店是屬於我們的，專門為不需要翻譯的人服務。然而不需要翻譯的人每次遇到他們身邊的美國人時，還是需要翻譯。

我哥哥於一九八二年從聖荷西高中畢業，並且擔任畢業生致辭代表。《聖荷西信使報》（*San Jose Mercury News*）特別介紹他，那篇報導還將爸媽的「新西貢」形容為

小型百貨公司，除了販售來自印度支那的雜貨以及美國的速食商品外，還有絲製品

和越南語書籍。

小型百貨公司！
為什麼我從來沒有以這個角度
來看我父母擁有的這家小雜貨店？

會吱吱作響的手拉式鐵門保護著店面，那道鐵門每次拉開與關上時都會發出抗議般的聲響。長條狀的黃色捕蠅紙從天花板垂落，上面點綴著死蒼蠅。五十磅重的麻布袋裝著白米，堆放在木板架上。店面後方有個屠夫正在切魚切肉，我則用紫色的墨水在仙草罐頭和糖漬荔枝罐頭上蓋印標價。店裡有醬油、蠔油、魚露和看起來不太健康的紫色蝦醬，以及裝在綠色易開罐裡的椰子汽水，空氣中混雜著研磨咖啡機飄出的香氣和米飯的味道。櫃檯後面有一箱又一箱可播放錄音帶的ＪＶＣ立體音響，我父母準備寄回家鄉送給親戚，那些親戚會把音響賣掉以換取現金。

他們為什麼需要現金？
如果他們需要現金，為什麼我們
不直接寄現金給他們？
我與爸媽的生活，都是由
我從來沒問過他們的
這些問題來加以定義。

玻璃櫃檯下方有翻譯成越南語的中國武俠小說。我哥哥可以閱讀那些小說，但是我沒辦法（而且我永遠沒本事閱讀）。我才八歲，只會吃（而且確實吃了）我想吃的各種中式甜甜圈和炸芝麻球，以及裝在藍色鐵盒裡的丹麥奶油餅乾與甜甜的小鬆餅，還有包覆著巧克力醬的櫻桃。櫻桃的汁液會在我的嘴裡流瀉而出。

「新西貢」結束營業之後，我再也
沒有嘗過那些東西。如果我現在
吃到包覆巧克力醬的櫻桃會有
什麼感覺？我會因此想起我
早已忘記或者試圖忘掉
的一切嗎？

我擁有我需要的一切，可是幾乎沒有我想要的東西。我不想信奉天主教，但是我父母要我去讀位於幾個街區以南的聖博德學校（Saint Patrick School），讓我變成一個穿著愛爾蘭綠色燈芯絨褲和愛爾蘭綠色羊毛衫的越南男孩，羊毛衫胸前的口袋上還繡著三葉草。

小學畢業之後，我再也沒有穿過燈芯絨褲或者愛爾蘭綠色的衣物。

每天早上在大聲說出忠誠宣誓[24]之後，我們還要背誦聖母經和主禱文。我將主禱文熟記於心，從未想過我有一天會忘記，然而當我現在試著背誦時，我只能背到

免我們的債，
如同我們免了人的債。

後半段我已經忘光了。

在另一張拍立得照片記錄的回憶中，我在哈里斯堡第一次領受聖餐。每個孩子在領受聖餐時看起來都很可愛：小男孩會戴上夾式領帶，小女孩會穿白色洋裝。我當時一定也很可愛，嚴肅地走到走道，將拱成杯狀的雙手伸向神父並領取塑膠製的聖杯，然後迫不及待喝下代替基督寶血的糖漿，將我剛才所吃的聖餅沖進肚子裡。

紅酒也無法
吸引我信教。
我成了無神論者。
請不要告訴我父親，他
每年的聖誕節都會送給我

一瓶由僧侶釀製的聖餐酒。

爸的天主教教名是約瑟夫，我的也一樣。我母親的天主教教名是瑪利亞。爸媽就像在他們之前的許多移民和難民一樣，變成了活人祭品。他們趴在有刺的鐵絲網上，好讓我可以踩著他們的背進入這個陌生的新世界。他們努力不懈地工作，醒著的時間幾乎都在工作，而且幾乎全年無休，除了復活節、越南新年和聖誕節之外。

每天走在揹負
十字架的苦路上。

我現在已經知道，爸媽疼愛我和我哥哥的其中一種方式，就是偶爾才會叫我們去「新西貢」幫忙。這就是為什麼在一九八〇年左右的某個平安夜，我父母在「新西貢」工作，而我和我哥哥卻待在家裡。那年我九歲。

在「新西貢」工作時，爸會穿襯衫和休閒褲，媽則穿著襯衫和休閒褲或者長度及膝的裙子，也許還會搭配相襯的外套。在我們家裡以外的世界，他們總是整潔、體面、半正式，看不出一點鄉下

24 譯注：忠誠宣誓（Pledge of Allegiance）是向美國國旗及美利堅合眾國表達忠誠的誓詞。

氣息。他們是偽裝成父母的超級英雄，沒有使用好萊塢那些大膽的直升機和賽車，也沒有運用過人的才智，只是從一個偽裝成「新西貢」的祕密總部拯救我們。

他們不久之後就會回家。回到我們的廚房，廚房裡有他們從不使用的洗碗機；回到我們的餐廳，餐廳裡鋪了油氈地板，並且掛著一盞有六個玻璃燈罩的吊燈，其中一個燈罩在我們搬進來的第一個晚上就被我打破了，因為我當時太興奮，在屋子裡一邊尖叫一邊跑來跑去，結果撞倒一個矮櫃。我哥哥將玻璃碎片掃乾淨，我父親非常生氣，將我痛罵一頓。這天晚上，我和我哥哥在這間原本應該嶄新又完美的屋子裡等我的父母回家，如果餐廳裡的那盞吊燈的燈罩沒被打破。我正在看電視。

我從我用記憶堆成的沙堡的窗子，
聽見了失憶的海浪聲，永恆而且無敵。

每當爸媽回到家之後，他們雖然疲憊，但也許覺得高興，因為他們可以再一次變成自己的主人。他們會為等待的孩子們準備晚餐。後來的幾年，我父親嫌我哥哥經常挑食，雖然我哥哥在其他各方面都很負責而且順從。我和我哥哥相反，我會吃光我父母準備的所有食物。也許挑食是我那個負責任的哥哥抗拒義務的方式。也許我的直覺告訴我，爸媽替我們準備晚餐就是他們表達愛的方式，雖然他們從來沒有說過「我愛你」。

如果他們回家時是駕駛爸為了「新西貢」載貨之需而買的藍色貨車，並且把貨車停在車道上，他們就會從前門進屋；如果他們是駕駛有酒紅色的車頂與內裝的白色福特轎車，就會把車子停進車庫，然後從車庫門進屋。他們會在門口脫掉鞋子，換上居家便服。爸會穿白色的圓領衫和短褲，媽會穿睡衣。他們工作得太累，無暇再顧慮自己的裝扮，也沒有時間去買運動服或運動褲或那些上班的美國父母在家裡會穿的衣物。但唯一有機會看見他們的脆弱、他們的身材、他們偶爾發脾氣的那一面的人，是他們的兒子。

爸媽都會使用這間以高級板材製作廚具並配有燈具的廚房。就越南的男人而言，爸是與眾不同的，因為家裡有一半的家務與烹飪都由他負責，而且他還會補衣服、縫衣服和改衣服。他以前是一名裁縫師，他縫製了家裡的窗簾和我的牛仔褲，媽則負責燙衣服。我的同學曾經嘲笑我是剛下船的難民，因為我穿著皺巴巴的牛仔褲。

爸值得稱讚的地方，除了他比大多數越南男性做更多家事之外，他也沒有沾染別人會有的惡習——抽菸、打撞球、酗酒、包養情婦、在同性戀咖啡館裡與男性友人消磨時間，那些去咖啡館的客人經常一面抽菸一面懷舊。不過，媽更值得受人稱讚，因為身為越南女性被期望做到的三件事她全都做到了：外出工作、整理家務，以及養育孩子。

媽的廚藝並不高明，但這不是因為她缺乏天賦，而是因為沒有時間。她退休後有好幾道拿手的精緻菜餚，例如我每次回去吃晚飯時都會在餐桌上出現的蒜蓉大蝦。不過在一九八〇年代的晚期，她和我父親都煮得很簡單。平安夜他們原本要煮的菜和平常一樣，只有三道：一盤蔬菜（例如炒空心菜或油醋小黃瓜片）、簡單的湯品（可能是以熱高湯將蕃茄煮爛之後，再用一把小蝦米調味的蕃茄湯），還有一道葷菜（通常是煮熟的牛內臟和雞內臟，搭配以水稀釋的魚露沾醬或撒上鹽巴與胡椒粉的檸檬汁）。

我毫不抗議地吃完，也許是因為我不知道還有什麼菜餚可選（但其實我可能知道，因為我在電視上會看到白人吃的肉捲、烤牛肉和砂鍋菜）。我毫不抗議地吃完，是因為我很愛我的父母，除了吃光他們所煮的東西並試著遵從他們幾乎在每一頓飯都會要求我的叮嚀（要乖巧、聽話、尊重別人）之外，我不知道還能如何報答他們。我將那些叮嚀解讀為：完全依照爸媽的吩咐，保持安靜，不問任何問題。

爸媽有空的時候，會將醬油和糖煮成焦糖，然後油炸六片甚至更多片豬排。焦糖炸豬排是我最愛吃的一道菜，我父親會確保我吃得比他還多，我會吃到兩片、三片或四片。每一餐飯以及餐桌上最重要的核心，就是一個矮矮胖胖且容量碩大的國際牌一鍵式電鍋。這種電器只會做一件事：煮白飯，不像我現在使用的象印牌電子鍋那麼時髦，還可以煮壽司飯和稀飯。但是象印牌電子鍋和它的智慧晶片應該住在動畫卡通的世界裡，因為很容易壞。國際牌一鍵式電鍋就像爸媽擁有的其他東西一樣歷久不衰，爸媽他們本身也是如此。

由於那天是平安夜，也許爸媽會從距離「新西貢」幾個街區的「幸運超市」買一瓶要價三美元九十九美分的香檳回來。那種香檳會讓我頭痛，以致幾十年來我一直認為自己不喜歡香檳。然而平

安夜的晚餐永遠無法開席了，因為廚房裡的電話響起，取代了香檳開瓶的爆裂聲。我哥哥去接聽，
把我留在客廳裡繼續觀賞卡通影片。我的哥哥回到客廳時，我正笑得開心。

爸媽中彈了，我哥哥說。

我哈哈大笑的樣子，也許就像
我九歲的兒子看卡通影片時
會表現出來的模樣：
捧著肚子大笑，
且深深入迷。

爸媽中彈了，他又說了一遍。

我

你到底是怎麼回事？

停
止

你為什麼一句話都沒說？

難道你沒有任何感覺嗎？

比你年長七歲的哥哥正在哭泣。

你已經不記得那天晚上你是怎麼睡著的，也不記得第二天爸媽如何從醫院返家或何時返家，可是你知道他們不久後又回去繼續工作，因為身體上的傷害無法阻止他們工作，起碼你當時是這麼認

哈哈笑。

老實說，我沒感覺。
麻木算不算是
一種感覺？

你的眼睛繼續緊盯著
電視螢幕，一句話
也沒說。那是你
最擅長的。

為的。爸媽就是爸媽，爸媽是不朽的。

以這種方式來思考他們的感受比較容易，
或者根本不要思考他們有什麼感受。
因為比起想像他們回家之後躺在床上默默療傷
或擔心「新西貢」會不會再發生同樣的事而哭泣，
這種思考方式簡單多了。

你的家人從不談論這件事，就如同你們永遠不談論許多事情，也如同你從來沒有因為這件你不想知道的事情而哭泣。爸媽亦從來沒有在描繪他們人生經歷的電影的紅色霓虹燈下展示他們的傷口，儘管不會有人將他們的人生拍成電影。

你長大之後成了一名作家而不是電影製片，實在非常可惜。
如今你定居於洛杉磯，每當你
告訴別人你是一名作家時，
根本沒有人在乎。

哈囉，好萊塢？

你們是難民，不是離鄉背井之人。
你們是難民，不是移居國外之人。
你們是難民，不是外來者。
你們是難民，不是移民。
你們人很多，不是少數。
你們人很多，不是一個。
不過就算你們
有一大群人，你們依舊
什麼都不是。你們是
難民。

也許有一些第二次世界大戰的難民獲得好萊塢的青睞，但是很少好萊塢電影以你們這些過去在幾十年來淪為難民的人為主角，儘管你們的人生充滿好萊塢渴望的一切：戲劇性！悲劇！戰爭！浪漫！分離的戀人！孤兒！分裂的家庭！難以忍受的不平等！親人重聚與獲得成功的感人故事！（請忽略那些無法團聚的人以及未能獲得成功的人）。

不過——
有一個大大的

不過

你們．不是．白人。

——你們這些難民缺少了一個

好萊塢需要的重要元素：

你們買房子或承租公寓。你們與家人同住或自己獨居。你們早上起床後喝咖啡或茶。你們開車或騎摩托車或搭公車。你們去上班並打開電腦。你們晚上出去調情與約會。你們看電影和看電視，幻想能在電影銀幕或電視螢幕上看見自己。你們住在小鄉鎮或大城市或可能住在農村。你們有希望、夢想、期待。你們理所當然認為自己是個人。當災禍害得你們無家可歸時，你們依然相信自己是個人。濃煙與烈火籠罩了你們的鄉鎮、城市或農村，你們開車、奔跑、步行或搭乘公車前往國界或海邊。只有在逃亡時、在渴望離開時、在越過國界或橫渡大海時，你們才會明白那些不是難民的人把你們這些難民當成復活的喪屍，像可怕的浪潮以行軍或游泳的方式源源不絕地湧進活人的國度。

在另外一邊的人

根本不把你們當人看。

這是世界上一億零三百萬名「被迫離開家園之人」的可怕經歷。「被迫離開家園之人」是聯合國難民署對那些人的稱呼。烏克蘭遭俄羅斯入侵之後而產生的難民，受到聯合國比較熱情的歡迎，因為他們十分珍貴：他們是罕見的白人難民。也許好萊塢會拍攝一部關於烏克蘭難民艱苦跋涉逃往墨西哥並在美國邊境申請庇護的電影，由安潔莉娜・裘莉[1]飾演一名狼狽但依然美麗的難民。不過，好萊塢可能不會拍攝一部關於非洲難民逃離烏克蘭並在波蘭邊境遭受到虐待的電影，也不會拍攝中美洲難民在美國邊境等待入境但烏克蘭的白人難民卻可以直接通行的畫面。

被迫離開家園之人，加起來比紐西蘭或愛爾蘭、挪威或丹麥、新加坡或香港、瑞士或奧地利、葡萄牙或希臘、比利時或荷蘭、臺灣或澳洲、韓國或英國、沙烏地阿拉伯或西班牙、義大利或法國、柬埔寨或泰國、德國或伊朗都還要大。

為什麼要拿自己和一個國家相比？
別人討厭你，用自己的定義反對你，
認為你已經不再屬於一個國家、
提醒你家庭與國家的脆弱，
並視你為對國家的威脅。
就算他們不討厭你，

也把你當成危機。

你們這些難民。

被迫離開家園之人，比全世界第十五大國越南的九千七百萬人口還大一些。雖然他們看起來嚴肅端莊，可是他們真的很喜歡生育！他們可能受到愛神的驅使，但也受到死神的糾纏。他們有三百萬人死於戰爭，數百年來還有數十萬甚至數百萬人死於其他的衝突，例如饑荒與殖民問題。你為這些好色又多產的人感到自豪，因為你原本也是他們的一員，直到你

離開家園。

離鄉背井。

陷入困境。

但這個什麼都不是的地方，依然是屬於你的地方。

被迫離開家園之人包括在自己國內離開家園之人和尋求政治庇護之人，以及三千二百五十萬名難民（拿國家來比較的話，比馬來西亞還大，比安哥拉小一點）。送出或驅逐最多難民的國家包括

1 譯注：安潔莉娜．裘莉（Angelina Jolie, 1975.06.04—）是美國女演員、慈善家、社會活動家、聯合國兒童親善大使，曾任聯合國難民署特使。

敘利亞、委內瑞拉、烏克蘭、阿富汗和南蘇丹。武力和暴力產出難民，畏懼和恐怖行動塑造難民。難民在選擇逃離之前都曾遭遇過一些事。逃亡。記得說「請」，還有「謝謝」。

在納粹大屠殺[2]中倖存並成為難民的歐洲猶太人漢娜．鄂蘭[3]寫道：

我們被告知要遺忘，我們忘得
比任何人想像的都還要快。

你已經盡了最大努力去
遺忘。你已經變得非常擅長
遺忘。現在，在遺忘了你自己
的許多部分和你所愛的一切之後，
要記起被你遺忘的零星片段變得很困難。

收容最多難民的國家包括土耳其、哥倫比亞、德國、巴基斯坦和烏干達。在俄羅斯於二〇二二年入侵烏克蘭之前，西方國家自第二次世界大戰以來一直不甚歡迎世界上大多數的難民。有些西方人大聲疾呼，認為這世界對於慷慨、自由、無狹隘偏見的西方要求太多了。西方造就了各項文明，不僅發明叉子——叉子比筷子更容易使用，也比使用雙手進食衛生——還發明了傷害潘氏金福的凝固汽油彈、記錄她遭到燒傷且赤身裸體的照相機和底片，以及將她蝕刻在全世界記憶的重現機制中，使她的面容和身體在現今就代表著越南，一個戰爭之國、一個受害者之國，值得西方和其他大多數國家表達同情。

你是西方人嗎？
你一定是西方人。
聖荷西在西邊，而且
你知道怎麼去聖荷西。

你出生在越南的邦美蜀市（Ban Mê Thuột），這座城市的名稱，現今的拼法為 Buôn Mê Thuột 或 Buôn Ma Thuột，它的名字及其他許多事物都被勝利者修改過。越南擺脫法國的影響之後，恢復了一些漢化根源，或者直接以新英雄的名字來重新命名，例如西貢變成了胡志明市。如果你在飛機降落時稱機場為 phi trường 而非 sân bay，或者如果你稱銀行為 nhà bằng 而不是 ngân hàng，人們就會知道你是在一九七五年離開越南的人。至於你的家鄉邦美蜀市，現在的名稱 Buôn Ma Thuột 聽起來更接近 Buôn Ama Thuột（阿瑪蜀村），該名稱是最早居住在那個地方的埃地族（Ê Đê）所使用的

---

2 譯注：納粹大屠殺（Holocaust）是納粹德國及其合作國家對近六百萬名猶太人進行的種族滅絕行動。當時全世界有一千五百萬名猶太人，歐洲總共有近九百萬名猶太人，其中將近三分之二遇害，包括約一百五十萬名兒童。有些學者稱大屠殺亦應計入將近五百萬名非猶太裔的遇難者，因此總受害人數達到近一千一百萬人。

3 譯注：漢娜・鄂蘭（Hannah Arendt, 1906.10.14—1975.12.04）是政治哲學家、作家和納粹大屠殺的倖存者。

稱呼。

你已經不記得《紐約時報》上所說的那個安靜又迷人的高地小鎮。

越南歷史上最後一任皇帝保大帝[4]（Bảo Đại）曾在邦美蜀市擁有一些狩獵用的小屋。你出生的時候，美國的軍事顧問占據了那些狩獵小屋，南越士兵則駕駛著美國製造的吉普車和卡車，在經過平坦的雙線車道時發出隆隆聲響，整個邦美蜀市已經變得很不一樣。一九五七年吳廷琰[5]總統訪問邦美蜀市時，爸媽正好剛搬到那裡，當時那座城市還只是一個只有泥巴路的小村莊，以咖啡、瀑布和包括埃地族在內的少數民族聞名。

埃地族都打赤腳上街，或者騎在笨重的大象上。

埃地族的名稱，已經從 Rade 改為 Ê Đê。你在美國是屬於少數民族，但在越南是屬於多數的京族[6]。

京族是一個專橫好戰的民族，他們從

中國南下，奪取占族[7]、柬埔寨人
和被法國稱為「蒙塔尼亞」[8]的
土著高地人的土地。你稱那些
土著為Moi，野人。你這個
殖民者，如今被法國當成
殖民地，法國殖民機關
的工作人員幾乎都是
白種人，但並不是
百分之百。

如果有一部電影以你家人如史詩般的難民之旅當成題材，很可能會找一位像你一樣具有流亡經歷的越南裔製片人，懷抱著熱情，以低成本進行拍攝。這部電影會從一九七五年三月初的寧靜展開，

4 譯注：保大帝（Vua Bảo Đại, 1913.10.22—1997.07.30）是越南歷史上最後一個王朝阮朝的第十三任皇帝，於一九二六年至一九四五年在位，年號保大。

5 譯注：吳廷琰（Ngô Đình Diệm, 1901.01.03—1963.11.02）是越南共和國（南越）第一任總統（1955—1963）。

6 譯注：京族（Kinh）是越南的主體民族，占越南總人口的百分之八十六。

7 譯注：占族（người Chăm）是東南亞的民族。

8 譯注：蒙塔尼亞（Montagnard）也譯為高地族、山地民族、山嶽居民等，指居住在越南中央高地的原住民民族。

當時你英俊的父親搭飛機前往西貢談一筆生意，他帶著一個裝有黃金和現鈔的公事包，在西貢買了一間房子，計畫讓你哥哥和你去那裡接受教育，而不是在你偏僻的家鄉。

媽也許帶著你前往有豔橘色控制塔臺的邦美蜀機場，那裡的小型航廈大約只有兩、三節火車車廂的長度。爸也許在臨別時擁抱了你，因為你才剛滿四歲，還需要被人擁抱。你也許對著爸揮手道別，然後看著他的飛機從紅土跑道起飛，飛越過軍用直升機和運輸機。你回到位於機場西邊的阿瑪長龍街（Ama Trang Long Street）的家，你家就在你爸媽的店面樓上，那間店販售珠寶與汽車零件，是從一間讓爸媽一路往上爬的原始小店演變而來的：一間由媽負責賣布、爸擔任裁縫師的一站式小店，那種生意模式在當地前所未見。

你不知道你即將步入歷史。在距離你家不遠處，北越的共軍正集結十九個師，準備對南方發動決定性的突擊，而且第一個攻擊目標就是邦美蜀市。

你很感激你不記得那些事情了。你不記得三月九日凌晨三點鐘開始的炮擊、工兵對邦美蜀機場的襲擊、南越與北越部隊之間的槍戰。南越的軍隊有M16突擊步槍，還有美國製的鋼盔。戰爭的聲音對媽而言並不陌生，在一九六八年二月新春攻勢[9]爆發的七年前，這座城市有一部分的地區早就被戰火燒毀。

數十年後，在加利福尼亞州聖蓋博谷郊區的一場派對中，主辦人突然拿出一把 AK-47 自動步槍並對著地面開槍以迎接新年。

槍聲震耳欲聾，你能感覺到主辦人持續開槍時子彈射在地上的衝擊力。現場的槍聲與亂飛的子彈，仍比不上你母親當年恐懼的千分之一。二十多歲的主辦人在開槍之後，還拿著 AK-47 自動步槍走來走去，四處與賓客握手。你以最快的速度離開了那場派對。

你的朋友告訴你，你離開時主辦人很不高興，可是你不在乎，因為你是懦夫，你打算維持這種形象。

身穿橄欖綠色制服且頭戴鋼盔的北越士兵坐在坦克車上的景象，從被你遺忘的汪洋中再次浮現，可是缺少了你母親因為沒辦法打電話聯絡上你父親而驚慌失措的畫面。當時對外聯繫的所有管道都被切斷，於是媽做出決定，帶著你十歲大的哥哥和你，與巴貴一起逃難，讓你十六歲的姊姊留下來看守家產。姊姊是爸媽領養來的孩子。你母親相信你們一家人會再回來，因為戰爭已經持續了那麼多年，誰能料到即將在此刻結束？

你十六歲的時候是個高中生，在大美洲主題公園[10]打工，那是你人生中的第一份工作，而且你

9 譯注：新春攻勢（Tết Offensive）是一九六八年一月三十日越南民主共和國（北越）的人民軍與越南南方民族解放陣線游擊隊（越共）聯手，向越南共和國（南越）、美國及其聯軍發動的大規模突擊，該攻擊因第一次進攻時間為越南新年而得名。

10 譯注：大美洲主題公園（Great America amusement park）是位於加州聖塔克拉拉的主題公園。

最關心的事情就是找一個女朋友。然而你（被領養的）姊姊卻在十六歲時面對與你不同的人生：她眼睜睜看著她的母親和弟弟們拋棄她。當時是白天嗎？可能是黑夜，以便躲避巡邏的共軍。她關上了門，將門鎖上。她的心跳得很快，獨自一人哭泣。她只是一個孩子，卻得面對可怕的未來。

你不知道她是否真的有上述那些反應，但是她還可能會有什麼樣的反應？你不知道自己離開她的時候有沒有哭，但你希望如此，好讓她知道她是被愛的，而且將會被想念。

可是你不記得那一刻，也不記得你（被領養的）姊姊。

你父母將近二十年的時間沒辦法再見到她。

你將近三十年的時間沒辦法再見到她。

戰爭就是這樣。

你哥哥還記得他看見死掉的傘兵掛在樹上，但是你不記得。你也不記得你是不是走了整整一百八十四公里才抵達芽莊市，或者是你母親揹著你走，或者你有沒有搭乘堵塞馬路的汽車、卡車、推車、摩托車和腳踏車。也許你母親還記得，可是你從來不問她關於流亡、關於數以萬計的平民難民及逃亡的士兵、關於在芽莊市拚命擠上船，以及有些士兵用美國的 M16 突擊步槍而不是 AK-47 自動步槍射殺平民以清出道路的事。

你哥哥說，媽花錢請陌生人抱著你走。
你父親說，媽把金條綁在你哥哥的腿上。
　　但是經過四十五年之後，爸也說：
　我其實並不清楚你母親經歷過哪些事。

　　　　　　　　你是否因為人在現場
　　　　　　　而變成歷史的見證者？

你不記得當時的天氣，可是三、四月的天氣一定很好，不會太熱也不會太潮溼。你不記得你們到西貢找你父親、不記得過了一個月之後共軍攻打西貢、不記得你的父母多麼害怕、不記得他們在尋找離開那座城市的方法時如何度日，也不記得那座城市被占領——或者被解放，端視你從哪個角度看待——的前一天，你們如何試著前往機場，接著到美國大使館，然後設法擠過碼頭上的人群，搭上一艘船，還有你父親如何與其他人走散，但至少他決定自己跳上一艘船，你母親也做出相同的決定，他們都把自己交託給上帝，但也一如既往地把生命掌握在自己手中，最後你們在一艘更大的船上重聚。你不記得你們如何在海上漂流了三天，以及你的家人如何成為「四三〇事件」[11]的一部分。當時有一張照片是直升機停在屋頂上，一群淪為難民的人正排隊爬上梯子準備逃亡。

11 譯注：四三〇事件（Fall of Saigon）是指一九七五年四月三十日越南共和國（南越）政權垮臺、其首都西貢被越南人民軍（北越軍）和越共攻下的事件。該事件表示長達二十年的越戰正式結束。

但如果你什麼都不記得，
還能成為歷史的見證者嗎？

你記得一個好心人與你母親分享牛奶以便餵飽你，但也許是你記得媽告訴過你這個故事。也許牛奶已經酸掉了，或者就算牛奶沒酸掉，你也將它的味道與擁擠不堪的船艙、飽受驚嚇的難民及你從未見過的大海聯想在一起，因此後來就算媽在牛奶裡加糖以哄你喝，你永遠無法克服對牛奶和乳酪的嫌惡，甚至連爸在吃香蕉時最喜歡搭配的清淡乳酪片也讓你覺得噁心。倘若不是因為你排斥乳製品，你覺得自己的身高應該可以長到一百八十三公分。排斥乳製品是難民身分嵌入你的味蕾與身體的一個小小後果。

但或許你只是有乳糖不耐症。

你記得蔚藍的大海。你記得你船上的士兵朝著一艘試圖接近的小型難民船開槍。

你哥哥說：沒有發生過那種事。

萬一是他記錯了呢？

「新生活行動」——這是美國為這次從越南共和國營救盟友的行動所取的名稱。越南共和國如今已經不復存在，那個國家只存在於全世界五百多萬名難民僑胞的心中，世界上大多數人則只記得它叫做南越。在一場造成三百萬名越南人、數十萬名寮國人、柬埔寨人和苗族人、超過五萬八千名美國人、大約五千名韓國人以及數百名來自其他國家的人死亡的戰爭之後，那場行動的名稱也許十分適合。

真的嗎？
美國™是一個
主張生命權的國家，
在上帝的權能下不容分割，
但卻透過殖民主義、種族滅絕、
奴隸制度以及軍事戰爭所
噴濺出來的鮮血，
來澆灌滋養其
邪惡陰暗的
田野。

你出生於豬年，原名阮越清（Nguyễn Thanh Việt），在美國™重生為越清・阮（Viet Thanh Nguyen）。歷史為你進行剖腹接生，就像它對所有前往美國™的難民所做的，讓你成為神話中的實驗品，成為失憶、無根、經過合成的新美國人。

新生的嬰兒與大家所表達的喜愛和讚美相反，
他們全身發紫、黏乎乎的、大哭大叫，
緊閉雙眼以阻擋外來的光線——
通常看起來都有一點醜陋。
你當然也不例外。

你在菲律賓、關島和賓夕凡尼亞州等地的美國軍事基地先後停留之後，才真正開始堆疊你的記憶沙堡。美國從位於菲律賓和關島的軍事基地——加上位於泰國和日本的軍事基地——以波音公司製造的B-52同溫層堡壘轟炸機[12]對越南、寮國和柬埔寨發動了戰略轟炸（波音公司也是人們現今在世界各地飛行時所搭乘的大多數飛機的製造商）。在你充滿困惑和迷惘、初次抵達那些軍事基地時，那些基地已經多次使法蘭西帝國殖民地的難民死裡逃生，並為他們提供新生活。你已經逃到了

美國™

（請播放尼爾．戴門[13]的同名歌曲。

尼爾．戴門的父母是分別來自波蘭和俄羅斯的猶太移民，
而且他出生時的名字真的就叫做「鑽石」，

他寫的這首歌，會讓你不好意思轉載歌詞。）

偉大的美國！
卓越的美國！
這個國家
從根本上就
反對
帝國主義和
殖民主義！[14]

但是美國™曾在菲律賓、關島、夏威夷、波多黎各、薩摩亞、維京群島、北美十三州以及現今美國大約四分之三的土地進行殖民，並且以

---

12 譯注：B-52同溫層堡壘轟炸機（B-52 Stratofortress）是美國波音飛機公司研製的八引擎遠程戰略轟炸機，用來取代B-36和平締造者轟炸機（B-36 Peacemaker）執行戰略轟炸任務。

13 譯注：尼爾・戴門（Neil Diamond, 1941.01.24—）是美國創作歌手和演員，其姓氏戴門（Diamond）的字義為「鑽石」。其演唱的〈美國〉（*America*）收錄於一九八〇年由他主演的美國劇情電影《吾父吾愛吾子》（*The Jazz Singer*）。

14 譯注：這段歌詞的原文為America the Great! America the Exceptional! A country fundamentally opposed to imperialism and colonialism!

一千五百萬美元從法國人手中買下
八十二萬八千平方英里的土地[15]。
就世界歷史的價值來看，如同
你在停車場從某人的後車廂
買到超級便宜的全新索尼
PlayStation，那人說：
兄弟，一切合法。

從美利堅帝國位於太平洋的基地出發，你們十三萬人搭乘著可能是由波音集團製造的飛機分別飛往阿肯色州的霞飛軍事要塞、佛羅里達州的埃格林空軍基地、加利福尼亞州的彭德爾頓海軍陸戰隊基地以及賓夕凡尼亞州的印第安敦堡峽軍事要塞，在那些地方暫時安頓下來。政府機關和慈善機關再將你們從那些美國境內的軍事基地打散到全國各地，稀釋你們的難民強度，好讓美國政治體更易於壓抑你們的陌生與苦澀。苗族是來自寮國的難民，他們有些人被分配到風雪交加的明尼蘇達州和威斯康辛州，有些人被分配到陽光燦爛的加利福尼亞州，你的家人則被分配到賓夕凡尼亞州。你們這些難民在說話時會以「加利」二字代替「加利福尼亞州」、以長長的「洛」來代替「洛杉磯」，並且把「芝加哥」說成「奇阿哥」。當你們看見班傑明．富蘭克林[16]出生地的州名時，肯定長長地嘆了一口氣。

你的父母，約瑟夫和瑪利亞，當了兩次難民。

聖經裡的約瑟和馬利亞，當了一次難民。

一九七五年的初夏，你們和其他二萬二千名越南難民及柬埔寨難民來到這個所有字彙都難以發音的地方。你們沒有像約瑟和馬利亞一樣在馬廄落腳，而是被安置在軍事要塞裡為數眾多的雙層營房之一。那些營房興建於一九三〇年代，可是都被標上了代表「臨時」（temporary）的字母T。

每間營房的雙層床鋪共可容納六十名士兵或九十六名難民，每個士兵的可用空間為七十二平方英尺，每個難民的可用空間則為四十平方英尺，沒有任何隱私，公共浴廁裡只有一排馬桶座和一個狹小陰暗的淋浴間，沒有窗戶也沒有隔間。四十七年後當你為了巡迴宣傳而回到那裡時，你發現了這些小細節，可是你已經不記得住在營房裡的那段日子，當然也不記得那個地方教你的李察・普瑞爾[17]發音課程與字彙課程：

你們把所有的越南人都帶進軍營，

---

15 譯注：十六至十八世紀期間，法蘭西王國宣稱擁有北美洲大部分的土地。一七六二年英法北美戰爭結束後，法國將新法蘭西割讓給西班牙。一八〇二年，西班牙將大部分土地歸還法國，一八〇三年，美國向法國購得超過八十二萬八千平方英里的土地。

16 譯注：班傑明・富蘭克林（Benjamin Franklin, 1706.01.17—1790.04.17）是美國國父暨開國元勛之一，出生於美國麻薩諸塞州（Massachusetts）的波士頓。

17 譯注：李察・普瑞爾（Richard Pryor, 1940.12.01—2005.12.10）是美國脫口秀喜劇演員，以犀利的觀察力和講故事的方式吸引廣大的觀眾，被列為史上最偉大且最具影響力的脫口秀喜劇演員之一。

讓他們吃喝拉撒並且接受測驗，
並教他們練習罵人「黑鬼」，
如此一來他們才能成為
美國的好公民。

你們越南人都很擅長考試。你們通過這項測驗了嗎？

普瑞爾說得沒錯，只不過有些難民已經知道黑人和白人之間的區別。你們的美國化始於越南。就像之前的法國人一樣，美國將他們所有的一切輸入越南，包括他們的種族歧視，這就是為什麼那麼多越南人比較歧視有黑人父親的美亞混血兒或歐亞混血兒，而不會瞧不起有白人父親的美亞混血兒或歐亞混血兒。

雖然你們已經半美國化，但仍需要有美國的保證人才能離開軍營。全美各地都有家庭和教會願意收容難民家庭，可是沒有人要收容你們全家人。於是有一位保證人帶走了你的父母，另一位保證人帶走了你哥哥，第三位保證人來帶你離開。當時你只有四歲。

去到你最傷痛的地方，

你的老師、作家巴拉蒂・穆克吉[18]曾經這樣對你說。

讓自己痛徹心扉。

這件事……就是我最傷痛的往事。

18 譯注：巴拉蒂・穆克吉（Bharati Mukherjee, 1940.07.27—2017.01.28）是印度裔加拿大裔作家暨加州大學柏克萊分校英語系名譽教授。

記憶的開端

你一次又一次引用尼采那句經典的話語，因為它千真萬確：

如果要把某件事留在記憶中，它就必須讓你有無法磨滅的印象。只有那些不斷傷害你的事物，才會留存在你的記憶中。

一小撮糟糕的回憶可能會比一輩子的美好回憶或平庸回憶更難以磨滅。我們只會注意到傷疤，而不是皮膚。被迫離開父母就像有人在你的肩胛骨之間燙上烙印，除非你透過寫作的鏡子來審視自己，否則平時看不到這個烙印。

你不記得第一次被人帶走的情景，可是有天晚上你的保證人帶你去見爸媽，然後又無可避免地將你帶走。

你又哭又叫。你才只有四歲。

你覺得媽也在哭，但或許你只是希望她哭了。

你只記得自己嚎啕大哭，但不記得你嚎啕大哭時所在的房間、屋子或公寓，也不記得帶你到那裡然後又帶你離開的保證人。那些是你實質的聲音與感受，來自你自己。那種吶喊與孟克[1]的著名畫作不同，因為你聽得見，而非只看到無聲的尖叫。那聲音令你感謝自己已經不記得離開邦美蜀市、芽莊市和西貢市的旅程。但倘如你真的記得……

……對你的寫作而言，將會有非常驚人的影響！

想想看——

如果你記得的事情夠多，你就可以

替沒有發語權的人發聲。

作家的困境：

必須傷痕累累，才能成為一名優秀的作家，

但又必須傷得不會太重，才不致變得一團糟。

1 譯注：愛德華・孟克（Edvard Munch, 1863.12.12—1944.01.23）是挪威畫家，其最著名的畫作《吶喊》（*Skrik*）為當代藝術的代表性圖像之一。

你已經取得這種神奇的平衡了！

恭喜！！！

你的第一組保證人是對年輕的伴侶。你所謂的伴侶，是指男性和女性。你所謂的男性和女性，是指白人男性和白人女性。他們住在一輛拖車裡或是一間可移動式的房屋，為人似乎十分友善，可是你和他們相處的時間很短。也許你不太可愛，不像「嬰兒空運行動」[2]的那些孤兒。那些孩童並非全部都是孤兒，其中七十八人在運輸機於西貢墜毀時喪命。然而倖存下來的孩子一定都非常可愛，就像李察·普瑞爾所說的：

> 我得說，為那些孤兒請願實在很有趣。〔模仿白人女性的口吻〕老天，我們一定做點事情。這些小小的孤兒，噢，我的天啊。那些臭婊子害我差一點也去領養了一個孤兒。那些住在密西西比州的傢伙，那些住在喬治亞州的白人，全都在領養嬰兒。這種爛事大概會持續一年，然後種族歧視的想法又會再冒出來。〔模仿白人男性的口吻〕該死，瑪格，我們領養的這個是什麼東西啊？你的眼睛難道不會變圓嗎？就像住在隔壁的那些笨蛋一樣。你們知道，我是支持孤兒的，不要誤解我的意思。我很喜歡孤兒，可是，他媽的，

這裡還有一千萬個黑鬼等著被領養。

〔掌聲〕

你當時還不明白自己不是黑人的頭一個好處：你這個可憐又幸運的亞洲小孩，有陌生人願意收留你！你的第二組保證人是一個有孩子的家庭，而且其中至少有一個孩子與你的年齡相仿，他們的孩子都是金髮。那個家庭也很有同情心，可是他們在無意之中讓你覺得難堪：他們要你教他們使用筷子。使用筷子這件事在一九七〇年代的賓夕凡尼亞州肯定相當具有異國情調。你坐在餐桌旁，看著那位父親和那位母親親切又期盼的表情。他們的孩子則充滿好奇和疑惑，不明白這個出現在他們家裡的怪孩子是誰，為什麼搶走了他們父母的注意力，也不明白他們的父母為什麼要求他們玩那些小棍子。那對父母有沒有特別點外賣的中國菜來配合以筷子用餐呢？不然除了中國餐館之外，他們還能夠從哪裡找到筷子？你只有四歲，這種場面讓你產生很大的壓力。而且，不幸的是，你不會使用筷子，因為你不太聰明，而且已經——天啊——忘記了你的根源。

奇怪的是，你也不記得什麼時候

你才終於學會了使用筷子。

大概得歸功於你的父母。

2 譯注：「嬰兒空運行動」（Operation Babylift）是指一九七五年四月三日至二十六日當越南戰爭結束時，美國將大量孩童從越南南部撤離至美國和其他西方國家的行動。

美國人會不會記得
自己是什麼時候
學會用叉子？

你不記得他們的房子，也不記得你睡在哪個房間，或者你是否與他們的孩子共用房間，以及你吃了哪些奇怪的食物——麥片？起司通心粉？馬鈴薯沙拉？燉鍋菜？鮪魚三明治？——更不記得當時你一句英語都不懂，究竟如何與他們溝通，倘若你已經會開口說話。

假如你唯一知道的英語是「美國大兵」，
然後你像電影裡那些拉皮條的孩童，
問他們：美國大兵！你想打炮嗎？
一切就會變得像喜劇一樣好笑！
請播放罐頭笑聲。

無論你是否可愛，你肯定是個難相處的客人，因為你才只有四歲，而且被迫與父母分離。

你應該對他們心存感激嗎？

你也不記得有一個名叫約瑟夫．溫迪胥（Joseph H. Windish）的人，他是韓戰的退伍老兵，擔任你父母的保證人。你父親找工作的時候，溫迪胥先生寫了一封推薦信，那封信現在裱了框，放在你父親家客廳的櫃子裡。那個櫃子裡放著酒杯、一個水晶碗和一張你哥哥與歐巴馬總統[3]的合照，歐巴馬總統在照片中露出充滿魅力的笑容。在那封推薦信中，溫迪胥先生形容你父親是

一位值得信賴且沉著穩重的顧家男人，
顯然將妻子與兩個孩子
照顧得非常好。

那是第一次有人用英語提到你，同時也是對爸媽的證明。

身為難民和亞洲人，你是少數民族，但是溫迪胥先生願意與你父親（以及你）站在同一陣線。大多數的美國人和溫迪胥先生不同，他們不想接受來自東南亞的難民，其中大多數人的某些憂慮是可以理解的，因為你們這些難民之中有一些人會犯罪，包括殺人，你們家有一個在賓夕凡尼亞州的熟人就是因此而入獄。你們還有一些人會依賴社會福利。不過，你們有一些人會成為醫生、律師、工程師、軍人、水手。你們當中的一個人甚至發明了有史以來最致命的武器之一：

3 譯注：巴拉克・歐巴馬（Barack Obama, 1961.08.04—）是美國第四十四任總統。

溫壓彈[4]是一種可怕的裝置，能產生超熱的衝擊波以粉碎洞穴，威力足以破壞遠在四分之一英里外的人的內臟器官。溫壓彈被設計用來突破錯綜複雜的洞穴，

可粉碎躲在深達一千一百英尺處的任何人，

並且將剩餘的一切焚燒一空。

從被炸彈轟炸到發明出炸彈——這就是美國夢™！

也別忘了緹琵・海德倫[5]，她到彭德爾頓海軍陸戰隊基地拜訪她的演員朋友喬貞[6]（喬貞也可以在講述你母親一生的電影中飾演你的母親）時，對難民深表同情，因此要求她的美甲師培訓其中一些女性難民。

就這樣，在將近五十年後，

這個國家的美甲沙龍行業中，

你們越南人占了百分之五十八。

你的失敗——以及成功——不一定是因為你是難民或東南亞人，而是因為你是一個人。四歲的時候，你不知道有些人不認為你是一個人，他們只把你當成一個難民，一個越南人，一個被憐憫或被輕蔑、被拯救或被拒絕的受害者。不過你已經遭受到人生的第一次打擊，你被人帶走使你看清自

己的脆弱與父母的無能為力。在你生命中的大部分時間裡，你只記得這一刻是一個事實，而不是一個傷口。

然而這並非事實。

二〇一七年，當你兒子滿四歲時，你開始重新回憶。你將你的兒子取名為艾里森，以向小說家拉爾夫[7]致敬。你在大學時期讀了他的《隱形人》，那本書讓你留下深刻的印象。拉爾夫的中間名是沃爾多，取自哲學家愛默生[8]的名字，你在大學時期也讀過愛默生的文章。你那不一致的自己總喜歡對自己說：你不用頭腦，所以才會一再套用前人的東西。

以拉爾夫．艾里森的名字為你兒子命名，將他置於一系列由思想家和作家組成的美國黑白人種宗譜之中。那些思想家和作家一直努力解決美國™既包容又排斥的黑白種族問題，是美國™既崇拜又

---

4 譯注：溫壓彈（Thermobaric bomb）是由越南裔美國科學家陽月英（Dương Nguyệt Ánh, 1960—）所發明。陽月英與其家人於一九七五年西貢淪陷時乘船逃離越南。

5 譯注：緹琵．海德倫（Tippi Hedren, 1930.01.29—）是美國女演員。

6 譯注：喬貞（Kiều Chinh, 1937.09.03—）是越南裔美國女演員、人道主義者及慈善家。

7 譯注：拉爾夫．沃爾多．艾里森（Ralph Waldo Ellison, 1913.03.01—1994.04.16）是美國黑人學者暨作家，於一九五三年以《隱形人》（*Invisible Man*）獲得美國國家圖書獎（National Book Award For Fiction）。

8 譯注：拉爾夫．沃爾多．愛默生（Ralph Waldo Emerson, 1803.05.25—1882.04.27）是美國思想家暨文學家。

加以妖魔化的對象，也是既加以神聖化又將其犧牲的對象。你希望你兒子明白，那些作家和思想家的語言也是他的歸屬，就像美國™一樣。你希望艾里森最後能夠明白，身為一個美國人——

他在這裡出生和長大，他是美國人，

他有資格成為美國總統！

——只要美國™存在，他就會被緊緊壓縮在充滿紀念與謀殺的黑白二元對立之間，因辯證而搖擺不定。因為美國™本身即是矛盾，而且將會永遠矛盾。當拉爾夫・艾里森將他故事裡的旁白者設定為一個在社會上既隱形又超級明顯可見的非裔美國人時，你明白這其實也描述出你在美國™的情況，你現存的狀態和已經變成的模樣。

與此同時，你可憐的兒子只想玩微軟的 Minecraft 遊戲。

艾里森四歲的時候，唐納・川普[9]當選美國總統。他保證將會停止他所謂的美國大屠殺，並且承諾

你將再也不會被人忽視。

但是這個「你」顯然並不包括你，

在不可分割的上帝之下的隱形人，
而且也可能不包括
你的兒子。

在川普之國，身為亞洲人就是「其他人」，是無名小卒，什麼都不是。在你們在各處被人看見之前，不會被川普之國看見。對川普及他的信徒而言，你們還不能排在「其他人」名單上的前列，也許很快就會輪到你們。然而霸凌者和煽動者都是從最弱小的無證件移民開始下手，來自被美國™奪走光彩的南美洲國家移民者，往北遷移來到這個國家，他們也是隱形的，直到現在才變得超級明顯可見。川普為了阻止那些移民，便將他們的父母與孩子拆散，把他們關進籠子裡。

殘酷地對待「特別」的移民和難民，
而所謂的「特別」，是指膚色較黑的人。
民主黨和共和黨的總統都曾做過這種事，
不過，川普堅持將官僚主義的殘酷行徑變成
政治上的戲劇性奇觀。

9 譯注：唐納・川普（Donald Trump, 1946.06.14—）是美國第四十五任及第四十七任總統。

看到你四歲大的兒子，你會想起自己在這個年齡的時候，當時你與父母的短暫分離宛如永恆。幾十年來你試著不去回想的種種再度湧上心頭：一種比你父母更強大的力量將你帶走，好讓你父母有時間賺錢養活自己。但你只是一個孩子，只知道自己軟弱無能、只覺得自己遭到遺棄，並且只聽見自己的哭喊。

解決方法就是讓父母回到你的身邊。

但是你父母沒有回來。

另一種解決的方法：停止感覺。

難民營的孩子以及與他們分離的父母，都永遠不會忘記那種經歷。將他們分離不是仁厚的舉動，那種分離將他們狠狠燙傷。

他們的分離可能永遠不會結束。

你永遠不會想到你父母在被迫放棄你的時候經歷了什麼，但是當你兒子四歲的時候，你終於明白爸媽當時的模樣。他們比你成為父親的時候還要年輕，他們的身體仍充滿活力，他們將來年邁的樣子還很抽象，可是他們對孩子的思念非常真實。

你與父母的分離最後終於結束了。你沒有你與父母團聚時的照片，你的家庭照片只記錄了後來的美好時光。在一張於賓夕凡尼亞州拍攝的照片裡，你穿著短褲和涼鞋，愉悅地在樹林中擺姿勢。你最喜歡一張你穿著厚厚的雪衣與你母親一起站在雪地裡的照片，當時應該是一九七五年或一九七六年的冬天，你的父母從熱帶地區來到白雪紛飛之境歡慶聖誕。不到一年之後，越南的武裝部隊廣播電臺播放了〈白色聖誕〉（*White Christmas*）這首歌並提醒剩下的美國人盡速逃離。

在那張照片中，媽臉上帶著笑容，看起來很時髦，就像她在所有照片裡一樣。爸媽用他們帶來美國™的一些黃金買下了他們身後的那間房子，那是他們在這個國家的第一間房子。他們失去了大部分的財富，但沒有因此變得窮困潦倒。雖然他們帶著黃金而來，可是他們的第一份工作是在養老院洗衣服。你父母是靠著省吃儉用才變有錢的。爸因為動作太慢而遭到解僱之後，他在生產打字機的「好利獲得」公司[10]找到一份新工作。媽向洗衣房請辭是因為工作太辛苦，但她的英語能力不如你父親，因此無法找到另一份工作。

在邦美蜀市時，阮氏七是一個白手起家的女性，這輩子都在工作，而且會駕駛豐田轎車。在哈

10 譯注：好利獲得（Olivetti S.p.A.）是義大利的資訊科技公司，成立於一九〇八年，以生產打字機起家，後來專門研發並製造商業器材和電腦系統。

里斯堡時，七阮[11]（Bay Thi Nguyen）的名字變得跟她身為家庭主婦的生活一樣扁平。她被困在家裡，形隻影單且一直找不到工作。

只能與你相伴。

早上的時候，頭髮又長又黑的媽會帶你到公車站。你知道她很愛你，因為她把你的午餐裝在錫製便當盒裡，盒蓋上有一個卡通人物——但你忘了是哪個人物——你記得那是一個非常美國式的卡通人物。你的熱水瓶裡裝著七喜汽水而不是牛奶，其他的孩子因此取笑你，因為他們以為你的汽水是白開水。你不知道你出門上學之後媽在家裡做些什麼，因為對你而言，媽的存在只是為了照顧你。

你深愛著你的兩個孩子，可是當你在導致數百萬人死亡的疫情中寫下這些文字時，他們已經和你一起被困在家中好幾個月，讓你明白了你母親當年的處境。工作賦予了她人生的意義，工作對她而言僅次於上帝——或者，這麼說可能對上帝不敬，但或許工作和上帝一樣重要。

有一天，媽失蹤了。

你依稀記得自己與你父親和你哥哥坐在臺階上，也許在你家的後院，他們向你解釋了一些事，可是你聽不懂。這次的事件為即將發生之事埋下伏筆，但你後來才明白它只是前兆。

媽回來了，
可是你不記得她回來。
她只是再次出現。

儘管媽短暫缺席，或者缺席了好長一段時間，你依然享受著在哈里斯堡的生活，對於你父母面臨的掙扎一無所知。爸的公司招待你們全家到一間遊樂場玩一整天，你學會了怎麼玩賓果遊戲。好像是爸或媽贏了，他們叫你哥哥去領獎，但因為他拖拖拉拉的——當時他大概才十一、二歲，卻已肩負起未來都得擔任的翻譯工作——賓果遊戲的主持人告訴你哥哥他沒有獎品可領，因為獎品已經被其他人領走了。只要一不小心錯過了，機會就變成別人的，這是我們在美國學到的另一個教訓。

我們比較容易記得失去的，
而不是記得開心的事情。
因為失去會讓你受傷，
開心則會慢慢淡去。

11 譯注：在越南人的名字中，姓後面會有墊名（tên đệm），介於姓和名之間，具有區分性別和聯宗續譜的作用。越南女性最常見的墊名是「氏」（Thị）。由於美國人將姓氏置於個人名之後，故作者的母親移民美國後的名字由Nguyễn Thị Bẩy（阮氏七）變成Bay Thi Nguyen（七氏阮），譯者在此將其墊名省略，譯為「七阮」。

試著記住開心的事。但正如托爾斯泰所寫的：每一個幸福的家庭都很類似，因此書寫和閱讀不幸的家庭會比較有趣。你的幸福很平凡：哥哥和你睡在同一個房間、陪你玩大富翁、阻止搶走你萬聖節糖果的壞鄰居霸凌你。你父母還有時間帶你去野餐和度假，因為當時他們還沒有工作過度。紐約骯髒又嘈雜，不過你依然可以從自由女神和帝國大廈的最高處欣賞紐約的景緻。

在後來的許多年，客廳的書櫃上都一直擺著一個兼具溫度計功能的帝國大廈模型，旁邊還有一個有薑黃色頭髮、蔚藍色眼睛、粉紅色皮膚的怪娃娃。媽很喜歡那個洋娃娃，可是它永遠撅起的嘴脣和睜大的眼睛讓你覺得害怕。書櫃上擺放的飾品不多，都是你父母精心挑選過的，可是沒有書。

還有什麼比這種情況更令人感傷？

也許這件事更悲傷：數年前夏末或初秋的某一天，爸媽坐在印第安敦堡峽軍事要塞的難民營辦公室裡，接獲了他們即將與自己的孩子分離的消息。當時你父親四十二歲，你母親三十八歲，雖然兩人都是對自己的人生和子女擁有完全權力的成年人，但情況不同了，因為他們已經淪為難民。

你可能在辦公室外面奔跑和玩耍。你哥哥對那段時間的回憶是美好的，起碼比你們在關島的時候好得多，你們在關島吃飯前必須排隊等一小時，這裡排隊的時間很短。軍營裡雖然十分擁擠，不過總比帳篷來得舒服。

你們白天有很多玩耍的時間，還有很多螢火蟲。你的父母

忙著釐清他們接下來會被送往何處，沒時間管你們。

那段時間對孩子而言十分悠閒，宛如在夏令營。

也許爸媽當時穿著他們從越南帶來的衣服，也許穿著好心的美國人捐贈的衣物。有一個人——可能是某位軍官、某位援助者、某位教會志工——用英語告訴他們即將發生的事。也許爸媽已經讀了由難民同胞以英語和越南語發行的營地通訊報《好地方》（*Đất Lành*），因此對於可能發生的情況做好了心理準備。《好地方》會刊登婚訊、聚會、體育賽事、基督徒團體和馬戲團來訪的時間，以及與美國文化相關的課程，例如

現在開始，家就像軍營一樣。

這句話告訴難民，任何人未經許可，都不能隨意進入他們的家，因為

一個人的家就是他的城堡。

不過

我們現在可以改說：

那個人告訴爸媽，他們最好的選擇就是將一家人拆散。那個人告訴他們一些事，叫他們把兩個孩子送到陌生人家。一些事情一些事情一些事情。媽懂的英語字彙有限，爸的英語能力已足以應付生意上的溝通，因此也許他能完全理解對方在說什麼，但也許他只理解大部分的內容，對於他不理解的百分之十或百分之二十深感困惑。一些事情一些事情一些事情。爸剛才沒聽錯嗎？那個人所說的真的是爸理解的內容嗎？爸媽點點頭，表示他們聽著，即使並不完全理解。一些事情一些事情一些事情。也許某位難民同胞在場幫忙翻譯，也許負責翻譯的人是已經住在美國且志願幫忙的越南留學生。

爸媽花了幾分鐘（也許幾個小時）的時間才將現實狀況吸收到他們的思緒與身體裡。也許爸媽為此爭辯了一會兒。也許他們一人贊成、一人反對，也許兩人都反對。你無法想像他們兩人都贊成將一家人拆散，可是到了最後他們同意了。也許那個具有同情心的翻譯告訴他們，這是他們第一次有機會離開營區，也是最有利的機會。假如他們不接受，可能會被困在營區裡更久。爸媽權衡了與兩個兒子一起待在營區的成本效益及離開營區但是必須與兩個兒子分離的成本效益。他們將對兒子們及自己造成的情感傷害加以合理化。媽還記得她如何拋下她的母親與她的姐妹們。媽想起你（被領養的）姊姊獨自一人，她那個（被領養的）女兒現在還好嗎？爸想起他於一九五四年第一次成為難民時如何拋下他的父親與他的弟弟妹妹，在那之後他再也沒有見過他們，但是他也熬過來了，不是嗎？

戰爭就是如此。

你只能想像當時的情況，可是無法感受到爸媽的痛苦，因為你雖然能想像與自己的兒子分離，卻無法體會那種感受。想像某種心情與實際感受那種情緒之間的差距，就是同理心與實際經歷之間的鴻溝。同理心雖能拉近作者與讀者之間的距離，卻無法讓他們成為彼此。同理心無法讓兒子變成他的父親和母親，即使他後來也當了父親。你從來不需要做出爸媽當年必須做的決定，而且你最後也熬過來了，不是嗎？

即使你的肩胛骨之間被烙上「外來民族」的印記，你依然是幸運的，因為你與你認為和你互為一體的父母只分離了短短幾個月，但是比你年長七歲的哥哥卻長達兩年無法與你們團聚。

由於這個原因，
你哥哥對你說：
我們由此可知，
我們的爸爸媽媽
其實比較愛你。

你唯一能成為的模範生

你認為你哥哥只是在開玩笑，但就算這是玩笑話，可能也帶有幾分道理，許多玩笑話都是如此。

東哥和你一樣，也因為身為難民及看見爸媽受苦和犧牲而飽受壓力，可是他比你更早找到奮發向上的動力。他在十歲那年來到美國，一句英語都不會說，可是七年之後他從聖荷西最差的公立高中之一畢業，進入哈佛大學就讀。

所以不必替他感到難過。

爸媽送你去讀聖荷西最頂尖的私立高中，結果你報答他們的方式是你申請的每一所大學都拒絕了你，只有一間大學錄取你。你進入最後志願的那所大學的第一個晚上，你的新同學們聚在一起，悶悶不樂地看著彼此，並問自己到底哪裡做錯了。

基本上，你就是搞砸了。

「搞砸了」是一個相對性的詞彙。

你在高中的平均成績是B+！

但是你也被同學們稱為「搞砸了的亞洲人」（Asian F）。

F代表「搞砸了」（fuckup），因為亞洲人（Asian）應該都拿「A」。

少數族群都很優秀的刻板印象，依舊適用於你的家庭和你認識的亞洲人。這種讓人厭惡的刻板印象，即使你嘲笑其不精確，但你仍然經常表現得像一個少數族群的模範生——沉默、客氣、好學、勤奮，以及具有地位意識。

有時候你會搖擺不定，但大多數的時候你會朝著這種形象而努力。

學者寧喬艾玲[1]認為少數族群模範生會擔心自己不完美或看起來不完美，導致自己與父母蒙羞。他們揹負著情感債務與孝道重擔，深怕自己會白費父母一路以來的犧牲，因此深感內疚。他們將自己定位為資本主義機器中的小齒輪，穩穩當當地運轉，直到再也無法運作的那一天來臨。

1　譯注：寧喬艾玲（Erin Khuê Ninh）是美國加州大學柏克萊分校的英文系碩士、博士，並獲得加州大學洛杉磯分校的博士後研究獎學金，目前任教於加州大學聖塔芭芭拉分校，研究領域為亞美文學與族裔比較文學、文學理論、女性文學及文化研究。

害怕自己失敗的陳腐恐懼正是你需要的潤滑劑，你發誓要盡一切努力進入你夢想中的大學。於是你在第二年轉學到加州大學洛杉磯分校，可是只在那裡待到一九八九年秋天，一九九〇年春天你終於被你夢想中的柏克萊共產主義大學錄取。

這又是一句玩笑話！加州大學柏克萊分校的校園在社會意識方面確實就某種程度接受了共產主義，可是當你走過斯普羅爾廣場[2]的時候，那些試圖改變你信仰的人比較可能是福音派的基督徒。

當年你和你高中時期的女友J一起去參觀加州大學柏克萊分校，你對這所大學一見鍾情。從電報大道[3]到學校的校園，再到一九六〇年代言論自由運動[4]時期曾聚集大量人潮的斯普羅爾廣場，你覺得這裡就是你嚮往的地方。這裡的空氣瀰漫著某種氛圍，不僅僅只是大麻的氣味。

你喜歡這裡並非因為你還沒看過真正的大麻，你不會因為像柏克萊的那些學生一樣叛逆或耍酷就得到救贖。那些學生都穿著黑衣黑褲，腳上套著馬汀大夫鞋，坐在斯普羅爾宿舍前的臺階上抽菸，並且為有色人種的男女出版藝術雜誌，標題中有「聞聞這個」（smell This）和「令人震驚」（in your face）等字眼。你想變成一個粗野的人或一個摩登的人，可是你只能當個書呆子。你從小學二年級就開始戴眼鏡了，因為你太常躲在黑暗中閱讀，以致視力受到傷害。你依舊想成為一名頂尖的學生，而不僅僅是好學生。

你為你哥哥感到驕傲。東哥在高中的時候打橄欖球並且負責編輯校刊，當地電視臺對他讚譽有加，《聖荷西信使報》採訪他的新聞標題則是：

「雖然經歷重重阻礙，越南裔學生依舊表現優異。」

多年之後，一名加州大學柏克萊分校的亞裔美國學生對你說：「我媽媽拿了那篇報導給我看，她說我應該向你哥哥學習。」

怎麼沒人拍一部關於你哥哥非凡人生的電影？

但如果好萊塢真的拍了這部電影，內容可能

會是關於一位為你哥哥開啟美國夢™的

---

2 譯注：斯普羅爾廣場（Sproul Plaza）是加州大學柏克萊分校的學生活動中心。

3 譯注：電報大道（Telegraph Avenue）是美國加州的一條街道，最南端始於加州奧克蘭市（Oakland）的市中心，最北端位於加州大學柏克萊分校的校園南端。

4 譯注：言論自由運動（Free Speech Movement）是一九六四年至一九六五年由美國加州大學柏克利分校學生領導的民權運動，目的是爭取學生和公民的言論自由、學術自由及政治自由。

白人老師，但這位老師會把你哥哥的
名字唸成「懶東清」。
像你哥哥和你這樣的人，
不可能擔任好萊塢電影的主角，
只能出現在關於少數族群模範生的電視特輯。

受別人敬佩可能是件好事，但如果稱自己是模範生，就是自視甚高；如果比你強大的人稱你為模範生，對方就是陰險狡詐。

所謂的多數族群將亞裔美國人高舉到臺座上，在那個臺座上，優秀的少數族群可以向不好的少數族群展現如何獲得成功，或者羞辱他們如此失敗。有一些亞裔美國人很喜歡從臺座上欣賞風景，你知道那種人。

努力工作，努力念書。依靠自己，不依靠社會福利。不把自己的問題歸咎於過去或社會。尊重老師。將警察視為朋友，相信法律會站在自己這邊。強調自己是透過合法的途徑來到美國。遵守法律，不提到任何遊走法律邊緣的親戚、朋友、父母或祖父母，或是自己遊走法律邊緣的行為。（「遊走法律邊緣」是正派之人用來形容違法行徑的詞彙。）不直言不諱地表達反對意見，或者根本不表達反對意見。如果錯失晉升的機會，也會保持冷靜、責怪自己、保持沉默。不分心，當一個好的追隨者。將自己的優勢、劣勢、壓抑都藏在心底。不對種族主義感到憤怒及怨恨，不對多數族群忽視你及高高在上地對你表示親切的態度感到憤怒及怨恨。將你的憤怒發洩在其他所謂的少數族群身上、發洩在妻子、丈夫、情人、孩子身上。在公共場合中、在白人的注視下，記得壓抑自己的感受。詩人暨散文家凱西・帕克・洪[5]（Cathy Park Hong）說：就將那些感受稱為「不重要的感覺」吧。

當你的白人保證人給你一副筷子時，
那種尷尬的感受是不重要的感覺嗎？

當你在哈里斯堡時，白人的孩子搶走你的萬聖節糖果，
那種困惑的感受是不重要的感覺嗎？

當你被陌生人從你父母身旁帶走時，
你的尖叫和嚎哭是不重要的感覺嗎？

但如果你爸媽遭搶劫犯開槍射傷，而且他們隔天馬上
回去繼續工作，你有什麼資格說自己的感覺多重要？

5 譯注：凱西・帕克・洪（Cathy Park Hong, 1976.08.07—）是韓裔美國詩人、作家和教授，曾被列為二〇二一年的《時代》百大人物（Time 100）。

在這些不重要的感覺歷史中，曾發生過這麼一段插曲：

一九八〇年代初，你十歲或十一歲。
當你獨自一人走在路上時，
你在「新西貢」不遠處
發現一間商店的櫥窗
裡面有一張告示：

又一間美國商店
被越南人
搶走了生意

上面是列印還是手寫的文字？你已經不記得了。

哪一種生意？你也沒有留意。

誰算是美國人？你從來沒有想過這個問題。

你沒辦法清楚說出看見那面告示的感覺，可是你明白那面告示在指責像你父母一樣的人。你可能還想到你爸媽竟敢替自家商店取一個沒有英文翻譯的店名，倘若這個人不認為你父母是美國人，其實也算公允，而且每次爸媽說到美國人時，他們指的都是別人，不是他們自己。

但爸媽是危險人物嗎？爸媽從不休假，每個星期天都參加彌撒，而且每天晚上誦讀玫瑰經。爸媽把錢寄回老家給所有的親戚，好讓他們不必挨餓。這些事如果是白人做的，可以證明他們的英雄氣概和人道精神，但由爸媽來做這些事，只能證明他們狂熱且不人道的工作意志，會讓某些美國人感到恐懼與憤怒。

在這個強調工作賺錢的
資本主義神話國家，
怎麼可能有所謂的
工作太辛苦？

爸媽用來慰勞自己的東西包括：一臺微波爐、一臺有實木面板且內建喇叭並且能播放卡式錄音帶與匣式錄音帶的立體音響、一臺可視為個人化美式裝備的二十五吋大螢幕實木面板電視，以及一臺豪華又超時尚的錄影機。錄影機就像古時候的留聲機，是那個年代的尖端技術，你只要把一個小小的黑匣子插入一個大一點的銀匣子裡，就可以播放一部電影。

你在「新西貢」附近一間陰暗狹窄的越南錄影帶店租錄影帶，你去租錄影帶時會經過越南美容院、越南咖啡館、越南三明治店和越南餐館，非越南人對這些商家的陌生感，偶爾會被它們的法國式店名所軟化，例如巴黎美容院、朋友咖啡館（Les Amis Café）。

你們越南人已經接管了聖荷西的市中心。

並讓它變得更好。

爸帶你從「新西貢」走到錄影帶店。一個蓄有稀疏鬍子的越南同胞招呼你們，櫃檯後方有一整面牆放滿了黑色的VHS錄影帶，你可以從活頁目錄中挑選你想看的電影。你毫無戒心的父親付了錢，他不知道你選的電影可能有不適合兒童觀賞的內容。

看那種電影可能會惹麻煩。

但是也有助於讓你成為作家。

在看過《星際大戰》十幾遍之後，你看了李小龍主演的《龍爭虎鬥》（*Enter the Dragon*）和《猛龍過江》（*Return the Dragon*）。他精湛的武術讓你留下深刻印象，可是像你這種書呆子，這種笨拙的弱者，無法將他視為學習的榜樣。然後——

——你觀賞了《現代啟示錄》[6]。

你喜歡看戰爭片。你已經看過約翰・韋恩[7]與日本人作戰的《硫磺島浴血戰》[8]，以及在第二次世界大戰中獲得最高榮譽的士兵奧迪・墨菲[9]與德國人作戰的《火海浴血戰》（*To Hell and Back*），你非常了解戰役、武器、軍服、軍事活動及相關用語，可是你對《現代啟示錄》的了解，是它的內容講述把你帶到美國的那場戰爭。

當時是週末。如果是星期天，你早上會和爸媽一起去聖派翠克教堂參加越南語彌撒，百般無聊地坐在堅硬的木凳上聽著你不懂的佈道。彌撒結束後，你會和爸媽一起驅車回到位於北邊幾個街區的「新西貢」，爸媽會給你幾塊錢去對街買甜甜圈。你會買星期天版的《聖荷西信使報》和十二個甜甜圈，十二個甜甜圈都由你獨享。然後爸會開車送你回家。你會獨自一人度過週末，一如往常，陪伴你的只有報紙、甜甜圈、你的書籍，以及裝滿微波食品和拿坡里三色冰淇淋或薄荷巧克力冰淇淋的冰箱，一個充滿愛的冰箱。每當爸看到他認為你會喜歡的食物時，就會無窮無盡供你享用。你

---

6 譯注：《現代啟示錄》（*Apocalypse Now*）是一九七九年的美國電影。

7 譯注：約翰・韋恩（John Wayne, 1907.05.26—1979.06.11）是美國電影演員，曾獲奧斯卡最佳男主角獎。

8 譯注：《硫磺島浴血戰》（*Sands of Iwo Jima*）是一九四九年的戰爭片，描述第二次世界大戰時日軍於硫磺島與登陸的美軍激戰的故事。

9 譯注：奧迪・墨菲（Audie Murphy, 1924.06.20—1971.05.28）生於美國德克薩斯州，在第二次世界大戰的歐洲戰場上戰功輝煌，因而獲得榮譽勳章，並在退伍後成為電影演員，曾演出過四十四部電影。

每個週末會輪流吃索爾斯伯里牛肉漢堡排與美式肉餅、炸馬鈴薯塊與馬鈴薯泥、蘋果派和桃子派，並且把整盒冰淇淋直接拿著吃。你就像身處天堂，可是也很孤單。當時你只有十一歲。

你將報紙從頭到尾讀完，然後吃掉幾個甜甜圈，並將微波食品加熱當成午餐。你把錄影帶放進錄影機裡，坐在電視機前的地毯上或坐在紅色絲絨沙發上。屋裡很安靜，儘管客廳的窗戶面對著一條交通繁忙的街道。聖荷西的人不常按喇叭。

電影開始之後，先播放一首由門戶合唱團[10]演唱的怪歌，歌名是〈結束〉（*The End*）。後來你才發現門戶合唱團的主唱吉姆．莫里森的父親是指揮「新生活行動」的海軍上將。電影中的戰鬥機從叢林樹梢上空飛過以及凝固汽油彈爆炸的畫面，看起來都很酷。

你以前在電視上播出的《處決斯洛維克大兵》（*The Execution of Private Slovik*）看過飾演韋勒上尉的馬丁．辛[11]，他在臥室裡跌跌撞撞地來回走動，幾乎全身赤裸地表演笨拙的武術，徒手打碎了一面鏡子，然後躺在染滿自己鮮血的地板上啜泣。這些鏡頭讓你感到困惑。

儘管內容怪異，這部電影依舊令你著迷。「我喜歡早上聞到凝固汽油彈的味道！」吉爾戈中校咆哮道。他的直升機中隊在華格納的《女武神》[12]樂曲中突襲一座越共村莊。多年之後，你在白人至上主義的鉅片《一個國家的誕生》[13]中看頭戴白頭巾的三K黨從黑人男性手中拯救白人女性時再次聽見這首曲子。《一個國家的誕生》相當於當時的《星際大戰》（*Star Wars*），改編自伍德羅．威爾遜總統[14]的一個朋友所寫的小說《同族人》（*The Clansman*），威爾遜總統曾於一九一五年在白宮放映這部電影。在《現代啟示錄》中，直升機中隊殺害了許多越南人，越共也殺死了一些美國人，但這就是戰爭，戰爭即地獄。這部電影比描述第二次世界大戰的電影更粗俗也更迷幻，因為第二次世界大戰的電影沒有裝扮成半裸牛仔和印第安人的花花公子玩伴女郎，那些玩伴女郎增加了這部電影的吸引力，至少對於像你這樣的特定觀眾而言。有些人認為《現代啟示錄》是一部反戰電影，但美國海軍陸戰隊向新兵放映這部電影，用來激勵他們參與戰爭。戰爭電影無法成為反戰故事，因為它們以壯觀的槍戰和性感的肉體讓年輕人興奮不已。

什麼是反戰故事？

你爸媽、你（被領養的）姊姊，以及其他成千上萬名難民和老百姓的故事算不算？

10 譯注：門戶合唱團（The Doors）是一九六五年成立於洛杉磯的美國搖滾樂團，樂風融合車庫搖滾、藍調與迷幻搖滾。成員包括主唱吉姆・莫里森（Jim Morrison）、鍵盤手雷・曼札克（Ray Manzarek）、鼓手約翰・丹斯莫（John Densmore）和吉他手羅比・克雷格（Robby Krieger）。

11 譯注：馬丁・辛（Martin Sheen, 1940.08.03—）是美國演員，他的四名子女也都是演員。

12 譯注：《女武神》（*Die Walküre*）是歌劇《尼貝龍根的指環》（*Der Ring des Nibelungen*）第二部，由華格納作曲及編劇。

13 譯注：《一個國家的誕生》（*The Birth of a Nation*）是一九一五年的美國電影，為美國電影史上最具影響力也最具爭議性的電影之一。

14 譯注：湯瑪斯・伍德羅・威爾遜（Thomas Woodrow Wilson, 1856.12.28—1924.02.03）是美國第二十八任總統。

他們都被捲入了
不是他們引發或選擇的戰爭之中。

電影中，海軍巡邏艇攔截了一艘滿載老百姓的舢舨。當一名海軍試圖打開舢舨上的一個籃子時，一位越南女子衝出來保護那個籃子，那些因此受了驚嚇而動怒的年輕海軍，不分黑人或白人，立刻開槍並屠殺那些聒噪又難以理解的越南人。海軍打開那個籃子之後，發現裡面是一隻非常可愛的小狗。

除了那隻小狗，唯一倖存的是那個奄奄一息的女子。

船長想把她送到醫院，但這麼做會耽誤韋勒上尉尋找並處決美國陸軍上校寇茲，因此韋勒掏出手槍，對著那名女子的胸口開了一槍，

也將你
撕
裂
為
二

你是殺人的美國人？

還是被殺的越南人？

在此之前，

各式各樣的故事拯救了你。

如今你見識到

故事將你肢解的

力量。

你看完了那部以柬埔寨為故事場景的電影，它的結局令你困惑。馬龍．白蘭度[15]飾演寇茲上校，一個已經變成當地人的白人，變成野蠻人的白人。但即使變成了野蠻人，他仍舊是白人，是當地人的王。他揉揉自己的光頭，在韋勒用大砍刀殺死他之前喃喃地說：恐怖，恐怖。寇茲被殺死時，鏡頭穿插了由電影拍攝地的菲律賓伊哥洛特人飾演的柬埔寨部族宰殺一頭水牛的畫面，而且他們是真的殺了一頭可憐的水牛！大砍刀切下一塊又一塊水牛肉，畫面真實得令人害怕。如今不會這樣拍電影了，都怪那些自由派的動物保護團體。

當渾身是血的韋勒手拿著大砍刀，腋下夾著寇茲的日記離開時，一群柬埔寨人／伊哥洛特人／當地人／野蠻人在他面前自動站成兩排並且跪下。

15　譯注：馬龍．白蘭度（Marlon Brando, Jr., 1924.04.03—2004.07.01）是美國演員，第二十七屆和第四十五屆奧斯卡影帝。

回想起來，你知道這些都是白人的幻想。
唯有白人／兒子能夠殺死白人／父親，
而野蠻人會等待他們的白人／上帝。

夏威夷的原住民沒有分享他們
在一七七九年在海灘上殺死
庫克船長[16]時的幻想。

你看完了這部電影，未來的幾十年你都不會想再重看，可是你永遠忘不了它。然而被一分為二的衝擊實在太大，你將自己屬於少數族群的感情封存，直到進入加州大學柏克萊分校之後，亞裔美國電影課的教授要你分享一段影響你至深的電影場景。

你站在坐滿亞裔美國學生的教室前，你知道他們比任何人更能理解你的感受。你開始描述發生在舢舨上的大屠殺，你顫抖的聲音讓自己嚇了一跳。

封印被打破了。
你因為憤怒而發抖。
這是你最主要的感受。

你的情緒反應證明了《現代啟示錄》的影響力，也證明了導演法蘭西斯・福特・柯波拉[17]的藝術眼光與投入。故事不僅僅是提供娛樂、讓人感覺良好或反映自身的正面形象，也可以讓人感到震撼、感到緊張，並且重新自我審視。《現代啟示錄》是一部令人不安的電影傑作，片中的越南人、柬埔寨人和伊哥洛特人都是白人輕視的對象，毫無疑問，這部電影譴責了韋勒和寇茲的殺人暴力以及美國軍隊的反亞裔種族歧視，就如同一名直升機槍手射殺一個用手榴彈炸毀美國直升機的越南老百姓時所說的：

老天！
她是個野蠻人！
我要幹掉那個臭婊子。

然而譴責種族歧視的藝術作品同時也可以是種族歧視，正如奇努阿・阿切貝[18]對約瑟夫・康拉

16 譯注：海軍上校詹姆士・庫克（Captain James Cook, 1728.11.07—1779.02.14）是英國皇家海軍軍官、航海家、探險家、製圖師，曾經三度奉命前往太平洋，成為首批登陸澳洲東岸和夏威夷群島的歐洲人。
17 譯注：法蘭西斯・福特・柯波拉（Francis Ford Coppola, 1939.04.07—）是美國電影導演，其家族為義大利移民。
18 譯注：奇努阿・阿切貝（Chinua Achebe, 1930.11.16—2013.03.21）是奈及利亞著名的小說家、詩人和評論家。

德[19]《黑暗之心》（*Heart of Darkness*）的看法，那本小說是《現代啟示錄》的靈感來源，內容強調白人的種族主義與暴力，以及消滅、扭曲、剝削或抹殺其他人，完全忽視其他人的主觀性。這也隱含有種族歧視的意味。

《現代啟示錄》演員名單中有飾演「直升機槍手」的白人男演員，也有飾演「空軍中士」、「受傷士兵」、「機關槍槍手」的演員，可是飾演丟手榴彈的越南年輕女子卻沒有被列入演員名單，即使她在臨死前還說了幾句臺詞。電影中有數十名越南人遭到殺害，那些越南人沒有一個被列在演員表上。那些人都是來自越南的難民，住在菲律賓的難民營。

位於華盛頓特區的越南退伍軍人紀念碑上，
也沒有越南人、柬埔寨人、寮國人或苗族人的名字。
越南退伍軍人紀念碑是用來紀念在越戰中
喪生的所有美國士兵，東南亞人即使
也是越戰退伍軍人，卻只能在這場以白人為主、
偶有黑人的戰爭中擔任臨時演員。

幾十年後，當你參觀柯波拉導演位於加利福尼亞州蓋澤爾維爾的酒莊時，你發現東南亞人只不過是道具而已。你漫步到酒吧並欣賞酒莊生產的各種酒時，注意到酒吧旁邊有一個展示櫃。當其他客人在你周圍愉悅地交談時，你走近那個玻璃展示櫃，展示櫃中有《現代啟示錄》的戲服、劇照，

以及丹尼斯・霍珀飾演的攝影師所使用的照相機。另外還有一堆人類的頭骨。

那些頭骨在電影中用來裝飾寇茲喪命的部族營地，以表現他被野蠻的土著同化。不過，在這部以柬埔寨為場景的電影中，一堆人類頭骨令你想起你在柬埔寨親眼看到的一堆又一堆的人骨，紅色高棉[20]在那裡進行大屠殺。那些頭骨被保存在紀念館和博物館中，以紀念在金邊市郊的瓊邑克殺戮場、在金邊市內的S-21監獄，以及在馬德望萬人坑慘遭屠殺的失落靈魂。當你為你的書《一切未曾逝去：越南和戰爭記憶》進行研究而訪問那些地方時，你因為天氣過於潮溼而汗流浹背，請導遊騎摩托車或嘟嘟車載你回飯店房間休息；接下來的夜晚你已經沒有任何食欲，也不想喝酒，因為你無法忘記那些慘遭折磨和謀殺之人的遭遇。

柯波拉酒莊的頭骨——無論它是真的還是假的——始終盯著客人，看他們品嘗以導演的女兒和妻子命名的蘇菲亞粉紅酒或愛莉諾紅酒。

放下吧，你這個敏感又脆弱的傢伙。一名讀者抱怨道。

---

19 譯注：約瑟夫・康拉德（Joseph Conrad, 1857.12.03 — 1924.08.03）是波蘭裔的英國小說家。

20 譯注：紅色高棉（Khmer Rouge）最初是對柬埔寨左翼勢力的統稱，後來用來指稱柬埔寨共產黨及其後繼者民主柬埔寨黨（Party of Democratic Kampuchea）等政黨。

那只不過是娛樂消遣，只不過是一部電影。

你試著告訴自己那不過是一部電影，可是成年後的你到市中心一間時髦飯店的頂樓酒吧、手裡拿著一杯馬丁尼、眼睛眺望著洛杉磯的景緻時，突然看見一部電影被投影在附近的建築物牆面上。韋勒上尉從滿是爛泥的水中浮出，臉上畫著迷彩，手裡拿著大砍刀。當他砍死寇茲時，你啜飲著馬丁尼，身旁環繞著洛杉磯的俊男美女。

你真的很愛發牢騷。一位讀者抱怨道。

如果你不喜歡這種內容，請製作

你自己喜歡的電影。

你是作家，不是電影製片。你寫了一本該死的書，《同情者》，書中有一個角色是知名導演，他才華洋溢且高傲自大，很像柯波拉，但實際上不是他。不管那位導演是誰，好萊塢有很多人讀了你寫的這本書，關於你對那位導演的描述，沒有人爭論是不是暗指另一位拍攝過一部以越南為場景的美國戰爭電影的知名導演。在你和那位導演的共同友人要求下，你不情不願地在一本普立茲限量版的《同情者》上簽名，結果後來你看到那本送給該導演的簽名書，以四百九十九美元的價格在 eBay 上兜售。

雖然你那本書中的導演拍了一部聽起來很像《現代啟示錄》的電影，但那部電影其實是美國™

的越南戰爭電影的匯編版，因為你幾乎每一部都看過，可是你不建議任何人觀賞，尤其越南人。

你寫那本小說時，喋喋不休地自言自語了兩年，這是你對好萊塢的小小報復，你認為很有趣，但也很悲傷，因為如果你不想哭，就必須嘲笑這個在美國人想像中被稱為「越南戰爭」的荒謬幻想。但出醜的人終究是你，即使那是一本了不起的小說，如果能被上萬人閱讀就很幸運，不過一部糟糕透頂的好萊塢電影或電視影集，卻可能有上百萬人觀賞，而丟臉的始終是越南人和所有被美國人幻想糟蹋的其他人。

你和美國™及全世界數百萬人從很小的時候只要一打開電視或去電影院就會接受好萊塢的催眠，好萊塢就像是美國™的非官方宣傳部。根據催眠的定義，你甚至不會意識到自己被催眠。現在回想起來，在看完《現代啟示錄》的幾年後，你就見識到這種催眠術的運作：你應父母的要求進入一所只收男生的耶穌會預科學校，裡面的學生幾乎全都是白人，教職員也幾乎全是白人男性，只有一名黑人教師和一名亞裔教師。你十分幸運，因為你的班導師是少數的女性教師之一，而且她是女性主義者，她要你閱讀愛麗絲．華克[21]的《紫色姊妹花》（*The Color Purple*）和希薇亞．普拉絲[22]的《鐘形罩》（*The Bell Jar*）。你班上的三百名男孩大多數是白人，還有一些黑人和一些拉丁裔學生，人數最多的少數族群是亞洲人，總共有三十幾個人。你們能感覺到自己與白人學生的不同，因此每天

21 譯注：愛麗絲．華克（Alice Walker, 1944.02.09—）是美國作家和社會活動家，曾獲普立茲小說獎及美國國家圖書獎。

22 譯注：希薇亞．普拉絲（Sylvia Plath, 1932.10.27—1963.02.11）是美國詩人、小說家暨短篇故事作家。

到了午餐時間，你們之中就有許多人會基於本能地聚集在校園的某個角落，並且稱自己為

入侵的亞洲人

你們自我嘲笑，因為你們已經被嘲笑過很多次了。在這間名為聖博德的學校裡，有個同學問你在戰爭期間有沒有拿過 AK-47 自動步槍，另一個同學則模仿日本人雙手合十、鞠躬作揖，說：原來如此（Ah-so），並補上諧音的罵人字眼：混蛋（Asshole）！

直到今天，你還記得那兩個人的名字和長相。

到了高中，你發現在描述第二次世界大戰的電影中，日本人的形象與越戰電影中的越南人幾乎沒有什麼不同。你們這些「入侵的亞洲人」沒有談過這件事，因為你們各自反思著米基・魯尼[23]在《第凡內早餐》[24]中以齙牙、斜眼和蹩腳英語來表現日本房東的形象，使你對奧黛麗・赫本[25]的迷戀受到玷汙，因為奧黛麗・赫本容忍那個小丑。你默默思考著青少年經典電影《少女十五十六時》[26]裡那個

外國學生龍德東（Long Duk Dong）的姓名符號學，每當你在廣播上聽見關於 ching-chong[27] 的惡毒笑話時就會皺起眉頭。

不只是廣播。爸媽有時候會給你一些零錢，讓你到對街的便利商店買漫畫。你買了《蜘蛛人》、《美國隊長》、《特種部隊》和《洛克中士》，因此知道「傅滿州」和「明無情」以及《黑鷹戰鬥中隊》裡的齙牙中國廚師「剁剁」等角色。在那些低劣的戰爭漫畫裡，日本士兵高喊「萬歲」，中共以人海戰術襲擊南韓，亞洲人被 M16 突擊步槍掃射、被飛彈砲轟、被凝固汽油彈燒成灰燼、被在空中爆炸的炸彈消滅。

你開始知道自己是

「黃禍」，儘管你仔細端詳

---

23 譯注：米基・魯尼（Mickey Rooney, 1920.09.23—2014.04.06）本名小約瑟夫・尤爾（Joseph Yule, Jr.），是美國電視、電影及舞臺劇演員。

24 譯注：《第凡內早餐》（*Breakfast at Tiffany's*）是一九六一年上映的美國愛情喜劇，由奧黛麗・赫本（Audrey Hepburn）主演，白人男星米基・魯尼在片中飾演日本人 Mr. Yunioshi。

25 譯注：奧黛麗・赫本（Audrey Hepburn, 1929.05.04—1993.01.20）是英國女演員，出生於比利時布魯塞爾，曾擔任聯合國兒童基金會親善大使。

26 譯注：《少女十五十六時》（*Sixteen Candles*）是一九八四年的美國青少年電影。

27 譯注：Ching-chong 是具有種族歧視的貶義詞，經常被英語使用者用來嘲弄華裔人士及其他貌似華裔的東亞人。

自己及你認識的其他亞洲人，
你們的皮膚根本從來不是黃色。

幾年後，你進入大學成為新鮮人。一九八九年，你翻開報紙或打開電視（你已經忘了自己如何獲悉那則新聞）看見一名白人男性持 AK-47 自動步槍在加利福尼亞州史塔克頓市的克利夫蘭小學掃射，那所小學距離聖荷西不遠。那名槍手射出一百零五發子彈，打死五名學童並射傷三十人（請勿將這樁校園槍擊案與一九七九年發生在加利福尼亞州聖地牙哥克利夫蘭小學的槍擊案混淆，那樁槍擊案是一名十六歲的女孩開槍射殺了小學校長和一名校工。）當時大規模的校園槍擊事件在美國™很少見，這樁槍擊案發生之後，全國強烈抗議的焦點都集中在槍手持有 AK-47 自動步槍，卻不關心死去的孩子都是柬埔寨人和越南人，以及他們為什麼在美國™喪命。

柯瑞涵（Rathanan Or），九歲
林歐恩（Oeun Lim），八歲
鍾蘭（Ram Chun），八歲
安素琴（Sokhim An），六歲
陳順（Thuy Tran），六歲

知情人士表示，那個二十四歲的白人槍手曾就讀該所小學，而且他討厭越南移民。

他之前就讀的小學，如今有百分之七十的學生是東南亞人。他深信越南人正在從他所謂的土生土長的美國人手中

搶走工作。

他說的最後一句話是：

該死的印度教徒和難民擁有了一切。

在被他殺害的人之中，只有一名越南人。

因為你們亞洲人都長得很像。

這些孩子如果還活著，現在已經四十多歲了，其中一些人或每一個人可能都已經當了父母，而且他們的孩子與他們遭到殺害時年齡相同。

倘若已經很少人記得這些孩子的名字，甚至這樁槍擊事件本身，也許有些人仍記得一九八二年

在底特律被兩名白人汽車工以棍棒打死的陳果仁[28]。那兩人誤以為陳果仁是日本人，但其實他是華裔美國人。

那兩個白人沒有坐牢。

即使你沒有聽說過一九八二年的陳果仁案，應該也知道日本汽車工業所生產的車輛既符合經濟效益而且性能可靠，與體積龐大又不堅固且十分耗油的美國汽車在市場上競爭。你希望爸媽選擇靈活性高的本田汽車或豐田汽車，而不是他們似乎比較喜歡的沉重美國車，例如福特千里馬和奧茲摩比彎刀。

由於電視新聞強化了日本對美國就業市場造成的威脅，促使那兩名汽車工用球棒表達他們的感受。

可是身為「入侵的亞洲人」的你什麼都沒說，因為戰爭電影只是故事，笑話只是笑話，難道你開不起玩笑嗎？美國人當然有生氣的權利。他們不是丟了工作嗎？

你們亞洲人有什麼好抱怨的？

我們美國人不是已經為你們作戰了嗎？

難道我們沒有歡迎你們的那些難民嗎？

難道我們沒有從共產主義手中救出你們，
給予你們機會，好讓你們盡情追求
美國夢™嗎？
你們……應該要心存感激才對。

28 譯注：陳果仁（Vincent Chin, 1955.05.18—1982.06.19）是一名華裔美籍製圖員，於一九八二年六月十九日遭到克萊斯勒汽車工廠主管羅納德．埃本斯（Ronald Ebens）及其失業的繼子麥可．尼茲（Michael Nitz）毆打致死。埃本斯與尼茲宣稱他們襲擊陳果仁是因為他的日本血統，並且將犯案動機歸咎於日本汽車工業的成功，然而陳果仁是華裔，而且根據在場人士證實，埃本斯與尼茲在毆打陳果仁的過程中使用了種族歧視的字眼。

殖民者與被殖民者

保持安靜。
要有禮貌。
別人跟你說話時才能說話。
身為一個越南小孩和一個難民，你學到了這些事。

但是你有一種性格上的缺陷。

你是一個忘恩負義的人。

你和你高中時期的女友J一起發現了這項關於你自己的資訊。你夏天的時候在大美洲主題公園打工，認識了J和她的雙胞胎妹妹，她妹妹也叫J。當時你負責操控「大龍蝦」，你扣上她們乘坐的小包廂門鎖時，她們對你微笑。你在大美洲主題公園工作的區域稱為「洋基港口」，雖然頭戴三角帽、身穿有荷葉領的白色聚酯纖維長袖襯衫和黑色喇叭褲並且在名為「大龍蝦」的遊樂設施工作一點也不酷，但是你試著裝酷。你肯定成功了，因為你在十六歲的時候完成了生命中最重要的目標：交到女朋友。

J出生於菲律賓，十歲時移民到美國™。她和你一樣是十六歲，也一樣已經美國化，因為菲律賓被西班牙殖民統治了四百年、被好萊塢統治了五十年。正如潔西卡．哈格多恩[1]在她的劇作《食狗者》中所說的，將好萊塢帶到菲律賓的那場美國戰爭，美國士兵以民主化與基督教化的名義殺害了數十萬名菲律賓人。馬克．吐溫因此寫下一段韻文，配上〈共和國戰歌〉（*The Battle Hymn of the Republic*）[2]的旋律，內容可描繪美國™在二十一世紀的恆久爭戰：

我的眼睛看見刀劍齊發的狂喜；
他正在尋找陌生人囤積財富的地方；
他釋放出命運的閃電，伴隨著災難發生，死亡贏得勝利；
他的貪欲正大步前進。[3]

1 譯注：潔西卡．哈格多恩（Jessica Hagedorn, 1949.05.29—）是美國劇作家、詩人暨多媒體藝術家。她於一九九〇年出版以一九五〇年代菲律賓首都馬尼拉為背景的小說《食狗者》（*Dogeaters*），後來又將其改編為劇本。

2 譯注：《共和國戰歌》（*Battle Hymn of the Republic*）是美國於一八六二年出版的愛國歌曲，作詞人是廢奴主義者朱莉亞．沃德．豪（Julia Ward Howe），寫於一八六一年，作曲人是威廉．史蒂夫（William Steffe），寫於一八五六年。馬克吐溫的版本則創作於一九〇〇年。

3 譯注：原文為 Mine eyes have seen the orgy of the launching of the Sword; He is searching out the hoardings where the stranger's wealth is stored; He hath loosed his fateful lightnings, and with woe and death has scored; His lust is marching on.

你遇到J的時候，美國已經不再正式殖民菲律賓，但依然在菲律賓保有蘇比克灣海軍港口和克拉克空軍基地。對於姓氏受西班牙語影響的J而言，來到加利福尼亞州就像說西班牙語一樣無可避免，宛如回到她早已熟悉的家園。

你和J，兩個來自東南亞殖民地的孩子，在「洋基港口」立刻對彼此產生好感。你穿著印有美國革命與獨立標誌的衣服，但你根本不是那麼愛國的人。你和同樣是青少年的同事們負責監看相對而言比較安全的「大龍蝦」（這種會旋轉的小包廂幾乎不離開地面）以及「大海嘯」（一長排有如火車的車廂會衝進迴圈然後又回到原點，乘坐者有兩次頭下腳上的機會），這份工作的時薪是三美元三十五美分的最低工資。

你有一個比較資深的同事，一個十七歲的紅髮男孩，他在上班時間跑去玩「大海嘯」，而且沒有將安全護桿拉到大腿上方。他將雙手高舉於空中，不使用任何能將他固定在座位上的護具。他沒有死命尖叫或掉下來，回來時只聳聳肩說：離心力。

你有生以來第一次展現身體上的勇敢，或是愚蠢，就是模仿他的做法。當你衝入迴圈並且再次回到原點時，忍不住開心地尖叫。因為倖存使你感到興奮，於是你一次又一次地去冒生命危險。然後，某個晚上當大美洲主題公園打烊之後，你和你的同事跳上了「天體運行」，那種船型遊樂設施會繞行一圈，然後停在上下倒置的地方好一會兒，讓乘坐者懸在空中幾秒。你玩「天體運行」時只扣住肩部的安全帶，沒有繫上腰部的安全帶，因此上下倒立時你的雙腿懸在耳朵旁，讓你笑個不停。

一個不酷的傢伙向管理階層報告了你和其他同事的行徑，你乘坐「天體運行」的行為讓你立刻被大美洲主題公園開除。

以這種方式結束夏天是多麼光榮啊。

你與J交往了。你寫情書及過度浪漫的詩給她。你晚上偷偷溜出去參加她的學校舞會和你的學校舞會，你父母對她一無所知，因為他們說你高中時期不可以約會，而且等到你可以約會時，唯一適合你的對象必須是信奉天主教的越南女孩。這非常不合理。J是天主教徒，但是這點還不夠。儘管如此，你不想傷害你的父母，而且你怕他們，所以你把J的事情當成祕密，這是你迄今為止對爸媽說過最大的謊言。

你找不到方法來調和你的渴望和他們的渴望，但這無法解釋為什麼當J的母親開車載你從他們家到舊金山灣區捷運站時，你忘了向她說聲謝謝。C太太從第一次見到你就不喜歡你，而且一直懷疑你缺乏感激之情表示你的個性還有更糟糕的問題。也許她是對的。

J原諒你這一點，而且她只看你最好的一面，雖然你過於自信、自大、喜歡批評別人。你生來就是一個忘恩負義的人，有時候當年長的越南人討好白人時，你會覺得惱怒，很可能是因為你對白人也很好。你們自己人很少互相討好，除非有什麼緊急需求，然而在面對白人時，你們的人就會因為自己不是美國人或自己的英語說得不夠好而感到抱歉，或者因為自己讓美國人想起一場他們寧可忘掉的戰爭而感到抱歉，或者因為自己在美國人的國家作客而感到抱歉，儘管你們住在美國的人數——二百二十萬人——比起在你的祖國作戰的美國人人數還少——他們有二百七十萬人在你的國家作戰。

不過你們的人無意討好所有的美國人。好幾次你聽見他們以輕蔑或瞧不起的口吻說：

那些墨西哥人。

黑人，

但你沒有聽過他們這樣說

因為住在聖荷西的黑人比拉丁族群少很多，而越南人都把拉丁族群稱為墨西哥人。大多數的越南人無法分辨拉丁裔人士之間的區別，不過話說回來，許多拉丁裔人士也只用「中國佬」來形容看起來可能是中國人的任何亞洲人。

對此你沒有特別感到不滿。那些叫你「中國佬」的

拉丁族群從來不曾對你有身體或語言上的攻擊，

或者拍攝與你有關的
種族歧視電影。

你在聖荷西學到的教訓是：越南人不是美國人。就預設值而言，美國人指的是白人。雖然黑人和拉丁裔族群也可能是美國人，但越南人會稱他們為黑人或墨西哥人。越南人在白人背後會露出真面目，但在他們面前則顯得恭恭敬敬。

在美國™對黑白二元的癡迷中，
你是黑人、白人，或者兩者都不是？

少數族群的模範生了解自己在這個國家與這個世界的種族階級地位，至少從殖民者的角度來看是什麼地位。最高階的是白人，其次是亞洲人，然後是拉丁裔，膚色由淺到深排列，但最底部是黑人還是原住民尚有爭議。少數族裔的模範生慶幸自己不是黑人，甚至很少想到原住民。你是少數族裔模範生的最新模範。李察・普瑞爾於一九七五年提到了你們：

白人也已經厭倦我們了，所以他們替自己找來了新的
黑鬼：越南人〔笑聲加掌聲〕，還把越南人全部都
帶回來。雖然我們黑鬼不會介意，不過白人也
沒問我們。我們這些混蛋的工作不保了。

美國™永遠需要新的族群來提供最廉價的勞動力並承受種族歧視，而且喜歡羞辱新族群的年長者在美國這個大團體中不夠努力、不夠出色。如果普瑞爾的語言依然令人震驚、仍然侵犯了不可明說的邊界，也許是因為他拒絕以禮貌性的語論或者審查過的詞彙來描述美式生活中那些固有的、根本的、可憎的暴力與殺戮，那種生活需要倚靠其他族群的死亡並且將那些死亡遺忘才能維持下去。

不過，普瑞爾和許多美國人一樣，他不知道寮國或者忘了寮國。寮國有數以萬計的苗族人在戰鬥中喪生，其中甚至可能有四分之一的苗族男人和男孩與美軍一同作戰，然而美國報答苗族人犧牲的方式，是將大部分的苗族人加以拋棄。

來到美國™的苗族人是否心存感激？
苗族人的死，或美國人期望倖存者心存感激，
哪一種比較令人感到厭惡？

少數族群的模範生透過功成名就來表達他們的感激，他們透過成為醫生、律師、工程師來驗證他們的美國夢™。那麼成為警察算不算呢？

警官杜滔是苗族難民的後裔，也是明尼亞波利斯的警察。當他的同事德里克·蕭文用膝蓋壓住喬治·佛洛伊德的脖子長達九分二十九秒而導致佛洛伊德死亡時，他選擇視而不見、轉身背對著佛

洛伊德。[4]

「我無法呼吸了。」佛洛伊德當時曾呼救。

在喬治・佛洛伊德遭到警察殺害之前，
塔納哈希・科茨[5]曾經寫道：

> 警察帶著美國所賦予的權力及
> 傳承的信念，每一年都迫使
> 一定人數遭到摧毀，其中
> 絕大部分都是黑人。

而且

4 譯注：二〇二〇年五月二十五日，美國明尼蘇達州明尼亞波利斯一位名叫喬治・佛洛伊德（George Perry Floyd）的非裔男子因涉嫌使用假鈔遭到逮捕。白人警察德里克・蕭文（Derek Chauvin）在壓制佛洛伊德時以單膝跪在佛洛伊德的脖子上，致使佛洛伊德失去意識。佛洛伊德後來在急診室裡被宣告死亡。在場的警察還包括湯瑪斯・雷恩（Thomas Lane）、亞歷山大・金（J. Alexander Kueng）以及苗族後裔杜滔（Tou Thao）。

5 譯注：塔納哈希・科茨（Ta-Nehisi Coates, 1975.09.30—）是美國作家、記者暨活動家，經常撰寫與文化、社會和政治問題相關的文章，特別是關於非裔美國人及白人至上的文章。

在美國，慣例上就是要
摧毀黑人團體——
因為這是傳統。

杜滔遵循了這樣的傳統。他的臉經常縈繞在你心中，那張既像你又不像你的臉。喬治·佛洛伊德的臉，也是既像你又不像你。美國™認為你和杜滔看起來很像，因為你們都是亞洲人、東方佬或亞裔美國人，但這就表示你們彼此相似嗎？

亞裔美國人人數超過二千二百萬人，占全國的百分之六，可是其組成與亞洲一樣多元：你進入學術界，杜滔成為警察；你來自一個被殖民的國家，杜滔來自一個沒有國家的民族。二〇一五年，美國人全體的貧窮率為百分之十五點一，其中黑人的貧窮率為百分之二十四點一，苗族人的貧窮率為百分之二十八點三。如果說來自東南亞的哪一個族群能取代黑人，肯定就是深受美國戰爭與美國福利影響的苗族人。

想一想法蘭茲·法農[6]（Frantz Fanon）在
關於法國殖民統治的作品《黑皮膚，白面具》所寫的：

這並不是因為印度支那人發現了

> 自己的文化而起義造反，而是因為一切變得「相當清楚」，使他在許多方面無法呼吸。

喬治・佛洛伊德遭到殺害時，社群媒體上有一些人引述了法農寫的「無法呼吸」，但是卻忘記提到印度支那人。法農的觀點是：在殖民體制下，任何一個人都無法呼吸。如果我們意識到這一點，就可以一起為了呼吸而奮鬥。

人在明尼亞波利斯的杜滔是不是也聽過李察・普瑞爾的狂放言論？杜滔聽到的種族主義笑話和你在加利福尼亞州聽到的一樣嗎？他如何看待與他同為苗族後裔的十九歲美國少年李方（Fong Lee）於二〇〇六年遭警方連開八槍且其中四槍是從背後射擊的事件？當時全部由白人組成的陪審團宣布明尼亞波利斯警察傑生・安德森（Jason Andersen）無罪。

你的家人移居到美國白人勞工階級與中產階級聚集的社區，但許多苗族人移居到貧窮的黑人社

6 譯注：法蘭茲・法農（Frantz Fanon, 1925.07.20—1961.12.06）是法屬馬丁尼克（Martinique）的作家、散文家、心理分析學家暨革命家，知名作品包括一九五二年出版的《黑皮膚，白面具》（*Peau Noire, Masques Blancs*）。

區，那裡不管是苗族人或者黑人都還沒有做好適應彼此的準備。當貧窮者被迫共處時，有時候就會發生衝突，但是在傑生・安德森殺害李方之後，黑人活動家全都團結起來表示抗議。李方的姊姊李雙（Shoua Lee）說：

> 他們是我們最宏亮的聲音。
> 沒有要求他們挺身而出，
> 但他們就是站出來了。

杜滔站了出來，但卻轉過身去。

詩人麥德旺[7]寫道：

> 如果你選擇不伸出援手，那你就自己一個人吧。
> 那你就被眾人拋棄吧。

以及

> 成為在別人脖子上
> 施加壓力的共犯……

以及

從來不曾真正被接受，

永遠只是一枚小卒。

杜滔是否了解同樣是苗族人和美國人的詩人麥德旺針對他所發表的言論？

美國夢無法拯救我們。

在移民與難民必須不斷祈求美國夢™的美國™，這句話相當不敬。移民與難民還必須不斷地感謝

自己能夠來到這裡

（這句話要大聲說出來），

而且自己既不是黑人也不是原住民

（這句話只能對自己說，或者根本不說）。

7 譯注：麥德旺（Mai Der Vang, 1981.10.20—）是美國出生的苗族裔女詩人。

小時候，你只能從學校於每年感恩節所教的印第安人與移居美國的英國清教徒故事來了解印第安人。長大之後，你為《紐約時報》寫了一篇關於感恩節的文章，表示這個節日除了代表溫馨的家庭儀式，也是對種族滅絕的頌揚。

噢噢。

千萬不要

挑釁白人的

感恩節，即便你

所做的只是試圖宣揚

偉大的美國白人男性小說家

史考特·費茲傑羅[8]所大聲疾呼的。

只要人們不再稱你為

越南裔美國作家，你就不再稱

費茲傑羅為偉大的美國白人男性小說家。

要不就是每個人都套用形容詞，

要不就是都不套用形容詞。

費茲傑羅表示，一流的智力就是能夠同時記住兩種相反的觀念而且頭腦依然保持運作。因此，感恩節既可以是愉快的家庭團聚時刻，也可以是沒有明說的接受種族滅絕，一種有禮貌的沉默表示。

你的一些讀者不敢相信
你竟然將感恩節政治化！
我們明明是感謝印第安人
幫助移居美國的英國清教徒！

但如果真的想感謝印第安人，
為什麼不把土地還給他們，
或支付賠償金和土地稅？
為什麼不致力於和解，
或者牢記歷史真相？

8 譯注：史考特．費茲傑羅（F. Scott Fitzgerald, 1896.09.24—1940.12.21）是美國小說家，被視為二十世紀最偉大的美國作家之一。其最著名的小說《大亨小傳》（*The Great Gatsby*）堪稱美國社會縮影的經典代表，描述一九二〇年代美國人在歌舞昇平中空虛、享樂、矛盾的心靈與思想。

正如湯米．奧蘭治，在他的小說《不復原鄉》所寫的：

一六二一年，殖民者在一次土地交易完成後邀請萬帕諾亞格人
的酋長馬薩索特參加盛宴，馬薩索特帶了九十名族人參加。
那頓飯就是我們為什麼每年十一月一起吃飯的原因，
全體族人一同歡慶。但那頓飯並不是感恩節大餐，
而是土地交易大餐。兩年之後他們又參加了一次
類似的聚餐，以象徵永恆的友誼。但那天晚上
兩百名印第安人因一種未知之毒暴斃身亡。

奇怪的是，許多否認感恩節是關於種族滅絕的美國人，永遠不會討論第二天發生的離奇命案，或者要求學校必須將這件事教導給他們的孩子。

謹記在心是至少應該做到的。
然而記得種族滅絕會令人
感到痛苦，而且有時候
記住不該被記住的事
是不愉快的。

美國人和大多數的人（包括越南人在內）一樣，比較喜歡單一的神話，而非兩種相互衝突的想法。他們希望來到他們國家的人能接受神話、學習什麼該記住以及什麼該忘記，以此表達受到歡迎的感激。但如果說贈送禮物是慷慨之舉，期待感恩可就不是了。身兼難民與作家身分的黛娜・納耶里[10]表示：

> 感恩是難民內心的事實，不須強迫……我有說不盡的感激，但那是個人的……那是我的感激，我不須用我的感激來安撫那些與營救我毫無關聯的公民。

在期望難民感激其國家崇高寬厚的公民之中，有一部分的人也希望難民不知道或忘記其國家的不當行徑。身為一個不知感激的孩子，你對種族滅絕一無所知，除了約翰・韋恩在西部電影中殺死一大群印第安人所提供的暗示。約翰・韋恩的西部電影深受美國人喜愛，亦在全世界享有盛譽。一九五七年阿爾貝・梅米[11]在突尼西亞以法語寫成的經典作品《殖民者與被殖民者》（*The Colonizer*

9 譯注：湯米・奧蘭治（Tommy Orange, 1982.01.19—）是美國小說家，具有印第安血統。他的第一本小說《不復原鄉》（*There There*）入圍二〇一九年普立茲獎（Pulitzer Prize）決選名單。

10 譯注：黛娜・納耶里（Dina Nayeri, 1979.12.20—）是伊朗裔的美國小說家。

11 譯注：阿爾貝・梅米（Albert Memmi, 1920.12.15—2020.05.22）是突尼西亞猶太裔的法國作家。

and the Colonized）曾經提到：

著名的美國遠西區[12]民族史詩
非常類似系統性的大屠殺。

種族滅絕變成了電影娛樂與無害的民間傳說，這是殖民者宣傳手法最偉大的勝利之一，全世界的孩子都會扮演西部牛仔和印第安人。當你還是個小男孩時，你已經認同了約翰．韋恩和白人開拓者，《獨立宣言》中將那些原住民稱為無情的印第安野蠻人，因此消滅他們根本不算種族滅絕。

但是，在美國™的殖民者與
被殖民者的二元論中，
你這個難民究竟算是
被殖民者還是
殖民者？

也許你兩者皆是。有時候二元論無法適切地表達。在越南，你們被殖民，但也是殖民者。一九五四年當越南分裂時，包括爸媽在內的八十萬名越南天主教徒受到美國中央情報局的鼓勵，在越南天主教神父的帶領下，搭乘美國和法國的船隻由北往南移動。到了南部，你們成為越南天主教總統吳廷琰的權力基礎。美國支持吳廷琰，並且幫忙支付移民的開銷。

爸媽的美國化是從那時候開始的嗎？你的美國化是從你出生於中央高地的邦美蜀市開始的嗎？蒙塔尼亞人早就住在那個地方，在他們的土地成為殖民者是否讓你做好被另一個殖民國拯救的準備？

你應該心存感激嗎？

有一次，媽提到住在邦美蜀市及其附近地區的蒙塔尼亞人。她說：我為他們感到難過，因為他們很可憐。

你經常問你父母他們在邦美蜀市的生活，可是從來沒有問過他們為何在蒙塔尼亞人的土地定居下來。你問爸這個問題時，他已經八十八歲了。他說：「我們在大叻市得到一小塊土地，於是我們試著在那裡耕種作物。後來我們賣掉了那塊地，搬到邦美蜀市外圍。接著我們又賣掉邦美蜀市外圍的那塊地，搬進城裡開始做生意。」

殖民的過程總是與土地有關。

12 譯注：美國遠西區（Far West）是指美國落磯山脈至太平洋沿岸地區。

吳廷琰政權覺得你出生的中央高地人口稀少，或者覺得那裡只有蒙塔尼亞人居住，若將越南的天主教徒安置在中央高地，有助於那些土著文明化，就如同法國人試圖使印度支那文明化一樣。

有一些蒙塔尼亞人並不希望變成文明人。一九五七年，他們組織了巴加拉伽（BAJARAKA）[13]運動，這個運動的名稱來自巴拿族（BAhnar）、嘉萊族（JArai）、拉地族（RAde）、格賀族（KAho）等蒙塔尼亞人的四個主要部落的族名，那些人也稱為 Degar。巴加拉伽運動主張讓 Degar 獨立建國。至於吳廷琰政權稱為「將 Degar 人同化」的行動（共產黨政府於一九七五年之後繼續推動該政策），則被巴加拉伽運動者稱為

種族滅絕大屠殺。

你不習慣自己的人被指控為
種族滅絕大屠殺的凶手，
因為你們的人將自己視為
被中國人、法國人、日本人、美國人、
或自己人傷害的受害者。永遠不可能是加害者。
但是巴加拉伽運動者宣稱

吳廷琰用軍隊和坦克粉碎了巴加拉伽運動，

並且謀殺他們的族人、監禁該運動的領導人……
「美國政府知道我們的族人與越南人之間發生什麼事，
可是他們完全不打算阻止吳廷琰政府
摧毀我們的族人、我們的村莊、我們的文化，
以及我們的傳統生活方式。」
建立在殖民化基礎的美國™，
幫助法國人和越南人在殖民上的努力。
身為非你選擇的殖民化行動的一員，
使你感到驚訝。
他〔吳廷琰〕強行奪取我們的好農地，並且……
將我們的人逼迫到堅硬的岩地。被吳廷琰安置
在我們土地上的越南難民們開始竊取我們的
財物與我們的牲畜、奪走我們的農地……
他們說我們是受到法國影響的民族。
然後他們折磨、監禁、殺害我們，
13 譯注・巴加拉伽（BAJARAKA）是越戰時期活躍於越南中央高地的高地族民族主義運動。

並且表示殺害我們只是

出於意外。

一九七五年三月，邦美蜀市被北越攻陷時，
《紐約時報》認同蒙塔尼亞人的觀點，
因此將你的族群描述為

這個地方的局外人——憑著詭計
及不真誠的人脈，或者是犧牲與他們同住的
蒙塔尼亞人，因而致富發達。

你是這些越南人的一員，吳廷琰對你們而言是英雄。一九八〇年代，你堂姊的丈夫，一個年紀足以當你父親的男人，在他位於聖荷西的住家掛了一幅吳廷琰的肖像。對於你堂姊的丈夫而言，吳廷琰是一名烈士——吳廷琰在一九六三年的政變中遭到自己人暗殺，但那場政變是約翰．甘迺迪[14]批准的。

如果你回到邦美蜀市，你會以浪子回頭的身分回去？還是以殖民者的身分？如果你認為自己是後者，你的殖民者同胞會說你忘恩負義嗎？

也許杜滔的臉困擾著你，因為
你們相像的程度遠遠超過你願意承認的。

也許你背棄了
在中央高地的這段歷史，因為
身為殖民者就意謂著不要求自己知悉
被殖民者從未遺忘且
不容遺忘的事。

對於你這樣的殖民者而言，當殖民主義
成功實踐時，你甚至不會意識到
你就是殖民者。

你只知道
你應該心存感激。

14 譯注：約翰．甘迺迪（John Fitzgerald Kennedy, 1917.05.29—1963.11.22）是美國第三十五任總統，曾任眾議院議員及聯邦參議員。

白人與其他的救世主

與美國人共同作戰的蒙塔尼亞人，由美國陸軍特種部隊負責訓練。你在觀賞《現代啟示錄》之後不久，又在電視上看了約翰．韋恩於一九六八年主演的電影《越南大戰》（*The Green Berets*）。有一些蒙塔尼亞人可能也看過《越南大戰》，因為美國軍隊的顧問會播放好萊塢電影給士兵觀賞。不幸的是，當蒙塔尼亞人觀賞西部牛仔與印第安人對峙的電影時，他們會為印第安人歡呼。

《越南大戰》是將美國西部片場景移植到越南的電影。韋恩飾演綠色貝雷帽上校，甘迺迪總統派他前往越南，從邪惡且熱愛共產主義的越南人（這意謂著你）手中拯救善良且熱愛自由的越南人（這也意謂著你）。甘迺迪擔任參議員的時候曾這樣說過印度支那半島：

> 那是我們的後代。如果它遭遇到任何危害的威脅——例如共產主義、政治的無政府狀態、貧困問題等等——那麼美國基於正當理由，必須肩負起責任，否則我們在亞洲的威望將跌至新低點。

卡美洛親王[1]能預料到有一天像你這種來自印度支那的難民會在甘迺迪總統圖書館暨博物館發表演說嗎？你站在令人印象深刻的演講廳，準備以這位偉大之人眾多後代之一的身分讓他感到驕傲。你輕聲地說：

嗨，父親大人，我回來了。

你最後意識到《越南大戰》是一部宣傳影片，其內容的壯觀與殘暴，只有納粹德國或好萊塢才可能製作得出來。在經典類型的美國宣傳影片（西部電影和二戰電影）中，英勇的白人以暴力征服由印第安人、日本人和德國人所代表的危險邪惡勢力。不過也有好的印第安人、日本人或德國人會幫助美國白人，但就算他們沒有幫助美國白人，或者即使幫了，最後仍會懷著恩典並高貴地死去。

在《越南大戰》的最後一幕，約翰．韋恩從任務中歸來，他的一名手下在越共設下的可怕陷阱中喪生，只有不敢正面迎戰的野蠻人才會設置那種陷阱。那位不幸罹難的同袍領養了一個越南男孩，韋恩告訴那孩子他的養父死去的消息，男孩哭了，因為他再次失去依靠。韋恩將一頂綠色貝雷帽戴

1 譯注：卡美洛（Camelot）是傳說中亞瑟王（King Arthur）的宮廷和城堡，為不容邪惡魔法侵犯的聖城，最早出現在十二世紀的法國浪漫小說。在美國脈絡中，卡美洛指的是約翰．甘迺迪的總統任期，故作者在這裡以「卡美洛親王」指稱約翰．甘迺迪。

在那個孩子頭上，說：「最重要的是你平安無事。」然後帶著那個孩子一起走向夕陽。夕陽正緩緩沉入中國的南海，但南海其實位於越南的東邊。美國人在地理方面一向很糟，可能是受到哥倫布誤將巴哈馬群島認為印度的詛咒。如果將這一幕改成太陽從位於東方的海面升起以展開嶄新的一天會更好，可是好萊塢不會去詢問越南人對自己國家的看法。

後來你再也沒有看過那個小男孩演出的電影。他的角色叫做……火腿塊（Ham Chunk）。

火腿塊由克雷格·朱（Craig Jue）飾演，他不是越南人，

但他和你一樣是豬年出生的。

克雷格·朱在四十六歲那年因為癌症去世，

曾經在電視影集中飾演過少數幾個角色。

約翰·韋恩飾演麥克·柯比上校（Colonel Mike Kirby），這個名字很適合白人救世主。他抵抗野蠻人，並且拯救白人同胞與善良的當地小孩。在越南的美國士兵將他們基地以外的土地為「印第安國家」，因為在美國殖民者的想像中，所有的原住民都是印第安人。你們扮演了好的印第安人與壞的印第安人，包圍陷入困境的白人，例如菲利普·謝里登將軍[2]，他曾於一八六九年表示：「唯一的好印第安人，就是死掉的印第安人。」一個世紀之後，美國士兵說：「唯一的好東方佬，就是死掉的東方佬。」

小狄奧多・羅斯福[3]在當上總統之前，於一八八六年發表了比較有同情心的言論：「我不認為唯一的好印第安人就是死掉的印第安人，但我相信十個裡面有九個是死掉的印第安人。」

難怪有些越南人
如此迫切地向白人證明
他們是好的百分之十。

「東方佬」（gook）的字首應該大寫嗎？
我真的很好奇這一點。

有些韓國人宣稱他們是最早被如此稱呼的人，因為他們稱美國™為「Miguk」或「美麗的國家」，但美國大兵以為韓國人稱他們為「gook」。後來美國聘僱了三十萬名南韓「東方佬」來殺死數量不詳的越南「東方佬」。小說家韓江[4]在《少年來了》（*Human Acts*）中寫到這件事，也寫到韓國軍隊

---

2 譯注：菲利普・謝里登（Philip Henry Sheridan, 1831.03.06—1888.08.05）是美國陸軍軍官，南北戰爭時期聯邦軍將領。

3 譯注：小狄奧多・羅斯福（Theodore Roosevelt Jr., 1858.10.27—1919.01.06）是美國第二十六任總統暨陸軍退役上校。

4 譯注：韓江（한강, 1970.11.27—）是韓國女作家。她的小說《素食者》（*The Vegetarian*）的英文譯本曾獲二〇一六年的國際布克獎（International Booker Prize）與二〇二四年諾貝爾文學獎。

在光州屠殺韓國自己的老百姓：

我曾經聽過一個關於韓國軍隊在越南作戰的故事。他們強迫某個村莊的婦女、兒童和老人進入一間會堂，然後將那間會堂燒成灰。而屠殺我們的軍隊中，有一些人帶著之前的記憶做出相同的事。在戰爭期間做這一類的事情，讓他們獲得豐厚的獎勵。這種事情發生在光州，就像發生在濟州島、關東州、南京、波士尼亞以及當美洲大陸還被稱為新大陸時那樣。

如此統一化的殘酷行徑，彷彿烙印在我們的遺傳密碼之中。

韓國人重複日本人對他們的所作所為，日本人模仿白人殖民者對非白人國家的所作所為。這種不人道的行徑是一種非常人性化的特點。大英帝國將錫克教徒和廓爾喀人組為部隊、法國人在印度支那將摩洛哥人和塞內加爾人加以部署，那些錫克教徒、廓爾喀人、摩洛哥人和塞內加爾人便與他們的殖民者一起對抗他們被殖民的同胞。

當年有一些韓國士兵在邦美蜀市向爸媽租用房間，你不記得他們，也許他們是在你出生之前住在那裡。可是你哥哥說：

> 我非常害怕他們，比害怕白人士兵
> 還要害怕，因為那些人在恐怖行動
> 的聲譽，就是殘忍至極。

韓國士兵的殘暴已在韓戰中得到證明，當時南韓屠殺他們的北韓敵人。無論是否屬實，詩人唐梅崔[5]將南韓政府領導人李承晚[6]描述為受美國支持的種族滅絕天使。至於下令在光州屠殺南韓老百姓的南韓軍事獨裁者[7]呢？則是曾經參與越南戰爭的老兵。

> 自我憎恨使得掌握控制權的人
> 比他們的主人更加卑鄙、更加殘忍。

---

5 譯注：唐梅崔（Don Mee Choi, 1962—）是韓裔美國詩人暨翻譯家。

6 譯注：李承晚（이승만, 1875.03.26—1965.07.19）是韓國首任總統（1948—1960）、大韓民國臨時政府首任總統（1919—1925），亦曾被推舉為朝鮮人民共和國首任國家主席（1945—1946，未就任）。

7 譯注：此處是指全斗煥（전두환, 1931.03.06—2021.11.23），大韓民國第十一任暨第十二任總統，韓國陸軍退役軍官（上將軍階），曾於一九六九年赴越參戰。在全斗煥總統任期內，大韓民國西南部的光州及全羅南道地區居民發起民主運動，當時掌握軍權的全斗煥下令以武力鎮壓，於一九八〇年五月十八日至二十七日間造成大量老百姓和學生死傷。

自我憎恨的人會將他們的仇恨
發洩在讓他們想起自己的人身上。

關於「gook」的另一種說法，是這個字乃為「goo-goo」的變體，美國士兵用這個詞彙形容菲律賓人。許多在菲律賓與反抗者作戰的美國士兵都是曾在美國西部與原住民作戰的老兵，而西部又往西邊移動，進入了太平洋，直到某天西部變成韓國和越南的東部。誰說東部就是東部、西部就是西部，兩者永遠不會相遇？

在美國統治菲律賓的四十年裡，擁抱美國人的菲律賓人成為山姆大叔的棕色小兄弟。「少數族群的模範生」只不過是棕色小兄弟、好原住民、小跟班的別稱。少數族群模範生的角色會被白人拯救、被白人教育、協助白人分擔白人的責任，並且——

如果到了緊要關頭，
雖然我們不希望這種事發生，
但是在極不可能出現的
最壞情況下，這種小事
還是要注意。

——為白人男性（或白人女性）而死。
這些好的模範小跟班、棕色的小弟小妹，就和你的越南難民同胞一樣，
或許也和你自己一樣，

知道他們的地位。你們不能對美國人發脾氣，除非用越南語。有些人會在美國人聽不見的地方抱怨美國拋棄你們，因此值得注意的是，在美國與阿富汗的戰爭結束之際，一些越南老兵終於用英語大聲疾呼（或者是終於被人聽見了）。西貢淪陷與喀布爾淪陷可能並非那麼相似，但是對於那些老兵而言卻都一樣。前中校阮宇文（Uc Van Nguyen）說：

到了最後，我們覺得遭到背叛。

他指的是美國於一九七五年拒絕協助南越防禦北越的攻擊。另一位老兵，前海軍陸戰隊炮兵中士李凱平（Ly Kai Binh）說：

我現在是美國公民了……但是，
美國人仍需信守諾言。美國
在越南的時候失信了。

這些批評美國背叛的聲音依舊遭到消音，不像你們對彼此的憤怒。你們將憤怒發洩在彼此身上。你的家鄉有一半的人民與另一半的人民作戰，但在家鄉那裡至少還有一些人也與白人作戰。家，是有壁爐爐床及療癒心靈創傷的地方。家，是越南人會熱情邀請你但不期望你接受邀請的地方，但如果你真的接受邀請，他們至少會招待你喝茶及品嘗放在藍色錫罐裡的丹麥牛油餅乾。

家，是人們知道如何唸出你名字的地方。
家，是人們可以面帶笑容用刀刺傷你的地方。
家，是人們把你放在你該有的位置的地方。
家，是你們打內戰的地方。
家，是發生革命的地方。

在一九八〇年代的聖荷西，你最害怕的犯罪行為是破門入屋搶劫，因為當時的越南匪徒會襲擊越南人的住家，他們知道越南人都把現金和黃金藏在家裡。

你如何稱呼北越入侵南越的
那場戰爭？那裡到底是誰的家鄉？

你父母警告你永遠不可向你不認識的越南人打開大門，可是當他們告訴你越南匪徒會用香菸燒

還是嬰兒時，你一點也不害怕，因為他們已經救過你一次。

你確信他們會再救你一次。

FACES

PART 2

記憶的汙漬會附著在
沒有形狀的蒼白床單上，然後顏色變暗，
像一個越變越大的洞，直到它融入邊界，變成無形。
所有的記憶，將會占據一切。

車學慶☆
——《聽寫》——

☆ 譯注：車學慶（Theresa Hak Kyung Cha, 1954.03.04—1982.11.05）是韓裔美國小說家、製片人、導演暨藝術家，以一九八二年出版的小說《聽寫》（*Dictée*）而聞名。

百感交集

你不喜歡史詩型的作品在一開頭都需要以宗譜來引導讀者閱讀，也不喜歡在書中看見具有相同功能的地圖，但是《魔戒》[1]和威廉・福克納[2]的小說例外，因為中土世界和約克納帕塔法都是虛構的世界，你確實需要地圖。

然而來自第二世界和第三世界某個陰暗、擁擠、悶熱角落的移民或難民，包括

亞洲
非洲
拉丁美洲
或者基本上

世界上大部分的地區

（以及他們許多移居海外的僑民）

——這些移民或難民需要宗譜和地圖來引導西方（意即少數的）讀者，假設你是全球大多數人口中的外國人。

對誰而言的外國人？

除此之外，你的宗譜只能追溯到你從未見過的祖父母。你希望擁有其他美國人不必知道自己根源的那種特權與奢侈，如此一來你就可以重新開始，像一面全新的白板。雖然你可能會被越南人指責忘本，但扎根在一個你四歲時就離開的國家有什麼意義？白人在被暗示為專屬白人的美國™從未被指責忘本。對於認為自己已在美國™扎根的人而言，宗譜並非必要，即便你的宗譜希望你在其他地方扎根。

你與你的根源、你的越南同胞及你的祖國之間的關係複雜。身為一個擁有博士學位的成年人，

1 譯注：《魔戒》（*The Lord of the Rings*）是由英國牛津大學教授暨語言學家托爾金（John Ronald Reuel Tolkien）創作的史詩奇幻文學作品，中土世界（Middle-earth）是小說裡描述的世界。

2 譯注：威廉・福克納（William Cuthbert Faulkner, 1897.09.25—1962.07.06）是美國小說家、詩人和劇作家，為美國文學史上最具影響力的作家之一，約克納帕塔法（Yoknapatawpha）為其虛構的郡名。

你有一次在英國的學術招待會上遇到一位與你年齡相仿的越南學者，為了找話題閒聊，你告訴她你也是越南人。

「不，你才不是越南人。」她說。

你目瞪口呆，一時之間不明白她的意思。難道你會謊稱自己是越南人嗎？抑或她認為你只擁有越南血統，但實際上具有美國國籍？你可能在名義上是越南人，但精神上卻不是。

Mất gốc，越南語「失根」之意。

以英語來表示，就是「被白人同化」（whitewashed）。

你是外黃內白的香蕉。

你用力拉扯自己的根，即使那些根可能只是相對而言較淺的香蕉樹根。根據你們家族的傳說，你認為你的外祖父母和祖父母都來自河靜市（Hà Tĩnh），你的父母出生在德壽縣（Đức Thọ）的義燕社（Nghĩa Yên）的村落。你之所以這麼認為，是因為你的宗譜似乎恆久、純潔且真實。在你還小的時候，爸經常對你說：

你是百分之百的越南人

這很奇怪，因為你看起來有點像中國人，起碼有些中國人這麼認為。河靜市位於北方，距離中國八百五十公里，加上中國曾經占領越南一千年，因此中國人和越南人有百分之百的機會結合並且生育下一代。

讀大學的時候，有一個認識

你家人的朋友對你說：

謠傳你是被領養的。

她盯著你的鼻子，又說：

我的意思是，你看看你的鼻子，

你是不是動過整型手術？

你聞言後哈哈大笑，但是等她一離開，你馬上去檢查自己的鼻子。你覺得自己的鼻子並不特別，就算沒有與所有的越南人一樣，看起來也與你見過的其他越南人的鼻子沒有不同。當你把這件事告訴你父母時，你的父親相當生氣。「我可以去做ＤＮＡ測試。」爸說。「你是我的兒子！」

你沒有採納他的提議。

後來你哥哥對你說：

你知道為什麼你不是領養來的嗎？

因為媽沒有拋下你。……

這也讓你無言以對。

因為這句話可能說得沒錯。

你（被領養的）姊姊雪姊被留在全世界軍隊排名第五的國家，儘管它也是全世界貧窮排名第五的國家，這是你從一九八〇年代初期的百科全書中看到的。你的親戚們必定都在挨餓。吃晚餐時，家裡的菜色總是很豐富。爸媽說，如果你還留在家鄉，肯定會被徵召入伍，成為柬埔寨的 bộ đội（士兵）！你可能會踩到地雷並因此喪命！感謝上帝賜給我們幸運。

你不知道柬埔寨發生什麼事情，因此你什麼都沒說。你很少對爸媽說什麼，對上帝更是無話可說。小孩子必須服從長輩，不能回嘴。

離開越南十九年之後，爸媽回去探親，沒有找你同行，可是你不介意。你只想專心成為美國人和越南裔美國人。又過了八年，也就是在你離開越南二十七年之後，你以遊客的身分回到越南，並且避免與你的親戚碰面，因為見面之後在情感上會十分尷尬，你無法好好處理尷尬的情感問題，只能憑藉寫作來抒發。面對真實的人，你比較希望自己的情感能像你的人生道路一樣平坦、筆直、不擁擠。在實際面對眾多親戚之前，你認為先進行一次探險以偵查當地的景緻、天氣、人民和習俗是明智的做法。

你不指望回到你出生的國家會像回到母親的子宮，也不指望那種純正的起源能讓你回歸完整、讓你在新山一國際機場[3]萌生當場下跪並親吻地板的欲望。

你不相信完整或純正，
因為完整與純正需要
不完整和不純正
的存在。

你被別人認為「忘本」和「被白人同化」，但你覺得每個人內心深處都有一些不完整，尤其是那些最可能指責別人不純正的人。

可憐的你！被夾在東方與西方之間！

3 譯注：新山一國際機場（Cảng hàng không quốc tế Tân Sơn Nhất）是位於越南胡志明市的機場，目前是越南境內最大的機場。

要是你能克服文化的衝突並且
熔接困惑的自己就好了，
如此就能填補你內心的空洞！

關於自我認同危機的陳腔濫調也是這麼說的。那些說法是，所謂的少數族群會與自己疏遠。如果自我分裂正是你的問題所在，解決方法便涉及私人領域。自我分裂需要藉由文化上的和解來解決，方法包括：

A　與白人結婚
B　試著成為白人
C　發展融合口味的美食
D　在祖先的土地上尋求治癒

這些解決方法可能適用於那些想成為世界橋梁的人。不過，自我認同的危機代代相傳，並不是因為東西方的分裂與生俱來，而是因為將西方帶到東方的殖民化與征服仍在某處持續發生。就算殖民化沒有持續，其影響力依然存在，透過特權與勢力的誘惑以及將人們區分為擁有較多或較少資源等方式徘徊不去。有些人會拒絕這種區分，可是有太多人願意接受。

你並沒有因為美國的個人主義和

越南的集體主義在你內心交戰
而產生身分認同的危機。
你只為政治危機而掙扎，
因為法國殘酷地殖民越南，
致使對獨立有不同憧憬的越南人民
發生內戰。美國™、中國和蘇聯
分別支持不同陣營，導致
包括你在內的數百萬名越南人
流落他鄉，讓你們在各地
回憶祖國的生活。

雖然你的私人問題具有政治性，但解決這種政治危機的做法不能靠發明一種新的混合食品或者跨文化的慶祝活動，或是試圖變成更純正的越南人或更深刻的美國人。

解決殖民化的方法就是去殖民化。

你搭乘座位全滿的中華航空夜班飛機抵達你已正式去殖民化的祖國，你選擇這個航班是因為票價最便宜。當時是二〇〇二年，美國與越南重新建交僅八年的時間。美國透過封鎖和國際制裁等方式與越南宣戰了十九年。曾經用來保護戰鬥機的混凝土護牆依然矗立在新山一機場的跑道上，可是美國的戰機早已離開，或者被獲勝的越南人沒收。新山一機場還算現代化，有鋪設磁磚的地板、塑膠製的座椅，還有許多窗戶及空調設施。剛下飛機的乘客衝往海關，那裡有身穿萊姆綠色襯衫和頭戴大圓帽的人員駐守。聽說如果在護照裡夾一張美元紙鈔，有些海關人員會讓你快速通行，但你沒有那麼做。海關人員很敷衍地問了一個關於你在這個國家出生的問題，他到目前為止可能已經見過數百個像你一樣的回歸越南僑民。

你第一次踏出新山一機場，以及接下來的十二年你回到越南並走出機場時，都會被越南炎熱潮溼的天氣嚇到，因為你一輩子都在充滿空調的環境。數百名在機場外等候並歡迎親人歸來的當地人似乎都不在意溫度，你不禁懷疑法國人如何穿著西裝、長袖襯衫和一層又一層的衣物殖民這個國家。你穿圓領衫、短褲和露腳趾的涼鞋，每天仍需洗兩到三次澡，因為在室外待幾個小時就會讓你全身汗溼。二十七年前，你的身體一定很習慣這種氣候，可是你的身體和你的思想一樣已經有了變化。無論你回到越南多少次，你的身體永遠無法適應。這可能得怪你自己，因為你從不肯離開有空調的環境。

你與計程車司機談妥價錢，搭車前往西貢市中心。價格很合理，可是你不太確定，因為在接下來的幾個星期以及你日後再次回到越南拜訪時，你經常發現當地人會向外國人索取較高的費用。當地人有時候會認為你是外國人，你也無法偽裝成當地人，因為你長得太高、皮膚太白、服裝也不對。儘管你說越南語的口音還不錯，可是詞彙少得可憐。你盡量避免需要談判的場合，例如與街上賣芒果或荔枝的小販討價還價。那些小販幾乎都是女性，儘管天氣炎熱，但她們從頭到腳、從脖子到手腕都包得緊緊地，頭上還戴著圓錐狀的遮陽帽。你並沒有認真地討價還價，可是如果你不討價還價，當地人會覺得你過於天真。

媽是討價還價的高手，她每天都與客戶討價還價，並且在腦子裡快速計算。你怎麼沒有遺傳到這種生存技能？媽就像那些整天扛著扁擔到處走動的女性小販一樣，經歷過辛苦的日子。在你還小的時候，媽有一次在吃飯時罕見地分享了她的過去。她告訴你：「我們第一次到南方時，我必須靠著撿牛糞來賺錢。」

「為什麼要告訴他這種事？」

爸喃喃地抱怨。

為什麼不能說？也許媽為自己的成就深感自豪。雖然她的教育程度只到小學，但是她憑著自學，從一個窮困的農村孩子變成一位完美又自然的女性企業家。

「別再談那些事了。」

爸既像對著你說也像對著媽說。

媽缺乏教育是件丟臉的事，可是

你認為丟臉的並不是她，

也不是你的家人，而是
她從小成長的社會。

媽到南方時還只是一個十幾歲的少女，一個新婚的少婦，那是她第一次淪為難民，她與家人及你父親一起逃離北方的村莊，你父親則拋棄了他所有的家人。你在那個年紀時已是一名大學生，將拜倫[4]、雪萊[5]和莎士比亞的書背得滾瓜爛熟，因為他們寫的詩句很美。你夢想成為作家，而且學費由你父母支付，也許這些都是你從未學會討價還價的原因。

你在越南必須討價還價，以便在計程摩托車司機面前顯得自重。那些司機身上穿著破舊的襯衫和長褲，腳上穿著露趾涼鞋，皮膚被曬得黝黑。他們坐在摩托車狹窄的座位上，在每個街角等待生意上門。就算你多付一點小費，搭乘計程摩托車的費用也只需要幾美元。越南是你去過消費最便宜的國家，在餐館吃飯只需花幾美元，供應熱水及你心愛的空調的舒適飯店每晚房價只要三十美元。那種家庭式經營的迷你飯店，唯一的缺點就是會在深夜鎖門，迫使你不得不打擾在大廳地板上睡覺的夜班人員。

你不想去住高級飯店或者到高級餐廳吃飯，因為你認為自己有辦法找到口味最辛辣也最道地的餐廳是值得驕傲的事。那些餐廳的菜色與美國的「小西貢[6]」餐廳一樣好或者更棒，即使在那些餐廳裡你必須在潮溼的環境中坐在藍色或紅色的小塑膠椅上用餐。為什麼越南人喜歡那種小椅子和只到膝蓋位置的矮桌子，你永遠無法理解。

吃過晚餐後，你前往名為「現代啟示錄」和「黑暗之心」的俱樂部，你的心隨著美國舞曲的節拍而悸動。你經常到俱樂部參與（或至少觀察）政府所謂的「社會罪惡」，因此曾遇過穿萊姆綠色制服的警察到各俱樂部臨檢。你在「現代啟示錄」時，音樂突然停止了，燈光也全部亮起，你從舞池看見一支警察小隊走進俱樂部的辦公室。過了一會兒他們走出辦公室，其中一人手裡提著一個公事包。燈光再度變暗，黑眼豆豆[7]的音樂也繼續播放。你在「黑暗之心」時，警察抓走沒帶身分證的當地女性，把她們推入警車載走。警方認為那些女性都是性工作者，但事實並非如此。其中一名倒楣的女性剛好是你的室友，住在當地某間出租屋的另一個房間。直到過了午夜，你的房東太太才把她從警察局裡救出來。

如果你退休後打算到西貢過日子，也許你可以開一間酒吧，並裝設一個翻轉式的招牌，白天的店名是「沉靜的美國人[8]」，晚上的店名則變成「醜陋的美國人[9]」。這些取材自經典文學著作的店名，

---

4 譯注：喬治・戈登・拜倫（George Gordon Byron, 1788.01.22—1824.04.19）是英國詩人，為浪漫主義文學泰斗。

5 譯注：珀西・比希・雪萊（Percy Bysshe Shelley, 1792.08.04—1822.07.08）是英國浪漫主義詩人。

6 譯注：小西貢（Little Saigon）泛指越南以外的越南裔族群聚居區。

7 譯注：黑眼豆豆（The Black Eyed Peas）是來自美國洛杉磯的嘻哈（Hip-hop）流行音樂團體，在全球廣受歡迎。

8 譯注：《沉靜的美國人》（*The Quiet American*）是英國小說家格雷安・葛林（Graham Greene, 1904.10.02—1991.04.03）於一九五五年出版的著作，內容刻劃一九五〇年代一名英國記者眼中特務活動異常頻繁且局勢混亂不安的越南西貢。

9 譯注：《醜陋的美國人》（*The Ugly American*）是尤金・伯迪克（Eugene Burdick, 1918.12.12—1965.07.26）和威廉・萊德勒

都比寮國石缸平原[10]附近豐沙灣（Phonsavan）的隕石坑酒吧（Craters）來得好，那間酒吧以美軍炸彈造成的破壞來命名。你經過那間酒吧的那天晚上，唯一一桌客人是身穿便服的美國空軍志願兵，那群年輕人來執行醫療任務，協助當地的寮國人。後來你在機場與某位飛行員聊天，他沒有聽說過美國摧毀寮國大部分低地地區的轟炸行動。

那場戰爭因此名為祕密戰爭[11]。

但不要把那場戰爭與一九八〇年代中期漫威漫畫的《祕密戰爭》[12]系列弄混了。

你讀過那套漫畫而且很喜歡，早於獲悉那場真正的祕密戰爭之前。

越南鄉村有鮮綠色的稻田，充滿田園風光，看不到炸彈留下的坑洞，儘管美國的未爆彈使農村深藏危險，在越南及寮國和柬埔寨都曾造成數千人死亡和殘廢。在順化，香江兩側排列著雄偉的皇陵，曾飽受戰爭摧殘的皇宮牆壁上依舊布滿彈孔。在結束一整天的皇陵之旅後，汗水淋漓的你洗了個澡，在船上度過涼爽的夜晚。你與同行的旅客欣賞漂浮於黑暗水面上的紙燈籠，船上的樂手及歌手為你們表演情歌。你在會安市的一條有如塞維街[13]的街上花了不少錢，那裡的裁縫師不到二十四小時就能完成價格便宜的訂製西裝。然而你訂製的西裝褲不到一年就裂開了。

離開會安市之後，你搭乘載滿外國遊客的夜行巴士前往河內充滿浪漫風情的黃土色城郊住宅區。住宅密集的古街區滿是狹小的巷弄與商家，令你深深著迷。河內文廟使你想起古雅的年代，當時統治國家的官吏都必須懂文學。

到下龍灣旅行並過夜時，你在浪漫的舢舨上有自己的小房間。一九九二年的法國浪漫史詩電影《印度支那》[14]就是以下龍灣為故事場景。在該片中，凱薩琳・丹妮芙姿態優雅地站在那些只能蹲踞於她面前的越南奴隸前——抱歉，我是說越南勞工。即使反法革命爆發，她依然一滴汗都沒流。你在一九九二年開始考慮重返越南，經過十年之後你又會這麼考慮。一九九二年除了《印度支那》之

(William Lederer, 1912.03.31—2009.12.05) 於一九五八年撰寫的政治小說，內容描述美國外交使團在東南亞的失敗。

10 譯注：石缸平原（Plain of Jars）是寮國東北部的巨石文化遺跡，那裡有數百個一至三公尺高的巨型石缸分布於山谷間，二〇一九年被列入世界文化遺產。

11 譯注：寮國內戰（Laotian Civil War, 1953—1975）是共產黨巴特寮政府（Pathet Lao）與寮國皇家政府（Royal Lao Government）之間的內戰，交戰雙方都曾獲得來自冷戰兩大陣營的大量援助：以蘇聯及中國為首的共產陣營透過北越越共直接支援巴特寮叛軍，而以美國為首的資本主義陣營則透過中情局特別行動小組聯同高地苗族蒙人民兵祕密支援寮國皇家政府。由於其焦點經常被同期發生且規模浩大的越南戰爭所掩蓋，因此被世人稱為祕密戰爭（Secret War）。

12 譯注：《祕密戰爭》（*Secret Wars*）是漫威漫畫於一九八四年五月至一九八五年四月出版的十二期限定版跨界漫畫。

13 譯注：塞維街（Savile Row）是位於倫敦梅費爾（Mayfair）的購物街區，以其傳統客製化男士服裝業而聞名。

14 譯注：《印度支那》（*Indochine*）是一九九二年的法國愛情電影，以法屬印度支那為背景，內容描述一九三〇年代法國人在最後一塊法屬亞洲殖民地法屬印度支那度過的最後時光。由法國女演員、模特兒、歌手暨製片人凱薩琳・丹妮芙（Catherine Deneuve, 1943.10.22—）飾演女主角。

外，電影《情人》[15]也上映了。《情人》改編自瑪格麗特・莒哈絲[16]的小說，背景設定為一九二〇年代更具異國風情的時期，這部電影有助於將法國人對越南的印象普及化：環境熱氣騰騰，充滿殖民地的浪漫與遺憾、憂鬱與朦朧。

電影中的情人是一名年長且富有的中國男人，梳著完美的油頭，誘惑了一名心甘情願上鉤的法國白人女孩。女主角由英國女演員珍・瑪奇[17]飾演，你覺得珍・瑪奇的外表看起來是白人，但後來才發現她具有一點越南血統。至於男主角梁家輝，在電影中被歸類為：

中國佬（chinaman）。

莒哈絲在書中寫道：「Il dit qu'il est chinois」（他說他是中國人），並沒有說他是「中國佬」，而且莒哈絲還形容他是「l'homme élégant」（優雅的男性），這聽起來比「中國佬」好太多了。

然而翻拍電影確實可以自由發揮，就算莒哈絲將這位中國情人描述為「非常瘦弱且不具吸引力」，電影製作人仍找來十分性感且身材結實的梁家輝，改變了這位中國情人的形象。（別把梁家輝和同樣十分性感的梁朝偉搞混[18]，梁朝偉曾參與演出王家衛的幾部電影，亦是飾演你父親的恰當人選之一。）電影改變了我們看待人物、事件、地點的方式，雖然越南也有電影，但是觀賞越南片的外國人很少。在二十世紀末，美國人和法國人用電影塑造出越南在全世界觀眾眼中的形象，使它的形象在兩種不同的電影幻想之間來回搖擺：悲慘殘酷的美國戰爭，以及感性優雅的法國殖民地。這兩種形象都令觀光客心神嚮往，你也同樣深受吸引。

越南人不太介意這些幻想，除非是旅遊業者或者在歷史博物館這種與記憶有關的地方工作的人，因為他們得一再重述：英勇的共產黨從法國人和美國人手中拯救了這個國家，並且藉著發展工業使這個國家經濟繁榮。

雖然上述說法具有相當的真實性，不過越南政府也不允許有進一步的意見或不同說法。

越南共產主義使你困惑的原因，在於它實際上並非共產主義。越南共產主義認為如果人民沒有生產工具，就應該讓人民擁有。令人困擾的諷刺是：雖然越南被認為是共產主義，但其實是一黨專

---

15 譯注：《情人》（*The Lover*）是一九九二年上映的電影，講述一九二九在法國殖民地越南的一個法國少女與富有的中國男子發生的愛情故事。

16 譯注：瑪格麗特・莒哈絲（Marguerite Duras, 1914.04.04—1996.03.03）是法國作家、劇作家、編劇暨實驗電影導演。

17 譯注：珍・瑪奇（Jane March, 1973.03.20—）是英國電影電視演員和模特兒。

18 譯注：梁家輝與梁朝偉的英文名同為 Tony Leung。

政的資本主義，而且他們的無產階級和農民不需要像美國™的無產階級和農民那樣受到照顧。

越南所謂的共產主義，讓你困惑的部分還有它的基要主義：對於過去和現在的政治衝突，它只允許一種解釋。由於你真正的依歸在於語言和寫作，因此當這個國家的政府不允許作家自由創作時，你就無法把這個國家當成是你的依歸。

越南政府於一九八〇年代曾短暫允許作家出版書籍敘述戰爭及其後果的真相，或至少真相之一。

阮惠天普[19]被廣泛認為是他那一代最傑出的短篇小說作家，他出版了《將軍退休及其他故事》（*The General Retires and Other Stories*），內容描述戰爭結束後的絕望和人們為自身利益而你爭我奪所造成的傷害。

退伍軍人暨前共產黨黨員楊秋香[20]寫了《盲人樂園》（*Paradise of the Blind*），內容講述一九五〇年代充滿災難的土地改革，以及越南人以外籍勞工身分到東歐尋求發展的故事。她另外還寫了《無名小說》（*Novel Without A Name*），這本書是戰爭小說類的第二名。

戰爭小說類的第一名（或者至少你這麼認為）是保寧[21]的《戰爭的悲傷》（*The Sorrow of War*）。保寧是在戰爭中倖存的北越退伍軍人，他這部戰爭文學作品是關於理想與幻滅、恐怖與哀悼，故事的時間線及敘事都圍繞著創傷記憶慢慢堆疊，你後來在你的小說《同情者》中借用了這種寫作技巧。

阮惠天普是一個極為特立獨行的人，他持續但零星地發表著作，直到他去世。楊秋香明確譴責共產黨的腐敗，因而遭到軟禁，她的著作也因此成為禁書，最後她被流放到巴黎。保寧打破了退伍軍人英勇又高貴的神話，經過三十二年才出版他的第二本著作——而且是以英文譯本出版，而非越南文。

在那個年代，揭露警察與政府暴行或者爭取更多自由的作家，都會遭到政府監禁。

如果你在越南生活和寫作，就必須冒著坐牢的風險寫出自己深信之事，否則就得保持沉默。

你知道自己
不是那麼勇敢。

19 譯注：阮惠天普（Nguyễn Huy Thiệp, 1950.04.29 — 2021.03.20）是越南作家，被認為是越南最具有影響力的作家。

20 譯注：楊秋香（Dương Thu Hương, 1947 —）是越南作家，曾參與越南戰爭，戰後開始寫作並成名，一九八九年因批評政府而被逐出越南共產黨。

21 譯注：保寧（Bảo Ninh, 1952.10.18 —）是越南小說家暨散文家。

你第一次回越南旅行的最後一天，坐在西貢市中心的一間咖啡館裡，為一本無法在越南出版的書寫著你的旅遊筆記。你在等待季風帶的暴雨結束，以便搭乘計程車前往機場。摩托車騎士穿著藍色、黃色、綠色的螢光雨衣，在有如浪濤般的大雨中穿梭。那是一幀完美的電影畫面，由格雷安・葛林擔任編劇，再由王家衛改編，但是你這個穿著短褲和圓領衫的邋遢美國人與這部電影格格不入。

在那些紀念你回到越南拜訪的照片中，
你看起來一點也不清爽俐落。
全身總是溼溼黏黏的。

回到機場，你準備以相反的方式離開這個國家：從炎熱、潮溼、喧囂和滿是車輛的馬路，進入整潔又有空調的航廈，你當初展開這趟旅程的起點。你離開時的行李重量比你來的時候還重，因為你買了許多越南的攝影書籍和藝術書籍，那些書只有在越南才買得到。你必須把行李從機票櫃檯搬到另一個獨立的櫃檯以支付超重費。你好不容易趕到登機門，差一點錯過了飛機。等到你坐在空調舒適的飛機上，才終於能夠冷靜下來並且放鬆一會兒。身材纖瘦苗條、說話輕聲細語的空服人員穿著猩紅色的越南長襖，展現出這個國家對自己的要求：以沉穩的方式將現代與傳統融合為一。波音飛機升空後，你望向窗外，這片土地上一塊塊的綠地逐漸變成一大片色彩鮮豔、無邊無際的綠色。

因為如此

你非常想再回到這個地方。

所以……你到底是從哪裡來的？

這種回家的渴望相當純粹，可是二〇二〇年全球疫情爆發，使得「根源」與「歸屬」的概念變得複雜。疫情不僅感染了個人的身體，也感染了受到波及的每一個國家的政治。政治出現了抽搐、痙攣的症狀——而且回想起許多事。

西方國家的政治想起了
對亞洲入侵的恐懼。

美國™對亞洲人的妖魔化起始於川普總統。他將新冠肺炎稱為「中國病毒」。

川普喜歡把自己定位為一個討人厭又無知的白人民族主義的超級傳播者，這種白人民族主義從一開始就潛伏於美國™，透過憤怒且受到驚嚇的白人手中的槍枝持續殺戮。廢奴主義學者露絲·威爾遜·吉爾摩（Ruth Wilson Gilmore）認為，種族歧視是

國家批准或法律不管的產物，
利用族群差異的弱點，

體現於

因為戰爭與制裁、警察暴行與監禁、剝削與歧視、巨暴力與微暴力，以及如新冠肺炎等疾病而早逝的受害者身上。

白人民族主義在美國占據主導地位已經好幾個世紀，然而當白人完完全全主導時，（白人）民族主義就會變成（ ）民族主義。當這種（ ）民族主義遭到——

有色人種
女性主義者
和
同性戀者
挑戰時

由於（ ）民族主義
不僅將其他人妖魔化，
也
打壓女性
和

——這種（白人）民族主義將會主張
自己的權威性並煽動政治體，
使得白人至上變得
顯而易見且
引人矚目。

雖然川普的追隨者也有女性、拉丁裔、亞洲人，甚至還有一些黑人，但這表示女性和非白人也可以與白人和異性戀的男性氣概結盟，藉由針對膚色更黑、更女性化、更容易被汙名化的人來保護自己，以免自己遭受白人民族主義的侵害，並且期望能夠因而獲得白人（男性）享有的一些好處。

選擇站在強者的那一邊、將弱者視為病毒威脅，這乃是人之常情，非常人性化。川普在競選總統時將墨西哥人描繪成毒販和強暴犯，並持續將穆斯林視為恐怖主義與異國宗教的輸入者，如今又隨著新冠肺炎的發生開始攻擊中國人。

長期以來，西方一直擔心中國人會傳染疾病。十九世紀時，美國人認為唐人街充滿了中國傳來的疾病，因此燒掉唐人街。聖荷西的唐人街於一八八七年遭到燒毀，如今矗立於其原本位置的是富麗堂皇的費爾蒙酒店（Fairmont Hotel），你曾經住過那間飯店。那間飯店於一九八〇年代落成，成為美化市容的新地標，距離「新西貢」只有幾個街區。當時你在高中校刊上發表了一篇文章來描述那棟建築物。

可是你沒有提到唐人街，
　身為入侵的亞洲人，
你卻不清楚那裡的冤魂。

川普是飯店營建商，對歷史一無所知。他說中國病毒就是功夫流感。

你在聖博德學校的一些同學
　曾經故意搞笑地問你：
　　你姓「懶」嗎？
川普也嘲笑過越南發音。

中國病毒或功夫流感都指著中國人的鼻子，但是對於某些人而言，所有的亞洲人看起來都差不多，因此反亞裔人士的暴力事件在美國™、加拿大、澳洲、德國、法國及其他地方日益增加。

亞裔法國人因此宣布
#JeNeSuisPasUnVirus[1]。

在美國™，一名女子在自家門前被潑灑酸液、一名男子和他的兒子被持刀的暴徒砍傷，還有許多人被辱罵「中國病毒」或「中國佬病毒」，或者被叫罵「滾回中國」。許多亞洲人因為身分而遭到唾棄，甚至不敢踏出家門。

我們沒有冠狀病毒，
凱西・帕克・洪寫道。
我們就是冠狀病毒。

有些亞裔美國人很訝異自己被指稱為冠狀病毒，有些則認為自己被排斥的程度已經超越病毒。在亞洲人入侵將近三十年之後，你的高中母校邀請你在一千六百位學生面前發表演說，你發現亞裔學生的人數比以前多了不少。你是少數族群的模範生，理想的好同學和受歡迎的好鄰居，也是不具威脅性的有色人種。

是這樣嗎？

你的一位白人高中同學告訴你，在一九八〇年代，當亞洲人開始搬進聖荷西西南部的薩拉托加

（Saratoga）近郊社區時，白人便開始陸續搬走。

你演講結束之後，幾個亞裔美國學生表示他們覺得自己在這個國家裡格格不入，尤其當他們是（或者被認為是）穆斯林或棕色人種[2]時。這與你年輕時的氛圍一模一樣，那時候你對於讓你變得格格不入的事物產生羞愧或至少感到尷尬：你的食物、你的語言、你的服裝、你的氣味。

還有你的父母。

但這些都是不重要的感受。當反亞洲人的觀點大大影響你的情緒時，那些不重要的感受算得了什麼？

反亞洲人的種族主義認為亞洲人就應該待在亞洲，無論你和你的家人已經離開亞洲國家幾個世代。雖然你們據說正入侵西方國家，但你們沒有足夠的人數讓人們在辱罵你們是中國病毒和功夫流感或者問你們這個經典問題時閉上嘴巴：

1 譯注：Je Ne Suis Pas Un Virus 意為「我不是病毒」。

2 譯注：棕色人種（Brown）是人種和族群分類法的一個項目。和黑人、黃種人和白人一樣，這是基於人類膚色的人類分類學術語。棕色人種一般指達羅毗荼人（Dravidian peoples）、安達曼人（Andamanese）、美拉尼西亞人（Melanesians）、澳洲原住民（Indigenous Australians）、俾格米人（Pygmy peoples）等。

你是從哪裡來的？

在非亞洲國家問
亞裔人士
這種問題
不能算是清白無辜。
往好處想，是無知；
往壞處想，是充滿惡意。

但你到底是從哪裡來的？

白人在一個
由白人占主導地位的國家
會被問到這種問題嗎？

如果他們說話有口音，也許可能。但亞裔人士就算能說一口流利的英語、法語、德語，仍可能會被問到這個問題。把別人當成外國人，就是準備指責對方的第一步。從十九世紀開始，非亞洲國家就把亞洲人當成社會弊端的代罪羔羊，起碼美洲地區是如此。

當那些有用的中國勞工完成橫貫美國大陸的鐵路之後，政治家、記者和企業領袖便將他們妖魔化，以安撫因中國勞工而受到競爭威脅的白人勞工。

一九一一年，墨西哥托雷翁市
當地的暴徒殘殺了三百多人，
受害者大部分是中國裔，一些日本裔。

美國™的白人暴徒也曾對中國移民處以私刑，將他們趕出許多城鎮。一八七一年，在洛杉磯市中心，距離你現在居住的地方不遠處，數百名暴徒謀殺了十八名中國男性和男孩。一八七五年，國會通過《佩吉法案》[3]，該法案旨在拒絕中國女性入境。一八八二年通過的《排華法案》[4]，使反華情緒達到最高潮。該法案是美國第一部具種族歧視的移民法案，中國人淪為美國第一批非法且沒有正式文件的移民。

當法律本身就不公正時，
非法到底代表什麼意思？

3 譯注：一八七五年通過的《佩吉法案》（The Page Act of 1875）是美國第一部限制性的聯邦移民法案，內容是禁止中國女性入境。

4 譯注：一八八二年的《排華法案》（1882 Chinese Exclusion Act）進一步禁止華人男性移民入境。

這樣的循環在美國歷史上一再重演：大型企業依賴廉價的亞洲勞工，但這威脅到白人的勞工階級。白人勞工階級的恐懼，被刻意挑起種族歧視的政客和媒體加油添醋，導致亞洲人遭遇巨大的災難：

一九〇七年的《紳士協約》[5]終止了
大日本帝國的國民移民美國，
因為日本人在美國顯然
已經取代了中國人。

二十世紀早期美國常發生
菲律賓人遭到毆打的事件。
當時菲律賓勞工取代了日本人，
而且，偶爾可見商店門口寫著：
「禁止狗和菲律賓人進入」。

一九四二年至一九四五年，
美國發生囚禁日裔美國人的事件，
並允許美國白人以羞辱人的超低價

購買（竊奪）他們日裔美國人鄰居
的房地產。

一九八〇年代，
德克薩斯州的三K黨
攻擊越南漁民。

受過教育的韓國移民
在社會上遭到歧視。
那些韓國移民在洛杉磯的
黑人社區與棕色人種社區
開設酒行或是其他商店，
但在一九九二年的洛杉磯
暴動事件中，警方封鎖了
韓國城並任憑其燒毀——

5 譯注：紳士協約（Gentlemen's Agreement of 1907）是一九〇七年美國與大日本帝國之間的非正式協定，內容是美國不限制日本移民，但是大日本帝國不再允許日本國民移民美國。

馬丁・路德・金恩[6]說，暴亂是聲音未被聽見之人所使用的語言。

美國人將他們失去工作歸咎給中國人和看起來像中國人的人，雖然他們也十分依賴中國和其他亞洲國家供應廉價的商品來幫助他們實現美國夢™。

又一間美國商店
被
搶走了生意

這種故事很適合那些害怕的美國人和那些想嚇唬他們的人，但講述這種故事的人誤解了一個基本事實：

美國™之所以強盛，就是
靠那些搶走了別人
生意的店家。

爸媽在資本主義的這段盛衰週期中表現出色。在一九七〇年代和一九八〇年代，沒有人想在聖荷西破敗的市中心開設新的商店，除了像爸媽這樣的人。怪罪他們或外國或政客，會比指責將工作轉移到其他國家的大型企業和經濟菁英分子更為容易，那些人為了使自身的利潤最大化，無視或犧

牲了勞動者的權益，畢竟

當一個種族主義者
比責怪資本主義
容易一些。

對許多亞裔美國人而言，解決方法就是證明自己。證明你的美國身分，證明你也是人。用美國國旗包住自己，在緊急情況下捐款給你的白人鄰居和美國同胞，並在這個國家的戰爭中死去，就像第二次世界大戰中的日裔美籍士兵一樣為美國捐軀，即使他們的家人仍被關在集中營裡。

勇敢與勳章，鮮血與死亡，全都是為了向那些傻笑、大笑、譏笑、嘲笑和冷笑的人證明不須證明的事。他們對著你或對著鏡頭，在數百萬人面前，甚至在他們的孩子面前（他們的孩子會因此重述他們的言論）辱罵你——

日本鬼子
小日本

6 譯注：馬丁・路德・金恩（Martin Luther King, Jr., 1929.01.15—1968.04.04）是美國牧師、社會運動者和非裔美國人民權運動領袖，也是一九六四年的諾貝爾和平獎得主。

中國佬
吃狗肉的傢伙
瞇瞇眼
功夫流感
中國病毒
你會功夫嗎？
身分不詳的他媽的東方人
滾回你本來的地方
被亞洲人占據的白人大學[7]
你的英語說得真好
我愛你好久了[8]
不愛就滾
臭華人
中國人
東方佬

---

7 譯注：本句原文為 University of Caucasians Lost among Asians，縮寫為 UCLA，暗指加州大學（University of California, Los Angeles，簡稱 UCLA）的亞裔學生眾多。

8 譯注：本句原文為 Me love you long time. 出自一九八七年的電影《金甲部隊》（*Full Metal Jacket*）。在該片中，一名越南應召女郎為了拉客，以文法不正確的英語主動向美國士兵搭訕。

被不記得

你從電視、廣播和同學口中某些隨意傳達的種族歧視言論學到了一些具誹謗性的詞彙，但也從位於西聖卡洛斯街那間外觀有如白色大方塊且以馬丁・路德・金恩命名的公共圖書館裡的藏書學到一些知識。每個星期六早上，爸都會開車載你到圖書館門口，你在那裡和一小群狂熱的讀者一起等待圖書館開門。也許爸媽認為圖書館是一個可以保障你安全的地方，儘管他們可能不理解圖書館的好。你們家除了你和你哥哥帶回家的教科書及圖書館的書之外，沒有其他書籍。雖然你的父母十分虔誠，可是家裡也沒有任何語文的聖經，只有越南報紙、雜誌和教會通訊期刊。有時候當你走進客廳，會發現你母親正在放大鏡的協助下閱讀。她只會讀越南文，但讀得很慢也很大聲。

爸媽看到你和你的那些書時，
心裡都在想些什麼呢？

你每個星期都會借可裝滿一整個背包的書本回家，然後全神貫注地讀完。你的英語越流利，距離爸媽就越遙遠。數十年之後，你突然想到這或許正是你想要的結果。雖然你渴望與爸媽接近，可是他們工作太忙，能對你說的話太少。他們讓圖書館照顧你，卻沒想到圖書館將你從他們身邊偷走。等到他們領悟到這一點時，你已經被文學綁架、被書本綁架、被英語綁架。

你已經沒有辦法也不願意閱讀越南語。你無法再說越南語。

越南語是你的母語，
可是你幾乎不和你的母親說話。
越南語是你祖國的語言，
可是你在有記憶之前就離開了祖國。
英語是你的第二語言，
而你卻說得像當地人一樣流利。

如果說，你的現實世界僅局限在家裡、學校、教堂和「新西貢」，那麼圖書館就是一個無窮無盡的世界。你身為從世界那一端逃到這一端的難民，在英語與故事所提供的無盡旅程中找到自己的歸屬，並從那個窗戶裝有鐵欄杆的家裡解脫出來。書本與書本間沒有邊界，也沒有警衛會阻止一個好奇的小男孩用熱騰騰的文字熨燙自己的心靈。

你永遠不會忘記《劊子手》[1]系列，主角是馬克·博蘭，他是一名在越南服役的美國狙擊手，黑手黨強迫他年僅十幾歲的妹妹賣淫，導致他父親在殺死全家人之後自殺。隨著博蘭返鄉報仇，你在系列故事中幾乎可以聽見打字機快速打字的咔嗒聲。博蘭在監視黑手黨的過程中，還與一名為他們工作的女子結盟。

你拿著平裝版本的《劊子手》跑進
你哥哥的房間，當時他就讀高中。
那本書的封面有個半裸的紅髮女郎
和一個拿刀架著她脖子的黑手黨，
博蘭手持著步槍，對準他們兩人。
娼妓（Prostitute）是什麼？你問。
是不是一種新教徒（Protestant）？

你哥哥的目光持續
盯著他自己的書本
很長一段時間。
最後才說：
自己去查字典。

---

1 譯注：《劊子手》（*The Executioner*）是每月出版的冒險動作系列小說，主角為馬克．博蘭（Mack Bolan）。該系列自一九六九年推出第一集《反黑手黨大戰》（*War Against the Mafia*）以來，總銷量已超過兩億冊，全系列共有四百六十四集。

在圖書館裡，你吸收的語言是英語，
即使感覺很像生物實驗。而且
就算你已有一個家，你仍在
圖書館尋找你的依歸。

艾力克斯·波特諾伊（Alex Portnoy）在家裡也覺得不自在。他是菲利普·羅斯[2]一九六九年的小說《波特諾伊的怨訴》（*Portnoy's Complaint*）的主角。也許你早就聽說過菲利普·羅斯的大名，因為你從青少年時期就因為覺得有趣而開始閱讀《聖荷西信使報》的書評。你還接收了你哥哥的那本威廉·羅斯·貝內特[3]的《讀者百科全書》（*The Reader's Encyclopedia*），你閱讀那本書也是出於好玩。你應該要找更好玩的書來讀，卻對文學史及被世人認為重要的作家產生興趣。羅斯是非常重要的作家，他是一位偉大的美國小說家，而且他確實有一部作品名為《偉大的美國小說》（*The Great American Novel*）。

這個世界上還有哪個國家會這麼喜歡
拿自己的名稱當成書名？羅斯還寫了
《美國牧歌》。

另外還有《美國眾神》[4]、《美國殺人魔》[5]、
《美國戰爭》[6]、《美國小報》[7]、《美國間諜》[8]、
《美國鏽跡》[9]、《美國之子》[10]等諸多作品，

以及像《紫色美國》[11]、《美國佬》[12]、《越南美國》[13]、《美國》[14]等這一類的變體書名。

也許有一天你也會寫出一本沒那麼偉大的美國小說，

書名為《美國的美國》（*American America*）。

---

2 譯注：菲利普‧羅斯（Philip Milton Roth, 1933.03.19—2018.05.22）是美國小說家，曾獲得美國國家圖書獎（American National Book Award）的肯定。《美國牧歌》（*American Pastoral*）為其一九九七年出版的小說，本書獲得普立茲小說獎。

3 譯注：威廉‧羅斯‧貝內特（William RoseBenét, 1886.02.02 — 1950.05.04）是美國詩人、作家暨編輯。

4 譯注：《美國眾神》（*American Gods*）是英國作家尼爾‧蓋曼（Neil Gaiman）於二〇〇一年出版的奇幻小說。

5 譯注：《美國殺人魔》（*American Psycho*）是美國作家布雷特‧伊斯頓‧艾利斯（Bret Easton Ellis）於一九九一年出版的小說。

6 譯注：《美國戰爭》（*American War*）是出生於埃及的加拿大記者奧馬爾‧艾爾‧阿卡德（Omar El Akkad）的第一本小說。

7 譯注：《美國小報》（*American Tabloid*）是詹姆斯‧埃洛伊（James Ellroy）於一九九五年出版的小說。

8 譯注：《美國間諜》（*American Spy*）是蘿倫‧威爾金森（Lauren Wilkinson）於二〇一九年出版的小說。

9 譯注：《美國鏽跡》（*American Rust*）是菲力普‧梅耶（Philipp Meyer）於二〇〇九年出版的小說。

10 譯注：《美國之子》（*American Son*）是克利斯多福‧迪蒙斯—布朗（Christopher Demos-Brown）於二〇一六年創作的舞臺劇劇本。

11 譯注：《紫色美國》（*Purple America*）是瑞克‧莫迪（Rick Moody）於一九九七年出版的文學作品。

12 譯注：《美國佬》（*Americanah*）是奈及利亞作家奇瑪曼達‧恩格茲‧阿迪契（Chimamanda Ngozi Adichie）於二〇一三年出版的小說。

13 譯注：《越南美國》（*Vietnamerica: A Family's Journey*）是越南裔美國漫畫家陳家寶（GB Tran）於二〇一一年出版的圖像小說。

14 譯注：《美國》（*Amerika*）是法蘭茲‧卡夫卡（Franz Kafka）於一九二七年出版的長篇德語小說。

你讀了幾頁菲利普・羅斯的第一本書《再見，哥倫布》（*Goodbye, Columbus*），並在電視上觀賞了一小段由這本書改編的電影，男女主角分別為理查・班傑明（Richard Benjamin）和艾莉・麥克洛（Ali MacGraw）。羅斯二十五年前所描述的猶太世界與你的越南世界產生了共鳴，尤其是透過一個年紀還小但已經美國化的孩子的眼睛。這孩子覺得自己的種族與白人的規範有所差異，也看到他父母與社區的怪異，直覺地認為家中的陰影是來自一段幾乎難以形容的可怕歷史。

羅斯在書中描寫的猶太人（就你的記憶而言）有一點吵鬧，而且依照盎格魯撒克遜新教徒白人的標準來說還有一點粗魯。

你認識的白人都是天主教徒，但新聞、電視和電影卻將盎格魯撒克遜新教徒白人的典型強加諸於你的印象之中。

羅斯筆下的猶太人決心力爭上游、搬到郊區居住，但同時又因為失根與被白人過度同化而感到焦慮，尤其擔心他們的孩子。這些反應與越南難民沒有太大的差別。

可是，老實說，這幾十年來，你只記得年輕的艾力克斯・波特諾伊從家裡的

冰箱拿了一塊豬肝出來自慰，然後

再把豬肝放回冰箱。當天晚上，

那塊豬肝成了他們家的晚餐。

噁心死了！

誰家會把豬肝當成晚餐？

你的家人就會！可是你還不會自慰，這就是為什麼那個場景既好笑又令人不安，還讓你感到困惑。在你讀了茱蒂．布倫[15]所寫的一本關於青春期男孩的書籍之後，你有相同的迷惑。那本書是你六年級時在學校圖書館裡讀到的，你只記得書中的主角因為勃起而深感尷尬，但你還不懂勃起是什麼。五年級的時候，你班上有個女生向你提到「陰莖」這個詞彙，但你根本沒聽過這個字，因為你生長在一個單一語言的越南天主教家庭，性及與性有關的生物學都是無法說出口的事。

在你的青春期前夕的某一天，你和兩個同學從聖博德學校走路回家，其中一人想向你展示他父親收藏的《花花公子》雜誌和《閣樓》雜誌，你以前從未看過那種成人雜誌。你們三個人專心地研究那些照片和中央摺頁，那些照片令你感到困惑。其中一張照片及其標題，是一對裸體雙胞胎的「解剖」結構與比較。「解剖」是骯髒的詞彙嗎？過了不久之後，你在一本關於海豹的兒童讀物中又看

15 譯注：茱蒂．布倫（Judy Blume, 1938.02.12—）是一位美國作家，擅長創作兒童及青年小說。

到了「解剖」這個詞彙，心裡更加困惑，可是你沒有去查字典。

你在圖書館裡找不到《花花公子》雜誌或《閣樓》雜誌，它們被藏在一道有故事的想像彩虹中，一端通往天空，另一端深入地球的淤泥中。《波特諾伊的怨訴》也許是純化的藝術，但它的能量來自菲利普．羅斯對淫辭穢語的深入鑽研。那既是可愛的詞彙，也是可愛的世界。那種淫辭穢語透過你從書本學到的其他美妙詞彙在你的記憶中發燙，也使你的胯下發燙。

你從《哀悼的榮耀》[16]中學到了另一個詞彙，那本書是你永遠不會忘記的美國海軍陸戰隊戰爭回憶錄。你偶然間在圖書館發現那本書，因為你喜歡閱讀與戰爭有關的書籍。為了尋找戰爭類的書籍，你必須搭電扶梯到二樓，那裡沒有別的孩童。書中的海軍陸戰隊隊員與一名越南娼妓發生性關係，將他的精子射在她的肚臍上。什麼是精子？男人都應該把精子射在女人的肚臍上嗎？女人可以用肚臍懷孕生子嗎？數十年之後你找出那本書，重新閱讀了那段文字，發現你當年主動屏蔽了那名海軍陸戰隊隊員在達到高潮前的內容：

> 我將手伸到地板上，撿起上膛的點四五手槍。我扣下扳機，用槍管指著這女孩的太陽穴。

爸媽會因為哪件事更加震驚？因為你讀了這些書，還是因為你在偉大的美國中冒險？讀這些書是拿你的天主教教徒身分冒險，你的純潔被侵犯了，你的思想被汙染了，你的性觀念混亂了。戰爭使你困惑，越南使你困惑。當美國人提到越南時，他們指的就是這種糾結，他們所指的是戰爭，不是國家。這是美國式的速記，也是全世界共同的參考點。

川普是美國™再生的活力管道、
是頹敗無力的白人或白人政治體的
真人版威而鋼。這位未來的總統在
幾年後的一九九八年描述自己
過度活躍的性生活時表示：
就像越南一樣，非常危險，
所以我非常非常小心。

你十四歲那年，時間大概是一九八五年，你搭公車穿過整個市區，去找你的幾位朋友（事實上，他們是你僅有的朋友）。然後你和他們一起去電影院，觀賞全球熱賣的鉅片《第一滴血續集》[17]。永遠裸上身的席維斯．史特龍飾演美國退伍軍人藍波，他重返越南，援救遭到越共俘虜的美國士兵。

---

16 譯注：《哀悼的榮耀》（*Mourning Glory*）是前美國海軍陸戰隊隊員大衛．里根（David Regan）於一九八一年出版的回憶錄。

17 譯注：《第一滴血續集》（*Rambo: First Blood Part II*）是一九八五年上映的美國軍事動作片，由義大利裔美國演員、導演及製片人席維斯．史特龍（Sylvester Stallone, 1946.07.06）飾演男主角約翰．藍波（John Rambo）。

這是美國人歷久不衰但無可佐證的神話想像。片中有一位名叫 Co 的混血越南美女協助藍波。

Co 的正確拼音方式為 Cô ——這個字的意思其實是「阿姨」或「老太太」。

Co 由茱莉亞．尼克森[18]飾演，她其實是華裔。

Co 深愛藍波。當邪惡的共產黨伏擊他們時，她為了藍波而死，慘遭越共射殺。藍波憤怒地咆哮，並且用他的 AK-47 步槍消滅了共產黨的整支小隊。

關於這種安排，你沒有太多想法。因為亞裔的跟班或戀人經常為了白人救世主而犧牲性命。

你喜歡這部電影，但身為入侵的亞洲人，看白人救世主消滅越南共產黨讓你感到一絲不安。你在成年後又看了一次這部電影，你注意到女主角在叢林裡穿著越南長襖，儘管天氣溼熱，她的髮型與妝容依舊亮麗完美。當她以含糊的英語說出臨終的遺言時，她的口紅閃閃發亮：

藍……波……你……會……不……會……忘……了……我？

藍波緊緊抱住Co，她閉上雙眼，頭往後仰，在發出顫抖的呻吟時嘴巴微張。他們的姿勢既是死亡，也像做愛時的高潮。

泰國的難民營播放這部電影給苗族的難民觀賞。其中的一位（前）難民寫信告訴你，即使在離開難民營之後，她的父母依然繼續觀賞這部電影，因為

這部電影的角色，臉孔與我們相似。
現在身為成年人，我可以說藍波
系列電影就是一種教化我們
愛戴白人救世主的媒介。

這是一種遠距式的美國化，而你接受的是近距式且個人式的美國化。一九八九年，你有一些正處青少年時期的越南親人移民到美國™，他們是媽的大姊的孫子。當時你在南加州某所大學讀書，那所大學是你的最後志願。你哥哥已經把他的雙門轎車送給你，因此媽問你：你怎麼不載他們出去玩？

18 譯注：茱莉亞・尼克森（Julia Nickson, 1958.09.11—）是在新加坡出生的美國女演員。

他們的英語能力就和你的越南語能力一樣糟糕，你認為看電影可以不必交談，於是選了布萊恩·狄帕瑪[19]的《越戰創傷》作為他們第一次進美國電影院的體驗。

米高·福克斯[20]飾演一名懷抱理想主義的士兵，他無法阻止西恩·潘[21]和他的小隊輪暴並殺害一名年輕的越南女子。在她死去的那一幕，她遭到強暴、刺傷，並且被丟棄在可以俯瞰河流的火車鐵軌上，可是她還沒死。她站起身，恍惚且踉蹌地沿著鐵軌走向丟下她的士兵，她身上的衣物已經被自己的鮮血浸溼。「殺了她！」西恩·潘大喊。「開槍殺了她！」小隊隊員遲疑了一會兒，最後還是服從命令。鏡頭聚焦於女子的臉部和身體，一支 M60 機槍、兩支 M16 自動步槍和一支手槍接連對著她射擊，她的身體因為多顆子彈的衝擊而猛烈抽搐。她不停地尖叫，最後以慢動作從火車鐵軌上墜落。米高·福克斯從鐵軌邊緣看見她破碎的身體躺在下方河流的岩岸，四肢扭曲成不可能做到的角度，臉上滿是鮮血。

被強暴和被謀殺，
被渴望和被物化，
卑賤與哀求，
沉默或尖叫，
這些都是亞洲女性
在西方想像中的

命運，

你們的命運就是如此。

這段強暴與凶殺情節，是根據一九六六年
年僅二十一歲的潘氏毛[22]命案所寫成的。
潘氏毛由翠秋麗（Thuy Thu Le）飾演，
她和你一樣畢業於加州大學柏克萊分校，
綽號叫翠迪鳥（Tweety Bird）。她的身高為令人印象深刻的
五呎六吋[23]。翠秋麗後來沒有再演出其他的電影。
潘氏毛（Phan Thi Mao）拼音，加上變音符號可能會變成
Phan Thị Mạo 或 Phan Thị Mão，但如果你用
越南語查詢，在網路上找不到任何關於她的資訊。

---

19 譯注：布萊恩・狄帕瑪（Brian De Palma, 1940.09.11—）是美國電影導演暨編劇，《越戰創傷》（*Casualties of War*）為其一九八九年執導的美國戰爭劇情片。

20 譯注：米高・福克斯（Michael J. Fox, 1961.06.09—）是加拿大裔美國演員、作家、製作人和配音演員。

21 譯注：西恩・潘（Sean Penn, 1960.08.17—）是猶太裔美國演員、導演和政治活動家，第七十六屆和第八十一屆的奧斯卡影帝。

22 譯注：潘氏毛（Phan Thi Mao）是越戰期間於一九六六年十一月十九日遭美軍小隊綁架、輪暴並殺害的越南年輕女子。該事件稱為一九二高地虐殺事件（The incident on Hill 192）。

23 譯注：五呎六吋大約為一百六十八公分。

強暴並殺害潘氏毛的白人和拉丁裔士兵，年齡從二十歲到二十二歲不等，與大學生差不多。你有些學生會故意穿軍服來上課，以紀念越南戰爭。他們可能已從伊拉克戰爭或阿富汗戰爭退役返國，或者正準備成為陸軍、海軍、空軍或海軍陸戰隊的軍官。你很想知道他們從你的課堂學到什麼，如果真的有學到東西的話。

強暴及殺害潘氏毛的人，被判處的最長刑期為八年，但是四年後就可申請假釋。

電影結束後，你和你的表侄們
一句話都沒有說。
歡迎來到美國™。

潘氏毛死去的那一幕在你腦中縈繞了幾十年，就像《現代啟示錄》中那一家人被屠殺的場景、《前進高棉》[24]中那個母親在被一名美國中士開槍擊中頭部的場景、以及在《越戰獵鹿人》[25]中越共酷刑者邪惡地咒罵、嘲笑、威脅勞勃．狄尼洛[26]和克里斯多夫．華肯[27]並強迫他們玩俄羅斯輪盤的場景。雖然你試圖忘記你的難民歷史、雖然美國™試圖忘記你們一起打過的仗，可是你們都沒能成功。不過，就算你沒有忘記，你也沒有完全記得。對你來說、對越南人來說，尤其對代表越南本身的越南女性來說，如果你們在西方想像的故事場景中及電影銀幕上都是

沒被看見而又超級可見，
那麼你們不只是被遺忘或者被記住，
你們也同時被遺忘而且被記住。
你們被看見而且被誤解，
被看見而且被扭曲，被看見而且被立即遺忘
被看見而且沒被看見，
你們被記得而且被肢解，
你們被不記得了。

但是——
就算你是被不記得的

---

24 譯注：《前進高棉》（*Platoon*）是一九八六年的一部以越戰為主題的美國電影。

25 譯注：《越戰獵鹿人》（*The Deer Hunter*）是一九七八的美國史詩戰爭電影，講述越戰對美國賓夕凡尼亞州某個小鎮的居民所造成的影響。

26 譯注：勞勃・狄尼洛（Robert De Niro, 1943.08.17—）是美國電影演員及製片人，曾獲奧斯卡最佳男主角及最佳男配角獎。

27 譯注：克里斯多夫・華肯（Christopher Walken, 1943.03.31—）是美國電視及電影演員，曾獲奧斯卡最佳男配角獎。

「其他人」，你也不記得「其他人」。

你充滿渴望。

在你十二歲或十三歲時，你最好的朋友楚伊帶你去他朋友家。那個朋友的年紀和你差不多或稍大一點，他擁有你和楚伊這種天主教家庭長大的男生渴求但無法擁有的東西：色情雜誌。你注視著《閣樓》雜誌和《花花公子》雜誌裡那些女性的裸體及她們大量裸露的部位，有一種奇怪、熾熱、壓倒性的感覺，令你難以抗拒。那些女性的裸體完全展露於你面前，但是女性的身體或身體部位通常是看不見的，起碼對男性而言。

那個朋友睡在車庫裡。在他吱吱作響的床底下，藏著《好色客》等各種色情雜誌。然而在你伸手去拿那些雜誌之前，你必須先通過測試。

你忘了是楚伊或是那個朋友笑嘻嘻地問你：

嘿，你破處了沒？

你不知道這句話是什麼意思，也不懂破處代表的涵義。

正確答案應該是：那麼你破處了嗎？

或者：我只知道我破了你媽的處。

然而在同儕壓力下，你的腦袋一片空白。無論你答案是肯定還是否定，答案都是錯的。你已經不記得自己結結巴巴地回答了什麼，但他們兩人都哈哈大笑。

在越南，美國士兵稱呼

那些剛從美國抵達

的補充兵源為

他媽的菜鳥

或

處男。

這就是你對男性氣概的自我教育。

美國的問題

移民在美國是他媽的菜鳥或菜女，或者非二元性別的菜人。無論是剛下船還是剛下飛機，他媽的菜鳥都會像他們之前的每一個人一樣，在漫長的欺壓下領教到美國生活的嚴酷教訓。在這樣的生活中，他們有朝一日可能會成為美國人。移民是美國神話的一部分，移民使美國變得偉大！

除非美國禁止非白人移民入境，但所謂的白或不白，其本身的定義會不斷變化。當中國人在十九世紀第一次移民到這個國家時，他們變成了美國人想像中的棘手中國問題。

成為問題的感覺如何？中國問題到底是什麼？

無論中國問題是什麼，答案是愛爾蘭人。愛爾蘭人在十九世紀時不被視為白人，但現在被視為白人，即使他們之前曾被嘲笑幾乎就像黑人。愛爾蘭人踏出成為白人的第一步，因為他們不是中國人。他們不是從西邊開始建造橫貫美國鐵路的中國勞工，而是從東邊開始打造鐵路的工人。在美國排擠華人之後，愛爾蘭人朝白人的地位更進一步，因為他們不是黑人。最後約翰・甘迺迪總統終於讓愛爾蘭人永遠成為白人（這是歐巴馬總統無法為黑人做到的壯舉）。聖派翠克節[1]讓其他的美國人認同愛爾蘭人，即使是從愛爾蘭人喜歡喝酒的刻板印象來做到這一點。

農曆新年？
主要只有亞洲人會慶祝。
充滿異國情調的舞獅奇觀、
放鞭炮和吃月餅，
並沒那麼受到白人歡迎。

美國人對白人移民的喜愛，至少可以追溯至開國元勳班傑明·富蘭克林。他曾於一七五一年表示：

這世界的純種白人在比例上人數很少。整個非洲都是黑皮膚或黃褐色皮膚的人。亞洲主要是黃褐色皮膚的人。美國（不包括新來的移民）全部都是白人。在歐洲，西班牙人、義大利人、法國人、俄國人和瑞典人，通常都是我們所說的黑皮膚人種，德國人也是如此。撒克遜人除外，他們與英國人是這個地球上白人的主體，我希望他們的人數增加。我可以說：我們正藉由清除美國的森林來洗滌我們的地球，使地球的這一面反射出更明亮的光芒，讓位於火星或金星居民看見。我們為什麼要讓上帝看見他的子民變得陰暗？我們為什麼要讓非洲人在美國落地生根以

1 譯注：聖派翠克節（St.Patrick's Day）是每年三月十七日舉行的文化宗教慶典。聖派翠克（Saint Patrick，約 385 — 461）是愛爾蘭最重要的天主教聖人，三月十七日是聖派翠克的忌日。

增加他們的人數？我們在美國明明有機會藉著排除黑皮膚的人和黃褐色皮膚的人來增加可愛的白人和紅人。也許我偏袒我們國家的膚色，但這種偏袒行為對人類而言相當自然。

「可愛的紅人」讓人聯想到高貴野蠻人[2]，他們因為反擊而受到尊敬，是具有價值的敵人，被人懼怕而非被蔑視為奴隸。至於「可愛的白人」，範圍已經擴展到西班牙人、義大利人、法國人、俄羅斯人和瑞典人，更不用說希臘人和波蘭人，有時候還會包括猶太人，但並非總是如此，端視反猶太主義的包容度。

現在就連這些人也被包括在白人之中：

為什麼由英國人建立的賓夕凡尼亞州會變成外國人的殖民地？那些外國人……永遠不會採用我們的語言或習俗，就像他們的膚色永遠無法與我們相同。

他說的外國人是誰？是德國人。噢，那些可怕的黑皮膚德國人！

如果老班傑明看到像爸媽和你這種黃褐色皮膚的外國人來到他心愛的白人賓夕凡尼亞州，又會有什麼想法？他能否想像，在他發表上述演說的二百六十五年後，有一個黑皮膚的德國移民後裔會當上美國第四十五任總統[3]？

然而，在川普成為白人之後，便和與他相同的人繼續遵循美國開國元勳的傳統：需要非白人（尤其是黑人）來幫助他們定義自己的白人身分、

自己的邊界、

自己的國家，

並且定義他們自己。

所謂「黑皮膚的人」的地位，一直是持續存在的問題——皮膚黑不黑是相對的，就像是否來自東方也是相對的——意謂著這些人是否屬於政治體內的一員。舉例來說，在一九二四年之前，所有的非白人——無論所謂的「白」到底代表什麼意思——都被拒於美國的大門之外，除了菲律賓人。菲律賓人可以自由移居到美國，因為菲律賓是美國™的殖民地。有一些美國人反對美國殖民菲律賓，並非因為他們主張菲律賓人應該自由，而是擔心棕色皮膚的人會移民至美國。菲律賓人於一九四六年獲准獨立，然後就被美國趕出了政治體，變成無法再隨意移民美國的外國人。

2 譯注：高貴野蠻人（Noble savage）是一種理想化的土著或外族，尚未被文明汙染，因此代表人類天性的良善，是一種文學著作中的定型角色。

3 譯注：指唐納．川普，其具有德國與蘇格蘭血統。

美國的大門終於在一九六五年重新開啟，但是從二〇一七年開始，川普試圖再次關上大門。當他說「讓美國再次偉大」時，他的意思是讓美國™再次變白。重返奴隸制度時代的主張太駭人聽聞，就連川普也不敢大聲說出口，可是重返十九世紀末期，重返至一八八二年左右，對川普而言已經心滿意足。當時在吉姆·克勞法[4]的統治下，黑人遭私刑處死，墨西哥的土地被占領，墨西哥人被征服，原住民被擊敗，他們的人民被送往印第安保留區，中國人被排斥，而且無法出庭作證，因此可以隨便被人謀殺，凶手不會遭受懲罰。由於槍枝在美國™的普及以及美國人深信他們擁有及使用槍枝的權利近乎他們信仰宗教，所以殺人並不難。

同樣的武裝自衛精神一路延伸至邊境，有一些美國人表示他們不反對移民，但他們只想要合法的移民。

為確保將來會有更少的合法移民，
他們修改法律，使越來越多潛在
和現有的移民變成非法移民。
他們先攻擊沒有正式文件的
移民：來自美洲另外一頭
的大量棕色皮膚人種。

至於數以萬計但沒有正式文件的愛爾蘭人和加拿大人，則不需要太過驚慌。在美國的（白人）加拿大人，曾經被人追問過他們到底從哪裡來的嗎？

川普要求在南邊的國界修建一道長城，而不是在北邊的國界修建，宛如封鎖邊境就可以封鎖美國人之中好色且貪婪的「其他人」。拘留營。迷途的孩子。死去的孩子。這些現實生活中的反烏托邦，其實不僅存在於白人為主要受害者的電影中。

邊境封鎖之後，川普開始追捕那些美國父母忘記幫他們申請公民身分的亞裔被領養者。追捕那些小時候來到美國的難民，他們從未成為公民，而且犯下罪行。將他們驅逐至越南和柬埔寨，無視美國™在他們國家協助發起的戰爭對他們父母犯下的罪行，也假裝美國對那些因戰爭而淪為難民的兒童沒有任何義務。

自從十九世紀末中國女性遭到驅逐以來，美國移民法一直破壞家庭。中國男性移民找不到妻子，無法組成家庭、生育孩子。

種族滅絕的一種面向：

4 譯注：吉姆・克勞法（Jim Crow laws）是一八七六年至一九六五年間美國南部各州及邊境各州對有色人種（主要針對非裔美國人，但也包含其他族群）實行種族隔離制度的法律。

強制執行防止該群體生育後代的手段。

這些全都合法。川普還想阻斷家庭團聚的機會，因為家庭團聚使移民帶來太多與他們長得相像的人、使偉大的美國遭到入侵。

川普不准更多難民入境。在一九七五年的戰爭結束後，美國的內疚使得這個國家接納了來自越南、寮國和柬埔寨的數十萬名難民，還有來自古巴的難民，因為古巴是共產主義國家。但美國沒有接受海地的難民，因為海地人是黑人。川普將難民配額削減至每年只有數千人。

稱自己為移民或難民，或者向移民或難民敞開大門，就是藉由歡迎所有移民並藉此讓美國恢復活力來反對偉大的美國。

但是無論相信偉大的美國或者相信移民的美國，都是相信美國例外主義（American exceptionalism）：堅信美國比其他國家更好。「偉大的美國」是「醜陋的美國人」版本的美國例外主義，「移民的美國」是「沉靜的美國人」版本的美國例外主義。

因此，美國的問題是：

美國™的真實面目究竟是

「醜陋的美國人」或
「沉靜的美國人」？

「沉靜的美國人」比「醜陋的美國人」更優雅、更客氣、更敏感、更欣賞文化多樣性和多元文化融合主義。「醜陋的美國人」依然認同中央情報局部署特別行動及無人機導彈，以便強化美國的利益，即使炸死一些無辜的受害者是矯正攻擊失誤的附帶傷害，

即使無辜的受害者實際上高達數百人
或數千人或數萬人。然而我們如何
確定人數？反正美國利益至上，
所以美國從不知死傷多少人，
除了自己人之外。美國精確
知悉自己人的死傷人數。

「沉靜的美國人」並不贊成殺害無辜受害者的不法矯正行為，可是也沒有採取任何措施來表示反對。「沉靜的美國人」不一定是白人，「沉靜的美國人」甚至可能是移民，是有色人種，是女性，是同性戀，是跨性別者，或者是一個自稱很擅長殺人的混血黑皮膚美國總統。諷刺的是，他實際上

真的很擅長殺人。

或者，「沉靜的美國人」可能就是你。

美國某個重要的基金會在一家主要報紙的版面上將你列為「偉大的移民」。這點讓你感到相當虛榮。

接著你也感到不安。於是你

迅速搜尋資訊並且確認了

亨利・季辛吉[5]同樣是

一位偉大的移民。

他媽的。

「移民的美國」比「偉大的美國」好，但「偉大的移民」也是美國™的藉口，以便執行季辛吉批准的行動，包括推翻智利人民選出的阿言德總統[6]、地毯式轟炸柬埔寨和寮國、支持印尼蘇哈托[7]政權消滅共產黨或中國人的運動。誰能分辨其中的差異？數十萬人因此遭到了殺害。

所謂的戰犯

依然是戰犯，

即使從未被定罪，
即使他是偉大的移民，
即使他永遠不會被驅逐，
即使他獲得諾貝爾和平獎[8]，
因為轟炸行動使美國™變得偉大，
而無人機攻擊使美國™變得更偉大。

---

5 譯注：亨利・季辛吉（Henry Kissinger，1923.05.27—2023.11.29）是美國外交官暨政治學家，為出生於德國的猶太人，十五歲時為了逃避納粹迫害而隨著父母移民美國。季辛吉在尼克森總統（Richard Nixon）的支持下進行轟炸柬埔寨境內越南人民軍及游擊隊的行動，該轟炸行動間接引發柬埔寨內戰，導致後來的柬埔寨共產黨崛起。

6 譯注：薩爾瓦多・吉列爾莫・阿言德・戈森斯（Salvador Guillermo Allende Gossens, 1908.06.26—1973.09.11）是智利的政治人物及醫生，亦是拉丁美洲第一位透過人民直接選舉當上總統的馬克思主義者和社會主義者。

7 譯注：蘇哈托（Suharto, 1921.06.08—2008.01.27）是印尼第二任總統暨獨裁者，曾在印尼執政長達三十二年。

8 譯注：季辛吉於一九七三年與越南政治家黎德壽（Lê Đức Thọ, 1911.10.14—1990.10.13）一同獲得諾貝爾和平獎。

好人、壞人、小人[1]

就算別人都稱你為移民，你也不要稱自己為移民。

稱呼自己為……難民。

因為你就是難民，或者你曾經是難民。移民可以選擇何時移民以及移入哪個國家，難民則是逃往他們能去的地方。問題是：他們什麼時候才能停止逃亡？如果你被稱為（前）難民，括號裡的形容詞將永遠存在。

即使現在你已經搬了新家且拚命賺錢，你依舊不敢鬆懈，而且從不滿足，因為你害怕自己會與爸媽有相同的遭遇，而唯一的保障就是擁有足夠的財富以便在下一次災難中倖存。你家的地下室裡有你所需的一切，除了槍枝。

所以你還沒有資格被稱為美國人。

稱自己為難民，而不是移民，因為你最早期的清楚記憶——你確切知悉自己在哪裡以及和誰在一起——都與難民營以及與爸媽分離有關。

稱自己為難民，因為太多難民都將自己稱為移民。

如果好萊塢製作一部關於難民經歷的史詩電影，

你的角色會是：

A 骯髒的難民

B 絕望的難民

C 尖叫的難民

D 感恩的難民

你於二〇一七年在法國受訪時，記者表示在歐洲稱自稱難民也許比較有利。那些記者說，歐洲人更願意接受難民，因為難民人數較少，而且是基於政治因素來到歐洲，不像基於經濟因素而大批

1 譯注：「好人、壞人、小人」（The Good, the Bad and the Ugly）取自義大利導演塞吉歐・李昂尼（Sergio Leone, 1929.01.03—1989.04.30）於一九六六年拍攝的西部電影片名，在臺灣上映時片名譯為《黃昏三鏢客》。本片以美國南北戰爭時期為背景，「好人、壞人、小人」分別代表片中的三位主角。

湧入的移民。但是短短三年之後，也就是二〇二〇年的秋天，巴黎警方以暴力驅逐共和廣場[2]上的一個難民營地。你第一次去巴黎時曾住在那附近的青年旅社，當時你是一名背包客，頭髮染成金色，大家都以為你是日本人，你這輩子從來沒聽過那麼多人用「こんにちは」（你好）向你打招呼！每個人似乎都對你很友善，因為即便巴黎已經擠滿了日本人，那些日本觀光客仍帶來了豐富的財源。

> 難民則是一無所有地來到歐洲，還揚言要長住下來。
> 歐洲的難民人數已經足夠了，意思就是已經太多，
> 多到會引發社會不安，或者讓社會變糟。

在那種反難民的氛圍中，你認為自己應該替難民發聲，所以你前往愛達荷州的首府波夕，在協助難民高中生的課程中發表演說。那些難民高中生寫下關於逃離埃及、緬甸、盧安達、柬埔寨和其他國家的故事、散文或詩歌，他們倖存的經歷讓你想起這個教訓：

> 毀掉一場雞尾酒會的
> 最佳方式，就是聊天時
> 告訴每一個人你是難民。

難民的經歷會讓那些從來不須逃難的人感到不安及不適。這不能怪他們。當你面對複雜的情緒時，你也不知道自己應該說什麼。

你的演說以一個簡單的問題開場。你問學生：「你們當中有多少人是難民？」兩、三個人舉起手來。然後你又問：「你們當中有多少人是移民？」

每一個人都舉手了。

那些學生已經接收了這樣的訊息：美國™是一個移民國家，不是一個難民國家。

至於你的越南同胞，他們可能用越南語稱自己為難民，但是使用英語時，他們經常稱自己為移民。有一些越南人於一九七五年搬到路易斯安那州，三十年後他們在那裡遇上了卡崔娜颶風[3]。數以萬計的紐奧良居民無家可歸，有一些人被困在屋頂上躲避不斷上漲的洪水，另一些人被困在足球場試圖求生。當記者將那些流離失所的居民形容為難民時，喬治．布希總統大為震怒。

「我們談論的那些人不是難民。」

布希說。「他們是美國人。」

---

2 譯注：共和廣場（Place de la République）是法國巴黎的一個廣場，位於第三區、第十區和十一區邊界。

3 譯注：卡崔娜颶風（Hurricane Katrina）是二〇〇五年八月出現的五級颶風，在美國路易斯安那州的紐奧良造成嚴重破壞。

公民權運動領導人傑西・傑克遜[4]有史以來第一次同意喬治・布希的觀點，因為當時許多流離失所的居民都是黑人。

> 將美國公民稱為難民，是種族歧視……將他們視為難民，就如同沒有把他們當成美國人看待。

> 你感到相當困惑，因為難民似乎成功地將因為種族問題而分裂的美國™整合為一。

因為難民是美國夢™的詛咒，讓人暫時忘了黑人曾有很長一段時間是奴隸制度和吉姆・克勞法下的逃亡者和難民，也忘了一六二〇年搭乘五月花號移居美國的英國清教徒不僅是宗教難民和政治難民，更是最早的船民！然而在美國人的想像中，美國™從來都不是由難民建立的，也永遠不會淪為那種製造出難民的失敗國家或壓制國家。

難民從其他國家——主要是被稱為第三世界的非白人國家，包括亞洲、非洲和拉丁美洲等廣大地區——大量湧出，因為那些國家被粉碎了或正在分裂，或者因為它們打壓自己的人民。

美國TM不會被粉碎也不會分裂。

美國TM可以歡迎難民，因為這個國家很棒。因此，將美國人稱為難民是令人震驚的，這點揭露了一個事實：美國確實會製造出難民。但由於美國的難民只在美國境內移動，所以聯合國將他們正式歸類為「流離失所者」。不過，如果他們看起來像難民、聞起來也像難民，也許他們實際上就是難民。世界上沒有哪個國家能夠偉大到不會有因氣候變化而產生的難民。

透過這項訊息來迫使我們重新檢視一切是相當重要的，即使這麼做（對某些人而言）很不舒服。有一次，當你訪問某所大學並提到日裔美國人被關在集中營時，觀眾席中有一名憤怒的（白人男性）海軍陸戰隊退伍軍人大聲斥責你。然而「集中營」是富蘭克林．德拉諾．羅斯福總統[5]一直使用的詞彙，直到納粹弄臭了這個稱呼。詩人艾梅．塞澤爾[6]在談到集中營時表示，希特勒其實套用了歐洲殖民主義的做法。

4 譯注：傑西．傑克遜（Jesse Jackson, 1941.10.08—）是美國著名的黑人公民權領袖暨浸信會牧師。

5 譯注：富蘭克林．德拉諾．羅斯福（Franklin Delano Roosevelt, 1882.01.30—1945.04.12）是美國第三十二任總統，荷蘭裔美國人。

6 譯注：艾梅．塞澤爾（Aimé Césaire, 1913.06.26—2008.04.17）是中美洲加勒比海地區法國殖民地馬提尼克出身的黑人詩人、作家及政治家。

在那之前，這種方法只專門用在
阿爾及利亞的阿拉伯人、印度
的苦力及非洲的黑人身上。

如果「拘留營」是「集中營」的婉轉說法，或許「美國™」本身也是一種婉轉說法。

美國總統接受這種婉轉說法並不奇怪，但是曾到加州大學柏克萊分校演講並且大大激勵你的傑西・傑克遜——他是馬丁・路德・金恩的同伴、總統候選人、全國彩虹聯盟（National Rainbow Coalition）的領導人——他無疑知道「美國™」只是一種神話，是粉飾奴役制度及其後果的推銷話術。在這種神話中，黑人一直努力爭取成為與白人完全平等的美國人。對某些人而言，或許這就意謂著必須主張「美國™」並拒絕與難民有任何牽扯。

難民也一樣，努力想要進入美國™的難民不會拒絕它或批評它（像你這種忘恩負義的人除外）。難民聲稱自己是移民，因為美國人知道移民象徵著什麼。想在美國市場和西方市場出版自己的移民事蹟的人，以下是幾個步驟：

第一個步驟

在舊世界的艱苦生活——生活貧困、戰火連綿、父權制度、仇同性戀、宗教迫害、獨裁政權等。

如果美國™曾插手導致了任何動亂，千萬記得隻字不提，或者以輕描淡寫的方式帶過，或者指出其他國家做得更糟。

第二個步驟

在新世界的艱鉅挑戰——語言障礙、文化誤解、種族歧視和屈尊俯就，以及必須從經濟底層或接近經濟底層開始努力，地位只優於（有時可見的）黑人和（通常不會被提及的）原住民。可以溫和地批評甚至擁抱美國的種族主義和資本主義，只要不抱持明確的非殖民主義或馬克思主義，而且實現第四個步驟（如下詳述）。

第三個步驟

描繪世代衝突——父母不理解他們的美國化孩子，在美國出生或在美國長大的孩子不理解他們在舊世界成長的父母。將世代衝突描繪為個人差異、家庭緊張和文化衝突的結果，而非造成數百萬人顛沛流離的殖民化的直接後果，因為那些事件通常是由美國™煽動的。

第四個步驟

心靈得到撫慰——你的祖父母已經實現了美國夢™；但如果他們未能實現，你的父母已經實現了；如果他們沒能實現，你實現了。自費出版、自助書籍和非作家身分的回憶錄，一定要露骨地寫出心靈得到撫慰的過程，表現出狂熱的愛國主義是可被接受的。至於希望獲得文學獎的作家，則應該以非常微妙的方式表達心靈得到撫慰的過程，中間夾雜著遺憾與憂鬱，狂熱的愛國主義比較不易被接受。

第五個步驟

請記住，你祖國的人民只是你努力成為獨立個體的背景，你已經不再是將種族、文化或群體傳統當成政治身分的人（但是將這些傳統保留下來，並且當成你的文化身分，是可以被接受的）。你唯一的政治身分是美國人。矛盾的是，這種身分只等同於你這個獨立個體，並不會讓你成為集體的一部分。

加分題

以個人的身分擔任你原本國家的大使，並為他們的過激行徑以及他們與美國™或整個西方互相對立的分歧表達歉意。以明示或暗示的方式假設白人是你的讀者，將食物放進你的標題中，並且／或者大量使用靈性或自然的意象，盡量利用食物來當成文化差異與同化作用的隱喻。舉例來說，你可以這樣寫：

我的未婚夫／未婚妻是在愛荷華州長大的，從小嬌生慣養。我介紹他／她嘗了一碗我母親做的河粉（phở）——這種美味的牛肉湯麵，每個越南人都喜歡……

雖然越南人不需要別人向他們解釋什麼叫做河粉，但是請忽略這一點。不要好奇偉大的美國白人男性小說家費茲傑羅為什麼沒有在《大亨小傳》的初稿中如此寫道：

我拿了一個美味的三明治——用兩片麵包夾著可口食材的食物——給黛西。

永遠不要忘記：你不能假設自己像費茲傑羅那樣，主要是為了自己人甚至為了這個世界而寫作。

你可以有點變化，也許不必把舊世界描寫得太糟，或者也許不必闡述太多世代衝突，但如果變化太大，會使美國人深感困惑，尤其第四個步驟和第五個步驟，這兩個步驟共同構成好萊塢式的結局，所有的錯誤都可以在這兩個步驟中得到修正，個人也能因此獲得肯定。這種美好結局的美國式變體，凸顯出美國™雖然存有缺陷和挑戰，但它是

世界上最偉大的國家

布幕降下。

移民或移民的孩子變成了美國人。

劇終。

是這樣嗎？

當你撰寫《同情者》時，你反對這種移民傳奇。你在一片享有特權的綠洲裡書寫了兩年，那片綠洲是爸媽提供的。他們支付你上大學的教育費、讓你吃飽穿暖、給你保障，並且透過天主教的教義賦予你道德基礎。你雖然質疑天主教，可是你從中獲得一種公義和一種深具影響力的象徵。爸媽為他人（也就是你）努力不懈地工作和犧牲奉獻，成為你學習的榜樣；他們保護並培養你的自我意識和自尊心，還無償給你能俯瞰日落大道東端的房子的大部分頭期款。那間房子你後來賣給了費茲傑羅的曾孫女。

書寫你的反移民傳奇的物質條件，本身就是移民傳奇的一部分。即使你寫作的空蕩臥室幾乎沒有裝潢、即使你面對空白的牆壁寫作，起碼你有一間可用的臥室。你擁有作家需要的、維吉尼亞．吳爾芙[7]需要的、著名的「自己的房間」。但是請記得：

在維吉尼亞．吳爾芙這位英國作家的例子中，
一位住印度孟買的阿姨每年給她五百英鎊，
讓她得以擁有了自己的房間。

印度——是英國的殖民地。

你擁有的不僅是一個房間——你還擁有一間自己的房子。多麼矛盾！但矛盾是撰寫小說的好題材。你抗拒移民傳奇的加分題和微妙的美好結局，即使你生活在微妙的幸福中。你書中的主角對於（可以接受的）共產主義感到失望，對於（令他困惑的）美國™深表批評。他沒有在故事結尾跑去美國™吃麥當勞的快樂兒童餐，並變成一個熱愛自由、與人疏離、稍微肥胖、有中年危機的人。那些狀況可能會使這本書令人困惑的觀點更易於被紐約的文學編輯所接受。但是，相反地，正如紐約的某位編輯所說的，他

沒辦法跟著
本書的主角
走到結局。

這就是為什麼在十四位編輯中有十三位拒絕了你的這本小說嗎？你書中的主角是不是太異質了？太奇怪了？是不是你雖然用英語表達，但是依舊十分怪異？即使在《同情者》出版之後，還是有另一位美國白人編輯問你，你的作品之前有沒有被翻譯成英文。

7 譯注：維吉尼亞・吳爾芙（Virginia Woolf，1882.01.25—1941.03.28）是英國作家，被稱為二十世紀現代主義與女性主義的先鋒。《自己的房間》（*A Room of One's Own*）為其知名的長篇散文。

你唯一可以肯定的，是買下這本書的
第十四位編輯彼得．布萊克斯托克[8]
不是美國人而是英國人。
他是混血兒，他的母親是馬來西亞人。
他主修俄語和德語，在為格羅夫出版社擔任編輯，
出版了美國版的法蘭茲．法農的《大地上的受苦者》[9]
和《黑皮膚，白面具》，這些都是關於革命和去殖民化的作品，
你過去三十年來一直研究並重提的領域。也許
這些理由讓他在你的小說中看到了一些
其他美國白人編輯看不到的東西。

你拒絕移民故事，是因為它會讓人看不清美國™殖民者的殖民主義及殖民者對革命理想的頻繁
背叛。你的一些移民同胞或難民同胞也拒絕移民故事，但他們的理由不同，他們是基於一個在川普
時代被放大的理由：

那些移民和難民
打算關上他們身後的大門。

一位年長的越南難民在談到川普的難民政策時表示：

我說，他打算把穆斯林拒於門外是正確的做法……我們是好的難民，但穆斯林和我們不一樣，他們不是政治難民。有兩種人想來美國——想尋求自由的人，以及想破壞自由的人。

噢，多麼高尚的情操！噢，熱愛自由又英勇的越南人，屈膝於美國™面前，吹響自己的號角，排擠膚色更黑、更棕、更不值得信任且在金色大門拜錯神明的人！噢——

你突然想到：你成長的地方，是僅次於加利福尼亞州橘郡小西貢的全世界第二大越南難民社區。你依然記得

8 譯注：彼得・布萊克斯托克（Peter Blackstock）是格羅夫大西洋出版公司（Grove Atlantic）的副總裁兼副發行人，於二〇一一年從倫敦搬到紐約定居。

9 譯注：《大地上的受苦者》（*The Wretched of the Earth*）是法蘭茲・法農於一九六一年出版的著作。

那裡曾經有很多不好的越南難民！

在自己族群的經濟體系中一邊領取福利，一邊賺取現金？一邊領取政府的住屋津貼，一邊將房子出租給更貧窮的難民？利用假結婚以獲得移民身分？利用假離婚以單親身分扶養孩子來獲取額外的好處？為了保險金而偽造車禍和傷害、治療不存在的病人以詐取政府的補償？虐待孩子和妻子？歧視美國士兵生下的亞美混血孩童，包括那些被家人當成美國護照而且有時還會被家人拋棄的孩童？毆打及搶劫難民同胞，並且偷竊晶片、勒索商家、經營妓院和販毒？暗殺報導對祖國不利消息的記者？回老家假裝自己是有錢人，但真實身分只是餐廳的雜工？交女友、養情婦或娶二房，過著雙面人生，或者為了在老家過甜蜜的生活而完全拋棄了移居海外的家庭？

你們做了這些事，但讓我把話說清楚：這些事十分精采！

如果沒有這些行徑，你還能寫出什麼樣的故事？

義大利裔美國人的生活也相當多采多姿。

想像一下沒有《教父》[10]或《四海好傢伙》[11]的美國™——根本難以想像！

黑手黨的故事
就像反面的美國夢™，
因為犯罪早已美國化，就像蘋果派、
就像美國人竊占別人土地還稱其為天命，
就像美國奴役別人，還有……好了，先不談這些。

上述那些多采多姿的行徑，現在都已經被人遺忘，或者就算沒有被人遺忘，也沒有被人提起。相反地，美國人頌揚你們的人民，以證明偉大的美國™願意接納不受歡迎之人；你們的人民也頌揚自己，以證明移民也能獲得傳奇般的成功。

儘管如此，一九七五年那時候
大多數的美國人都不想接受
來自東南亞的難民。

10 譯注：《教父》(*The Godfather*) 是一九七二年的美國黑幫電影，根據作家暨編劇家馬里奧・普佐 (Mario Gianluigi Puzo) 於一九六九年出版的同名小說改編而成。

11 譯注：《四海好傢伙》(*Goodfellas*) 是一九九〇年的美國黑幫電影，根據作家尼古拉斯・派勒吉 (Nicholas Pileggi) 於一九八五年依真人真事撰寫的作品《*Wiseguy: Life in a Mafia Family*》改編而成。

反對移民的美國人忘了這件事，並表示他們只想要好的移民，雖然現在的好移民是以前的壞移民。

正如一位移民所說的：

拿到公民身分之後，我要做的第一件事

就是爬到自由女神像的最高處，

望著這片土地，

然後大喊：

去你媽的，

移民！！！

隆納・雷根廳[1]

爸媽總是拿壞難民的事來警告你。爸媽很怕自己的同胞，因為在他們的老家那邊，小偷會拿手榴彈闖進住家和店面，而且越南的警察也不一定是好人，所以「新西貢」剛開張的時候，爸媽還說如果遇到打劫千萬不能報警。

你學會了不敢多看某些越南男孩或男人一眼。那些人嘴裡叼着香菸，用吹風機、造型慕斯和髮膠將頭髮雕塑得引人注目，他們可能是流氓。

他們究竟從哪裡學到那些暴力行為？來自曾當過兵的兄弟、叔伯、父親？戰爭給那些家庭帶來什麼樣的後座力？美國的退伍軍人至少還能得到「創傷後壓力症」（post-traumatic stress disorder）的診斷，但難民團體什麼都得不到。那種難以啟齒的創傷，只能像羞恥的祕密繼續存在著。

1 譯注：隆納・雷根（Ronald Wilson Reagan, 1911.02.06—2004.06.05）是美國第四十任總統及第三十三任加利福尼亞州州長。他在踏入政壇之前曾任運動廣播員、救生員、報社專欄作家和電影演員。隆納・雷根廳（The Ronald Reagan Room）是洛杉磯的強納森城市俱樂部（Jonathan Town Club）裡的宴會廳。

那些做出欺詐行徑的難民，有些人純粹就是罪犯，但也許有些人是從戰爭中學會了欺騙和剝削。美國人用美國的商品淹沒你的家園、大幅提升通貨膨脹，使得誠實的士兵無法養家活口。隨著戰爭腐蝕了整體經濟，墮落變成一種生存的方式。

至於那些成為醫生、律師、工程師、護士、藥劑師、牙醫等專業人士的難民，試想如果他們是那些想把其他難民和移民拒於門外的白人，他們的成就會有多高？

當有些人說他們願意接受好的難民和移民時，他們真正想要的只是極少數的特殊難民與移民。

首先，你必須相信

美國™是

人人平等自由的國家，

並相信難民和移民

也能像其他美國人一樣

平凡普通。

你懷疑地看著你現在九歲大的兒子，他開朗、調皮、在美國出生長大，被郊區的生活方式所軟化。他在成長過程中不會因為看著父母為他犧牲奉獻而感到焦慮，但是你也沒有被那種焦慮所影響。他不會被灌輸天主教教義中的罪惡感和自願受苦的欲念，也不會相信沒有受苦的人應該要受苦或理應受苦，因為你只有在聖誕節的時候才會帶他去教堂陪他的祖父母參加彌撒。他在成長過程中不會有戰爭和淪為難民的經歷來形塑他人生的各種面向。他是美國人，很幸運地可以擺脫過去的一切。

但是這些必須加以糾正。

你告訴他，他擁有的一切都是來自祖父母的犧牲。你告訴他，他的父母和四位祖父母都是難民。你還告訴他，淪為難民不見得完全是壞事。

難民的身分賦予你
成為作家不可缺少的
情感傷害。

那簡直是無價之寶。你已經
竭盡全力將那種傷害傳遞給
你那對世界毫無戒心的兒子。

他和許多小男孩一樣喜歡玩樂高積木，而且總是想要擁有更多，但是你不可能給孩子們想要的一切。你從小就知道不可能想要什麼就有什麼，而且你也安安穩穩地長大了，不是嗎？

你告訴你兒子他不能擁有那些樂高積木，然後問他：你知道為什麼嗎？

不是嗎？

他思考了一會兒，說：

因為你是難民？

你是糟糕的父親嗎？

不要回答這個問題。

完全正確！

學會對別人有同情心永遠不嫌太早，包括對那些讓某些公民覺得不舒服的難民。等你兒子稍大一點時，你打算告訴他更多關於他的祖父母如何倖存的經過。在他三歲那年，他從幼幼班放學回家後提到了感恩節，你便教他一個詞彙：「種族滅絕」。

你將會告訴他：

好與壞是兩兩一組的，其中一個的存在，暗示著另一個也存在。這種兩兩一組的事物迫使人們在兩者之間做出選擇，並排除第三種選擇。你將會告訴你兒子他的祖父母如何追求美國夢™並且開設了「新西貢」，結果卻被那個告示抨擊：

又一間美國商店
被越南人
搶走了生意

爸媽是少數族群的模範生。　　爸媽也是黃禍。

刻板印象：一枚硬幣有兩面，兩面一樣平坦，兩面都準備好
被旋轉或輕拋，兩面出現的機率各半，非此即彼。
這種刻板印象的想法沒辦法只選擇
這一面或那一面。
因為兩面是一體的。

你是少數族群的模範生。　　你也是黃禍。

你是亞洲版的哲基爾博士和海德先生[2]。
你的異化形式
來自你本身。

身為少數族群的模範生，你可能藉著努力工作來獲得你的成就，然而在全球疫情期間突然被視為不可或缺的勞工（農場工人、肉品工廠的工人、貨運司機）也很努力工作，他們的努力卻不能保證成功。而且就算努力工作，仍可能被別人說懶惰。主人會說奴隸懶惰，即使奴隸已經被主人逼到活活累死。刻板印象中那些懶惰的墨西哥人，也會嘲笑他們國家負責摘採蔬果的工人，認為那些工人只能做別人認為自己太優秀而不屑做的工作。

如果擁有恰當的人脈，甚至可能不需要努力工作。爸媽就是你的人脈，保障你什麼都不必擔心，只需要在各方面服從他們。媽甚至過度讚美你，那是她愛你的表現，讓你被毫無根據的自信緊緊包圍。

雖然你是亞洲人，但你有
一種消極且不勞而獲的
特權：你不是黑人。

儘管戰爭讓你被種族歧視及殖民化深深灼傷，但你們許多人並沒有將這種經歷與其他人的經歷連結起來。只有當種族歧視和殖民化影響你們的時候，你們才會反對種族歧視和殖民化，這表示你們並不是真的反對種族歧視與殖民化。

你的孩子會有所不同嗎？你兒子在加利福尼亞州一所先進的幼幼班上學，他最好的朋友之一是一個黑人。五歲時，另一個孩子直接用李察・普瑞爾濫用的稱呼來指稱他這位好朋友。為什麼那個孩子會學到這種難聽的字眼呢？是聽到父母、手足、親戚使用？還是從傳播媒體那裡接收來的？

種族歧視的感染有時候可追溯至單一來源，但更常見的源頭是社區傳播，導致種族主義者人數增加，這一點與流行病學家在分析流行疾病時所說的一樣。種族歧視的感染很難確定單一來源，因為種族主義的噴劑早已滲透了美國™。

你無法阻止你的孩子吸收那些詞彙，只能透過教育來為他們施打疫苗。如果你不大聲說出來，即便你身旁只有家人，你依然是促使美國™永垂不朽的同謀。

因此你經常大聲地說出來，你顯然十分擅長

2 譯注：哲基爾博士和海德先生（Dr. Jekyll and Mr. Hyde）是英國作家羅伯特・路易斯・史蒂文森（Robert Lewis Stevenson, 1850.11.13—1894.12.03）的小說《化身博士》（*Strange Case of Dr Jekyll and Mr Hyde*）裡的主角。這本小說講述紳士哲基爾博士在喝了自己配製的藥劑之後，分裂出邪惡的人格：海德先生。

替以前沒有發語權的人發聲

正如《紐約時報》所描述的《同情者》：

親愛的讀者，你有沒有去過越南餐廳或參加過越南婚宴或越南人的家庭聚會？如果沒有，那是你的損失。如果你去過那些場合，你就會知道

越南人並非沒有聲音！
他們真的非常非常吵！

正如阿蘭達蒂．羅伊[3]所說的：
並沒有所謂的「沒有聲音」的人。
只有刻意選擇沉默，
或者寧可聲音不被聽見的人。

對於有權勢的人而言，沒有聲音的人就如同劣於一般人或異於一般人，但那些勢力強大之人正是拒絕傾聽、讓別人沒有發語權進而失去人權的人。他們不願意傾聽，或者只願意聽見他們想聽見的。有權勢的人——人數最少的少數族群——將單一聲音加以神聖化，因為他們不想聽見那些弱勢

族群、那些人數最多的多數族群異口同聲的雜音。有權勢的人只想一次對付一個。你是移民。你是難民。你們是少數族群。你是土著。你只是一種象徵。你。你。你告訴自己：

不要替沒有發語權的人發聲。
而應該廢除無法發聲的環境。

但是想要完全廢除那種環境，可能會是在我們看不到的未來。在漫長的道路上，你認為仍有必要發表演說及撰寫論文並且大聲疾呼。如果你不發聲，也許其他人會開口，有人會樂於為沒有發語權的人發聲，但他們會以婉轉的說法重述移民的故事和美國™的種種。因此你必須大聲說出口，至少你認為自己必須這麼做，即使這麼做會使你成為一名專業之士，一名專業的越南人，一名專業的難民。但這不算什麼新的困境，正如哈尼夫．庫雷西[4]於一九八五年在他撰寫的劇本《豪華洗衣店》（*My Beautiful Laundrette*）裡提到的專業巴基斯坦人。

「東方是一種職業。」班傑明．迪斯雷利[5]於一八四七年寫道。「來自東方（其定義非常模糊）

3 譯注：阿蘭達蒂．羅伊（Arundhati Roy, 1961.11.24—）是印度知名作家、社會運動人士及左派知識分子。
4 譯注：哈尼夫．庫雷西（Hanif Kureishi, 1954.12.05—）是具有巴基斯坦血統的英國劇作家、電影製片人及小說家。
5 譯注：班傑明．迪斯雷利（Benjamin Disraeli, 1804.12.21—1881.04.19）是猶太裔的英國保守黨政治家、作家和貴族，曾兩次擔任英國首相。

也可以成為一種職業，一種品牌，一個身分，一個問題。」而

理論家賈亞特里．斯皮瓦克[6]說
身分是我們沒辦法不要的一種東西。
在殖民主義和資本主義制度下，身分是
壓迫的根源
剝削的商品
通往解脫的道路
上述這些會同時發生。將身分理解為
這些事情的其中之一，就是誤解了
身分及其複雜的程度。

被烙上「專業越南人」和「專業難民」的印記之後，你以前的問題和危機讓你變成一名發言人，你受邀前往在成為專業人士之前從未被邀請去過的場合，包括哈佛大學在洛杉磯市中心一間私人俱樂部舉行的募款活動。你之所以參加，是因為你虧欠哈佛大學，該校曾經給你一大筆研究獎金。哈佛董事會的會長是猶太人，當他和你及一位哈佛大學的黑人女性職員站在一起時，他對她說：「幾十年前，我們甚至不可能被允許進入這間俱樂部。」

你們都笑了。這就是進步！
但你也忍不住暗忖：當時會允許亞洲人進入嗎？

你是來工作的，你必須有最佳的表現，所以你克制自己，只喝了幾口免費的葡萄酒，即使你很需要酒精，非常需要。晚餐時，你旁邊坐著一位在第二次世界大戰期間曾經為了執行任務而飛越太平洋三十五次的人，他已經將近一百歲，住在卡萊·葛倫[7]位於聖塔莫尼卡海灘的房子裡。也許因為你是現場唯一的亞洲人（你對這種場合並不陌生），而且也是除了工作人員之外最年輕的人，他開始長篇大論地向你解釋為什麼美國™必須在廣島投下原子彈。

這位投過很多炸彈並可能殺死很多人的前飛行員根本沒看你，他沒看見你這個少數族群的模範生為了償還哈佛大學的人情債，臉上保持著微笑，儘管哈佛大學的科學家發明了凝固汽油彈，一種美國經常在亞洲使用的果凍狀汽油，會黏在人的

6 譯注：賈亞特里·斯皮瓦克（Gayatri Spivak, 1942.02.24—）是印度學者、文學理論家和女性主義評論家。
7 譯注：卡萊·葛倫（Cary Grant, 1904.01.18—1986.11.29）是英國電影演員，於美國的好萊塢成名。

皮膚上，還有用來攻擊日本的燃燒彈。被燃燒彈
殺害的老百姓比被原子彈殺害的人數還多。就連
溫斯頓．邱吉爾[8]都表示凝固汽油彈非常殘忍，
美國將汽油彈潑灑在老百姓身上並在韓戰中折磨
廣大民眾令他膽寒。但是邱吉爾前幾年在孟加拉
　施行的政策，也導致了饑荒，因而造成
　　多達三百萬人死亡。

那位老飛行員的妻子比他年輕二、三十歲，她問你為什麼越南人都這麼聰明。她說，一定是遺傳學的緣故。她不是開玩笑。你面無表情地回答她：「我認為是因為食物。」她似乎不討厭這種解釋。

你還去參觀了另外一間位於市中心的頂尖私人俱樂部，你以前從來沒有聽說過這種地方。邀請你去的主人解釋，這間俱樂部的客房有時候被會員拿來與情婦幽會，儘管這（很可能）都已經是過去的事了。「嗯。」你回答，並對於這種欺騙的行徑點點頭。然後你在隆納．雷根廳發表了演說。你穿著深藍色的天鵝絨西裝外套和淺粉紅色的襯衫，想起了阮越清在《同情者》裡寫的幾句話：

我讓內心的顫抖平靜下來。我正近距離接觸
　世界歷史上最危險的指標性生物，
　　穿著西裝的白人。

你決定不在演說中提到這幾句話，改提起洛杉磯的警察局。那段臺詞總會引人發笑。

可是沒有人笑。

你覺得都是阮越清的錯。

餐廳的牆上掛著像克林．伊斯威特[9]這種偉大白人男性的肖像。你帶來的客人（或證人）是一位女性朋友，柔伊。她去化妝室時，其他女性問她是不是你的情婦。

在品嘗菲力牛排時，你獲邀申請會員資格。主人對你說，這個俱樂部需要更加多元。他們提到市中心俱樂部高得嚇人的會員費，以及海濱俱樂部有如天文數字的會員費。他們竟然認為你有這種身價（其實你沒有），令你受寵若驚。你想起了格魯喬．馬克思[10]不朽的名言：

願意收我為會員的俱樂部，我都不屑參加。

8 譯注：溫斯頓．邱吉爾爵士（Sir Winston Leonard Spencer-Churchill, 1874.11.30—1965.01.24）是英國保守黨政治人物、演說家、外交家、軍事家、史學家、作家和畫家，曾任英國首相。

9 譯注：克林．伊斯威特（Clint Eastwood, 1930.05.31—）是美國演員、導演、製片人及政治人物。

10 譯注：格魯喬．馬克思（Groucho Marx, 1890.10.12—1977.08.19）是美國的喜劇演員暨電影明星。

或者這句話是卡爾·馬克思[11]說的？卡爾·馬克思確實說過：

統治階級的思想在每個時期都是統治思想，
意即社會上擁有關鍵統治力量的階級，
同時也是社會的知識統治力量。

你喜歡這兩種馬克思主義。卡爾·馬克思主義的信徒也能從格魯喬·馬克思主義中受益，反之亦然，因為歷史既是悲劇也是鬧劇，而不是非此即彼。你是辯證的馬克思主義者，前提是辯證何者為格魯喬·馬克思主義、何者為卡爾·馬克思主義。格魯喬·馬克思主義如果含有一點卡爾·馬克思主義，就會更加有趣；卡爾·馬克思主義對資本主義造成的危險——剝削、疏離、不快樂、世界的徹底毀滅等——提供了比資本家更好的分析。同時，實際上的卡爾·馬克思主義缺少格魯喬·馬克思主義，因此導致太多善意但陰鬱的小說以及惡意且沉悶的政權產生。對於任何具有幽默感或個性荒謬的人，或願意承認即使意圖反對強權濫用的卡爾·馬克思主義在變強大時也可能遭到濫用的人，這種結果都相當致命。

就讀加州大學柏克萊分校時，你暫時忘記了童年時期在電視上看到格魯喬·馬克思主義，專心研讀純粹的卡爾·馬克思主義。那年夏天你讀了《資本論》第一卷，在那之前你和其他幾十名學生一起衝進教職員俱樂部，要求教職員的組成必須更有多元性。當時你還暗中發誓自己永遠不會加入這種討厭的俱樂部！

不久之前，你加入了你任教大學的
教職員俱樂部。

不久前，你重訪加州大學柏克萊分校，
並且在教職員俱樂部裡用餐。

兩位馬克思一定都
對你非常失望。

「道德宇宙的弧線很長，但是它彎向公義。」馬丁．路德．金恩牧師說的這句話經常被人引用，尤其是美國™的擁護者以及想證明自己不可能是種族主義者的人，只因為他們讀過金恩的一、兩篇演講，或者只聽過他說的一、兩句話，或者只看過〈我有一個夢想〉[12]的片段。聽過那場演說，就像

11 譯注：卡爾．馬克思（Karl Marx, 1818.05.05－1883.03.14）是哲學家、政治經濟學家、社會學家、政治學家、革命理論家、新聞從業員、歷史學者，也是馬克思主義的主要創始人，被稱為全世界無產階級和勞動人民的革命導師，國際共產主義運動的主要開創者。《資本論》（*Das Kapital*）為其著作，第一卷出版於一八六七年。

12 譯注：〈我有一個夢想〉（I Have a Dream）是一九六〇年代的美國黑人民權運動領袖馬丁．路德．金恩博士一場極為著名的演講的代稱，得名於他在該次演講中描述他對黑人與白人有一天能平等共存的遠景，並不斷重複說：「I have a dream」。

已經接受了反種族主義的聖餐。所謂的公義是否也包括進入這種俱樂部？如果有更多像你這樣的專業人士拜訪或加入這種俱樂部並且為沒有發語權的人發聲，世界就會變得更美好嗎？

你在市中心的俱樂部演講之後，有一位聽眾在酒吧裡發現了你。她從事全球金融工作，是一名中國人，可能是華裔美國人，甚至可能是移民。你不擅長數學和財務，因為你很幸運地擁有努力工作賺錢的父母，所以不必擔心那些事。當你問她經手的錢大概多少億美元時，她臉上的笑容消失了。數兆美元。她冷淡地回答，也許帶著輕蔑的口吻，也許兩者情緒都有。過了一會兒，她就離開了。

你喝完你的酒之後也走了。你永遠不會加入俱樂部或者再回來。為什麼？反正你已經見識過隆納．雷根廳了。

戰時故事，或者你的一九八〇年代，第一集

你追溯你的虛榮與軟弱的根源、你參觀權力殿堂時的樂趣與好奇心的根源、你對格魯喬‧馬克思主義和卡爾‧馬克思主義矛盾的根源、你身為一個可能是間諜、臥底、鬼魅的雙面人的根源，也追溯了你的難民身分和你在隆納‧雷根時代的成長期。隆納‧雷根也是一個雙面人，也許是二十世紀後期《沉靜的美國人》和《醜陋的美國人》的終極化身。隆納‧雷根曾是B咖演員、一九八〇年至一九八八年的美國™總統、共和黨的聖人及《邦索的睡覺時間》[1]的配角（主角是一隻黑猩猩）。他這些身分定義了你的童年期和青春期，那些年你遭受了成為作家所需的必要情感傷害，至少是你這種作家需要的。

你的一九八〇年代與你在聖荷西的日子重疊。你在聖人隆納‧雷根結束加利福尼亞州州長任期之後三年來到聖荷西，並在那裡從一九七八年住到一九八八年。加利福尼亞州是全美五十州裡最大的一州，如果不把無形的第五十一州納入計算：否認州（the state of Denial）[2]。你成年後大部分的

1 譯注：《邦索的睡覺時間》（*Bedtime for Bonzo*）是一九五一年的美國喜劇電影，由弗雷德‧德‧科多瓦（Fred de Cordova, 1910.10.27—2001.09.15）執導，主角是一隻名叫佩吉（Peggy）的黑猩猩。

2 譯注：由於英文的「state」字既是「州」也是「心態」，作者在這裡開玩笑地表示全美第一大州是「否認州」（the state of Denial），以諷刺美國人普遍存有「否認事實的心態」。

時間都在大洛杉磯地區度過，但聖荷西仍舊是你的情感核心，你的情感核心與爸媽密不可分。你母親完全做她自己之後，那十年是她在美國的歲月中第二長的時期。在你的一九八〇年代，爸媽總是高高在上，令你生畏，那種畏懼不知從何而來，可能是來自高聳巨大的自然力量。你幾乎沒想過爸媽也曾經是小孩子、曾經虛弱或者會生病，除了你母親告訴過你關於饑荒的事。

可能是早晨、下午或傍晚，日光從客廳的窗戶及紅色的天鵝絨窗簾照進屋裡。雖然爸媽總是不停地工作，你還是有機會與媽一起坐在紅色絨布沙發上，那張紅色絨布沙發看起來就像電視上西部電影裡的妓院會有的沙發，那些電影裡有脖子上戴著蕾絲頸環的康康舞女郎，她們會翻起蓬蓬裙，露出以吊襪帶繫著的長筒襪。由於你和媽一起坐在客廳沙發上的時機不多，因此你記得在你大概十歲或十一歲的時候，你會幫媽拔白頭髮。媽叫你幫她拔白頭髮，拔一根就給你五美分。她一直試著用鏡子檢查自己的頭頂，或許她真的需要你幫忙，或許她只是想陪伴你。或許她知道你很快就會進入尷尬的青春期，到時候你既不是小男孩也不是年輕男子，但那時候你還只是一個小男孩，很黏媽，享受她用長長的指甲輕輕搔你的背。對你而言，她不是一個完全獨立的個人，而是一個你可以很自然大方地黏著她的人。

自從你哥哥上大學之後，家裡變得更安靜了。媽從化妝包的小型修容組裡拿出一把鑷子，她的化妝包是個比鞋盒稍大一點的米白色盒子，看起來像一個堅固的手提箱，蓋子上有金屬製的彈簧鎖。當彈簧鎖啪地一聲打開後，你可以看見化妝箱裡有一系列神祕的蜜粉，以及瓶瓶罐罐和化妝用品，但是你對那些東西都沒興趣。你檢查你母親長長的波浪狀捲髮，在黑色的髮絲中看見幾根白頭髮。

當時你根本不會想到，將來有一天你也會有白頭髮。你以右手笨拙地拿著鑷子，用左手撥開白頭髮旁邊的黑頭髮，噘起嘴巴，試著用鑷子的尖端夾住那根有罪的頭髮。那根頭髮的根部緊緊抓著頭皮，你擔心會弄痛媽，不過只要輕輕一拉，那根頭髮就輕易地被你拔掉了，使你暗自發出滿意的驚嘆。你在光線下盯著那根頭髮根部的毛根鞘時，媽保持著沉默。

我看到一個孩子死在門口，媽開口說。

也許她不是在你拔掉第一根頭髮後說的，也許是在你拔掉第三根或第四根頭髮之後才說的，但她說了這句話，沒頭沒尾地，因為你永遠不可能主動談論死去的孩子，而且你也沒有足夠的同情心關心你母親的童年。你和媽與爸的對話內容僅限於你的課業、飲食、宗教信仰和你的行為。你僅限幾百字的越南語能力尚不足以讓你嘗試理解爸媽的語言。

她說：很多人死於饑荒。

或者你以為你記得

她當時這麼說。

你從她頭上拔掉白髮，她則在你心中播下種子。你不明白她在說什麼，但是你把她說的事情歸類為如果你沒離開越南就可能發生在你身上的可怕傷害，包括遭到迫害、歧視、被柬埔寨的地雷炸死、對一切感到絕望，加上現在提到的因為饑荒而死。

你一直到很多年之後才想到：媽看見那個餓死的孩子時，她的年紀可能還不超過七、八歲，比你替她拔白頭髮時還小。然而你替媽拔白頭髮時，根本無法想像媽曾經也是一個孩子，像你一樣。

許多年後，在你試著了解自己是誰以及從哪裡來的時候，讀到了第二次世界大戰末期在越南北部造成一、兩百萬人死亡的大饑荒，那場饑荒是由占領越南的日本引發，並由殖民越南的法國促成。當時越南北部的總人口只稍微超過七百萬人。

七分之一的人口餓死，相當於你兒子的班上有兩個孩子死去、你工作的部門有八位同事死去、你教書的大學有三千名大學部學生死去。

你不知道媽為什麼突然提到這段回憶，是她尋找到這段回憶，還是這段回憶尋找到她。你應該要放下鑷子並擁抱媽，就像你九歲的兒子在問到你關於媽的事情時看見你想到她過世的反應而主動擁抱你，可是你沒有這麼做，因為你們家的人不會彼此擁抱。

你像平常一樣，
什麼話都沒說，繼續
尋找白頭髮。再拔幾根，
你就有錢買下一期的《蜘蛛人》。

是否因為這些偶爾從媽口中說出的故事（你不記得爸說過這一類的故事），讓你覺得家裡怪怪的？還是因為你很怕黑？一定有很多事情讓你父母感到害怕，甚至一直困擾他們，但爸媽似乎從不害怕。直到現在你終於明白，那是他們表達愛你的方式：他們保護你，永遠不讓你看到他們害怕的樣子。

數十年後爸告訴你，當他第一眼看到「新西貢」後來的所在位置時（那裡原本是一家牛仔褲店），他就非常想擁有那個地方。他以極不流利的英語打聽那棟建築物的屋主是誰，並且打電話給屋主，說服對方賣給他，然後去申請貸款。

聖人雷根總統和共和黨一定都會
欣賞爸媽，但不至於邀請爸媽
去他們的俱樂部。因為那種
特權只保留給你。

爸媽從不領取社會福利，也從不需要政府發給貧民的食品券，雖然他們需要美國政府將他們從共產主義中解救出來，除了在一九七五年，還有在一九五四年，當時美國海軍在「自由之路行動」[3]

3 譯注：美國海軍的行動名稱，指越南人從共產黨統治的越南民主共和國（北越）逃往南越（越南國，後來成為越南共和國）的大規模遷徙。

中用升船機[4]將他們送往南方。也許難民們相信那些船隻會把他們載往未來，但也許有些人已預見他們自己和那些船一樣，會不斷地回到過去。

你第一次讀到升船機是在湯瑪斯·杜利[5]十分暢銷的回憶錄《救我們脫離凶惡》（*Deliver Us from Evil*）。這本書深受歡迎，你六年級教室的書架上就有這本書。儘管現在已經幾乎沒有人記得杜利，但他在一九五〇年代是一位兼具海軍上尉、年輕醫生和愛國天主教徒等身分的美國英雄，前往印度支那並幫助受苦受難的印度支那人，包括

從北方的共產主義地獄

逃往南方的

悲慘、病弱、可怕的殘廢越南難民。

你想像杜利站在一座高山上，凝望著位於海岸線後方的海軍艦隊，說：

所有越南人都夢想著自由、為自由而奮鬥……

在稻田裡辛苦工作的人們，彎著腰低著頭，

面對著爛泥；沒衣服穿的孩子們在雨季中
玩耍；瘦小的水果攤販以及失去手腳的
窮人在荒谷般的市場上乞討要飯。
他們都有一個夢想：
擁有自由。

自由！還有其他詞彙比這個字眼更能使美國人的頭腦短路嗎？（還有「超大」這個詞彙。美國人喜歡超大的各種事物，包括他們的上帝、他們的美元、他們的遠景、他們的高速公路、他們的房子、他們的汽車、他們的夢想、他們的槍枝、他們的性器官、他們的健忘、他們的天真，以及他們自己的神話。）無論「醜陋的美國人」和「沉靜的美國人」在政治觀點上如何分歧，他們都同意這個世界需要超大的自由（再加上一點軍事武器，因為美國是世界上最大的武器賣家）。

湯瑪斯．杜利是什麼樣的美國人？對於大多數的美國人而言，他是反共產主義且熱愛自由的偶像，但也是渴望名聲的未出櫃同性戀者，美國海軍藉此脅迫他鼓舞美國人民參與印度支那事務。他的故事裡有絕望的印度支那人與殘酷暴力的共產主義者，符合美國™講述的冷戰故事，爸媽也在「美

4 譯注：升船機（Boat lift）是一種用於在航道上運送船舶以克服不同水位差的機械設備。

5 譯注：湯瑪斯．安東尼．杜利三世（Thomas Anthony Dooley, 1927.01.17 — 1961.01.18）是一名美國醫生，他在美國參與越戰初期就在東南亞擔任美國海軍軍醫，以其人道主義和反共產主義政治活動而聞名，因癌症早逝。

國如何將全世界送到應許之地」這個有史以來最偉大的故事中擔任臨時演員。

美國兩次營救爸媽，是美國™對於挑起一場不必發生的戰爭的敷衍賠償方式，因為美國現在與表面為共產主義的越南關係十分良好。然而反共產主義是美國的信仰，包括爸媽在內的大多數越南難民都是虔誠的追隨者。反共產主義者認為這世界只分成反共和親共、好的與壞的，這種世界觀沒有中間地帶，沒有解除軍備區，完完全全符合虔誠的天主教教義及其對天堂與地獄的願景。

不知何故，在你的一九八〇年代，你對這種世界觀心生抗拒，後來演變為對所有的正統信仰抱持懷疑。你讀六年級的時候，聖博德學校要每一個不是來自美國的學生繪製自己祖國的國旗以茲紀念，你翻開《世界百科全書》，看見越南的國旗是一大片紅色的田野上有一顆黃色的星星。你在家裡仔仔細細地在老師給你的白色海報板上畫上星星，然後將海報板塗成紅色、將星星塗成黃色。爸媽因為工作太忙，沒有過問你這項家庭作業或者任何作業，而且你根本幾乎很少跟他們說話。在這種情況下，你到隔天才發現自己很不聰明。另一個年級的一個越南學生理解這份作業的意義，她畫的國旗被選為代表你的祖國：一大片黃色的田野加上三條紅色的條紋：越南共和國[6]的國旗。她和你都出生在那個反共國家，但那個國家如今早已不存在。你畫的紅色國旗是你們敵人的旗幟，你似乎在不知不覺中已經成為共產主義的同情者。你既不是「醜陋的美國人」也不是「沉靜的美國人」，而是非美國人。

一九八〇年代的反共主義和反對非美活動的內戰和外戰浪潮，於一九八九年十一月柏林圍牆倒塌時達到最高峰，當時你剛從你的最後志願轉學到加州大學洛杉磯分校就讀大二。「戈巴契夫先生，推倒這堵牆！」[7]聖人雷根總統說。拆牆和築牆其實都源自同樣的心態：

對他人的恐懼，
對不順從美國之人、非美國人、反美主義者的恐懼。
對非美國式的罪行或非常美國式的罪行的深深恐懼。
這種罪行該如何定義，取決於你的觀點。那些
你對他人做過的事或你想對他人所做的事，
你很害怕會發生在你們美國人自己身上。

拆掉圍牆，好讓你這邊的人
去征服另一邊的人；築起圍牆，
好讓你這邊的人擋住另一邊的人，
即便差異早已

6 譯注：越南共和國（République du Viêt-Nam）的國旗旗面為黃底，中間有三條紅色條紋。一九七五年越南共和國滅亡後此旗被廢除，在越南國內遭到禁用（與越南戰爭有關的宣傳電影除外），然而越南以外的反共越南裔移民（尤其是越南船民的後裔）仍廣泛使用此旗作為民族象徵。

7 譯注：「戈巴契夫先生，推倒這堵牆！」（Mr. Gorbachev, tear down this wall!）摘自美國總統雷根於一九八七年六月十二日在西柏林發表的柏林圍牆演說（The Berlin Wall Speech）。

一直在你的國家裡，甚至
早在你遇見你所謂的「其他人」之前。

在一九八〇年代，你沒有與你父母進行政治方面的對話。你已經意識到他們所不知道的事：在談到與上帝有關的宗教及反共主義話題時，就算你當時還不是無神論者或不可知論者，也是一個情感冷漠的人。不過你並不喜歡衝突，或許是因為你是孝順的孩子，也可能是因為你是膽小鬼，或兩者都是。你隱約覺得自己將來會變成一個無神論兼共產主義的三流作家（也許有人這麼認為），但你暫時假裝是聽話的兒子，依照父母的命令去做。

你哥哥已經上大學了，
你父母告訴你哥哥，
說你不願意做他們
希望你做的事。

你能相信誰說的話？

不要回答這個問題。

一九八二年當你哥哥告訴你他即將去念哈佛大學時，你沒有替他感到開心，儘管你在他的高中畢業派對上顯得為他高興。當時你十一歲，覺得自己又被拋棄了。當東哥告訴你他申請到哈佛大學的消息時，你沒有高呼哈利路亞，反而哭著跑進浴室。「你不再愛我了！」你在你哥哥到浴室找你時哭著表示，儘管你從來沒有對任何人說過「我愛你」。你父母從來沒有對你說過「我愛你」。越南難民蘇樂[8]甚至將他的回憶錄命名為《白人才會說我愛你》（*I Love Yous Are for White People*），儘管許多白人告訴你，他們有歐洲人的堅毅血統，歐洲父母也不說「我愛你」。

但即使你家裡沒有人會說「我愛你」，你仍知道爸媽和你哥哥是透過行動（就算沒有透過話語）、透過犧牲和被犧牲、透過奉獻他們的身體、心靈、時間與幸福、透過放棄他們原本可以擁有的快樂與事物、透過效法耶穌（犧牲自己）而非效法上帝（犧牲祂唯一的兒子）來愛你，這就是為什麼你會對你哥哥說出：「你不再愛我了！」

你讓你哥哥哭了。自從爸媽在某年平安夜遭持槍歹徒搶劫以來，你就沒有看過你哥哥掉眼淚。你們不是會哭泣或表現出情感的人。也許你讓東哥感到內疚了，後來他對你表達愛的方式，就是買爸媽不會買或甚至根本不會想到的東西給你：你人生中第一次吃到的香蕉船冰淇淋、你的第一臺電腦、你的第一組啞鈴、你的第一套立體音響和喇叭。你和你第一任女友J開始約會時，你哥哥告訴爸媽你在他家過夜，但實際上你是和J在一起。這就是愛。

8 譯注：蘇樂（Lac Su）是越南裔美國作家、製作人暨全球智庫 TalentSmart 的行銷總監。

爸媽十幾歲的時候就結婚了，可是他們不贊同美國青少年十幾歲就開始約會的作風。他們認為這樣太輕佻也太危險，會讓你無法專心受教育並且關心未來。他們擔心可能會影響你功成名就的任何潛在威脅，因為他們來自全力培育天主教徒和共產主義者而聞名的貧窮農村，儘管天主教徒和共產主義者經常相互對立——而且對彼此充滿敵意——但是雙方都相信公義、苦難和平等的三位一體，以及救贖、犧牲和烏托邦的三位一體。

你父母是忠誠的天主教徒。

至於你，你希望自己是忠誠的作家。

爸媽遵循《聖經》，從永恆的來世得到安慰，這是合乎邏輯的。他們在越南的人生因遭到殖民、經歷饑荒、戰爭、貧窮及淪為難民而留下不可磨滅的印記，因此他們向上帝和聖母瑪利亞祈禱，紀念每一位逝去的親人，包括爸媽離開家鄉後過世的親人。由於你當時年紀太小，所以不記得當媽的母親在八千七百六十英里外的家鄉過世時，媽哭得多麼傷心，也不記得她因此被送進位於哈里斯堡的醫院。

你母親後來回家了，可是

你並不記得媽回來。

她只是再次出現。

或許你還記得她的悲傷，也記得某種強大的東西使你母親消失，導致你恐懼且無法理解。你不想感受任何強烈得足以將你肢解的情緒，即使那種情緒與愛是分不開的。你母親對她母親的愛，因為太過強烈而將她肢解了。

也許你哭泣是因為你從未忘記被父母拋棄的經歷，即使你不曾向他們提起，甚至不曾向自己提起，而且爸媽實際上並沒有拋棄你。由於你不想再經歷被人拋棄的感覺——因為你不想要一九八二年你在你哥哥面前啜泣時的感覺——因為你完全不想要有痛苦的感覺——所以你在往後的二十三年都不會再哭泣。

其實你在一九九〇年曾再次掉下眼淚，但是經過幾十年，你早已忘了自己哭過。

你哥哥上大學之後，家裡變得寂寥又安靜。你們家與大多數的越南家庭不同，大多數的越南家庭通常會有四個、五個、六個甚至更多個孩子，可是你們家是小家庭，只有兩個（親生的）孩子。

「我們很想生小孩。」爸媽告訴過你許多次。

爸媽通常不太提到他們的過去，可是他們喜歡談論這件事，只是不會多談細節。你平時生動活潑的想像，因此徒留一片空白。他們在努力過程中覺得有趣嗎？覺得不有趣嗎？你只知道他們嘗試了很多年。

他們說：我們每一個週末
都去向聖母瑪利亞祈禱。

當祈禱和努力失敗時，他們從修女經營的孤兒院領養了他們的第一個孩子，雪姊，你的姊姊。倘若上帝真的存在，祂可能因為爸媽領養了一個女孩而給予他們獎勵，讓爸媽在不久之後就生下你哥哥。

又過了七年，你人生中最重要的事件發生了：

你的誕生。

你希望爸媽在嘗試懷你的過程中覺得有趣。

你已經忘了你記不記得自己有個姊姊，因為你最後一次見到她是在你四歲的時候，你也不記得在那之後你對她的記憶存留了多久。你不記得爸媽或你哥哥是否曾在你面前談論過你姊姊的事。但是你記得你在一九八〇年第一次想起她，當時你已經九歲，她寄了一張她的照片來給你們。許多越南難民家庭都有被他們拋下的家人的照片。那些缺席的家人，是活生生的鬼魂。

你感到悲傷。你感到沮喪。
你感到內疚。因為你在這裡，而她不在。

媽是不是也因為從越南逃離、
因為她母親過世時她未能陪伴在側、
因為拋下她領養的女兒而內疚？

也許每一個安全逃走的難民
都懷有倖存者的內疚。

也許每一個倖存者都無法忘懷
那些以缺席之姿存在的人，並想像
自己在平行宇宙中未能成功逃離的處境。
如果你是被拋下的人，會有什麼樣的感覺？
如果你是別人生活與記憶中的留白，
會是什麼樣的感覺？

如果你對於你的姊姊或者你
原本的國家沒有任何印象，

你姊姊會有什麼樣的感覺？

爸媽又會有什麼樣的感覺？

這是一個戰時故事。

另一個戰時故事：一九五四年，爸拋下他的家人，跟著媽的家人搬遷到南部。你父親八十八歲的時候，你終於問他離開家人是什麼感覺。

當時只有你們兩人共進晚餐。到了晚年，你以前嚴格又勤奮的父親，變得溫和、孱弱、親切。根據他的個人資料，他的年紀是八十六歲，但實際上他出生於一九三三年年底，而不是一九三五年十月。

越南人通常不會慶祝生日，除了一歲和八十歲的生日，因此你父親在淪為難民的緊張時刻，面對詢問你出生日期的公務員，誤將你的出生月分寫成三月而不是二月其實並不奇怪。對一個雙面人而言，有兩個生日是完美的事。

來到美國™的越南難民有時候可以讓自己重生，根據他們對繁文縟節或虛榮心態的需求，能讓自己變得比較年輕或比較年長。

身為難民總免不了需要穿越時空。

在一個國家活在一個時空，到另一個國家又活在另一個時空。但最重要的是活在當下時還要思念著過去。過去的一切總是偷偷潛伏著、總是縈繞在心頭。

在共享你為你父親準備的三分熟菲力牛排和紅酒晚餐時，你問他：「為什麼您的家人沒有和您一起來美國？」當時他的家人包括他的母親、父親、三個弟弟和一個妹妹。

爸笑了一笑，看著他的盤子，沒聽見你說什麼，或者假裝沒聽見。

他拒戴助聽器。

你沒有繼續追問。

他還能有什麼感受？

他為什麼一定要對你說出口？

你還記得你小時候看過一張黑白照片，那張照片擺在客廳那個沒有放書的書櫃上，照片裡是你父親和他的弟弟們。許多年來你從那張照片前走過，卻從未發現那張照片根本不可能存在。爸最後一次見到他的弟弟們時，他們都還只是孩子，而他自己則是個年輕人，但那張照片裡卻站著四名中年男子。

然後，有一天，那張照片吸引了你的目光，也喚起你的記憶，你才終於看見照片上那道鋸齒狀的線條。照片的一邊是爸的弟弟們並肩而立，另一邊是爸。爸將兩張照片接合在一起，然後放入相框。他終於可以和他的弟弟們在一起。

你盯著那道鋸齒狀的線條許久。

那個相框和那張照片現在已經消失了。你父親什麼時候決定不再需要那張照片了？你問他是否還記得那張失蹤的照片，那張他和他的弟弟們團聚的照片。

爸笑了笑，搖搖頭說：不，我不記得了。

你沒有追問，因為他已經放手了。
你已經忘了那麼多事情，
因此你很清楚：遺忘
也是一種祝福。

說出我的名字，或者你的一九八〇年代，第二集

你忘記了某些事（情感上複雜的事）
但沒有忘記其他的事（歷史上複雜的事），或起碼你這樣告訴自己。
你告訴自己：歷史與你同在，因為你的名字。
你非常越南，因為你的名字裡有

越

你每天都看到和聽到你們越南人的名字，因此你怎麼有辦法忘記過去、忘記你從哪裡來、忘記你的母語？為確保你永遠不會忘記，你的姓氏是一個朝代的名稱，那個朝代如此受到歡迎，以致越南大約有百分之四十的人口擁有這個姓氏，在越南國內和海外的阮姓人士加起來有四千萬人。在海外，阮是澳大利亞排名第七的常見姓氏，那裡是阮姓人士的故鄉和僑居地，宛如國家中的國家，甚至可說是一個國家。在墨爾本的電話簿裡，姓阮的人數僅次於姓史密斯的人。

如果你在美國出生，很可能會被

取名為喬治・華盛頓。電視真人實境節目
《何氏一家》（*House of Ho*）的主人翁是一個
住在休士頓的富裕越南裔美國家庭，那家人的
兩個兒子分別名叫華盛頓和雷根。你們這一輩的人
有一個越南裔名人叫湯姆・武（Tom Vu），他
製作了靠投資房地產致富的資訊型廣告[1]，
廣告中會有身上只穿比基尼泳裝的
白人女性，和湯姆・武一起
在遊艇上尋歡作樂。

湯姆・武曾是美國最知名的越南人，當時你還只是個孩子。有一次學校的校外教學要去加利福尼亞州灣區的蒙特瑞市校外教學，行程包括前往國防語言學院[2]訪問。那所學校負責教導軍方人員各種外語，使他們成為對文化敏感度更高的士兵、審訊者和入侵者。

布魯斯・史密斯

那裡有一個年輕、客氣、戴著眼鏡的紅髮白人男子，一個沉靜的美國人。他身上穿著越南長襖，越南語說得比你還流利。他將你的越南姓名翻譯成英文：

但是你比較喜歡喬治・華盛頓這個名字。

在越南語中，你的名字，阮越清，其實更具有特色。清，是你父親的名字，被嫁接到你的名字上，使你與其他人有所區分，包括相當多名叫阮越「一」的罪犯。你在美國™的文件中獲得重生，變成了越清・阮。你姓名裡原本的變音符號來自羅曼語，羅曼語是由葡萄牙傳教士所創造，並由法國統治者加以推廣。那些變音符號對西方人而言有點太過陌生，尤其當那些字母與越南人的名字連結在一起的時候。

但法語字母上的重音符號會造成問題嗎？

當然沒有問題。

其他的美國人還是覺得你的名字很難發音或拼寫，你看過非常多次別人把你的姓氏「Nguyễn」拼寫成「Nugyen」或「Nyugen」，可是你從來沒想過要改名，因為你是

1 譯注：資訊型廣告（infomercial）是一種播出長度與一般電視節目相同的電視廣告，通常為三十分鐘至一小時，播出時段多為電視臺收視狀況較差或家庭主婦較常看電視的上午、下午或深夜時段。

2 譯注：國防語言學院（Defense Language Institute）是美國國防部的語言教育和研究學院，為美國國防部提供語言與文化培訓。

百分之百的越南人

……直到你的父母決定成為美國公民。

媽第一次考試沒有通過。她參加能決定你公民身分的口試時，你就坐在她旁邊。你覺得你可以通過那種考試，因為你的英語是完美的，你接受的美式教育也是完美的：喬治·華盛頓和櫻桃樹、貝特西·羅斯[3]和國旗、保羅·里維爾[4]的騎行、蘋果籽約翰[5]、保羅·班揚和寶貝[6]。你是百分之百的美國人！但你的父母是什麼人？

他們成為公民之後改了名字，令你大感驚訝。阮玉清（Nguyễn Ngọc Thanh）變成了約瑟夫·清·阮（Joseph Thanh Nguyen），阮氏七（Nguyễn Thị Bẫy）變成了琳達·金·阮（Linda Kim Nguyen）。約瑟夫和琳達在人生旅途中遇到美國™，刪去了他們姓氏的變音符號並改了名字。他們很清楚自己是誰，因此即使他們和越南人在一起時使用一個名字、和美國人在一起時使用另一個名字，也不會覺得自己分裂。

但你是混種的孩子，在你明白身為越南人是什麼感覺之前，就已經從你原本的國家撤離並在美國™重新扎根。你是越南裔美國人，具有越南血統的美國人。根據有些人的說法，你已經被白人同化了。根據其他人的說法，你是一根香蕉：外面是黃色，裡面是白色，與椰子、蘋果和奧利奧巧克力餅乾[7]一起被擺在美國超市裡展售，而且賣掉的商品不會真的售罄，因為貨源會持續補充。

因此，當爸媽問你是否要改名字時，你猶豫不決，但是你試了好幾個不同的名字。這個如何？

特洛伊

也許你想到一九五〇年代的萬人迷演員特洛伊・唐納荷[8]，也許你想到的是珍・芳達[9]的兒子特洛伊，她兒子特洛伊（Troy）的名字取自越南的革命者阮文追（Nguyễn Văn Trỗi），阮文追於

---

3 譯注：貝特西・羅斯（Betsy Ross，1752.01.01—1836.01.30）在美國被廣泛認為是首位製作美國國旗的人。

4 譯注：保羅・里維爾（Paul Revere, 1735.01.01—1818.05.10）是美國獨立戰爭時期的愛國者，最著名的事蹟是在列星頓和康科特戰役（Battles of Lexington and Concord）前的午夜警告義勇軍英軍即將來襲。

5 譯注：約翰・查普曼（John Chapman, 1774.09.26—1845.03.18）是美國苗圃匠人先驅、西進運動時代的傳奇人物，綽號為「蘋果籽約翰」（Johnny Appleseed）。

6 譯注：保羅・班揚（Paul Bunyan）是美國民間傳說中的巨人樵夫，寶貝（Babe）則是他飼養的巨型藍牛。

7 譯注：椰子、蘋果和奧利奧巧克力餅乾都和香蕉一樣，被用來貶稱「內化為白人的其他膚色人種」，其中椰子是指棕色皮膚的南亞人、蘋果是指紅皮膚的印第安人、奧利奧巧克力餅乾是指黑皮膚的非裔人。

8 譯注：特洛伊・唐納荷（Troy Donahue, 1936.01.27 — 2001.09.02）是美國電影和電視演員，一九五〇年代和一九六〇年代的性感偶像。

9 譯注：珍・芳達（Jane Fonda, 1937.12.21—）是美國女演員，曾於一九七二年與一九七八年獲得奧斯卡最佳女主角獎。美國男演員特洛伊・格雷提（Troy Garity, 1973.07.07—）為其子。

一九六四年因企圖暗殺美國國防部長羅伯特・麥克納馬拉[10]而遭到處決。也許你想到的是奧萊爾夫婦（D'Aulaires）創作的《希臘神話》裡的特洛伊，那雄偉的、革命的、古典的特洛伊城邦。

如果你把名字改為特洛伊，你將永遠無法成為能寫出這些字句的作家。然而在另一個平行宇宙中，你可能會是一名新聞主播、企業律師或房地產經紀人，名叫

特洛伊・威恩

你不知道最早是誰認為「阮」（Nguyễn）的發音最接近英語中的「威恩」（Win），但這在越南裔美國人之間開始流行起來，「威恩」擊敗了Neh-goo-yen或no-win或Nooyen。有一些越南裔美國人甚至改變他們姓氏的拼法，以接近越南語的發音。你十幾歲的時候在《星際爭霸戰》[11]裡看到法蘭絲・威恩[12]，感到既興奮又困惑——她是越南人嗎？她是！她是你在電視螢幕上看到的第一個越南人，她的角色是一個綠皮膚的外星人，在碰到男性時會流眼淚，並使對方愛上她。

為了減少格格不入的感覺而改名字，反而會顯得尷尬。不是嗎？

但有人會責怪以下這些人改名字嗎？

寇克・道格拉斯[13]，原名伊蘇爾・達尼洛維奇（Issur Danielovitch）。

麗塔・海華斯[14]，原名瑪格麗塔・卡門・坎西諾（Margarita Carmen Cansino）。

湯尼・寇蒂斯[15]，原名伯納德・赫歇爾・舒瓦茲（Bernard Herschel Schwartz）。

瑪麗蓮・夢露[16]，原名諾瑪・珍・莫滕森（Norma Jeane Mortenson）。

還有約翰・韋恩，原名馬里恩・羅伯特・莫里森（Marion Robert Morrison）。

美國™是重新形塑、自我創造、美妙虛構的神奇之地，任何人——任何人——都可以成為名人、電影明星、總統，因此越南人不應該有不同的衡量標準。然而你無法輕易成為特洛伊・威恩的原因，是因為你不是白人。上述那些電影明星都是白人，或者可以被認定為白人——白人和可被認定為白人的人之間，界線有時候並不清楚——然而亞洲人冠上一個不屬於亞洲人的姓氏，就會引起混亂。

---

10 譯注：勞勃・麥納馬拉（Robert Strange McNamara, 1916.06.09—2009.07.06）是美國商人及政治家，曾於一九六一年至一九六八年擔任美國國防部長。

11 譯注：《星際爭霸戰》（*Star Trek*）是美國一九六〇年代的電視科幻影集，首集於一九六六年九月八日星期三於國家廣播公司（NBC）播映。

12 譯注：法蘭絲・威恩（France Nuyen, 1939.07.31—）是出生於法國的美國女演員、模特兒和心理諮商師，她的母親是法國人，父親據說是越南人。

13 譯注：寇克・道格拉斯（Kirk Douglas, 1916.12.09—2020.02.05）是猶太裔的美國好萊塢電影演員。

14 譯注：麗塔・海華斯（Rita Hayworth, 1918.10.17—1987.05.14）是美國女演員，一九四〇年代紅極一時的性感偶像，具有西班牙血統。

15 譯注：湯尼・寇蒂斯（Tony Curtis, 1925.06.03—2010.09.29）是美國一九五〇年代的知名演員。

16 譯注：瑪麗蓮・夢露（Marilyn Monroe, 1926.06.01—1962.08.05）是美國女演員、模特兒和歌手。

亞洲人改名也不同於其他人改名，就像法國人有時候會把你的姓氏拼為「N'Guyen」一樣。你可以把「Macron」（馬克宏[17]）拼成「Makron」，或者把「de Gaulle」（戴高樂[18]）拼成「Degaw」嗎？就算他們來到你的國家，你也不能這麼做。如果大家有辦法說出和拼出電影明星提摩西・夏勒梅[19]的名字，那麼就應該有辦法說出和拼出Nguyen，甚至應該拼出Nguyễn，因為那是法國殖民者賦予你的變音榮耀，夏勒梅也是法國人的後裔。

如果夏勒梅、史瓦辛格[20]、季辛吉、
羅斯福和歐巴馬都是美國人的姓氏
——如果川普也是其中之一——
那麼阮也是美國人的姓氏。

因為你相信語言的力量，所以你不能改變代表你身分的姓氏，這個姓氏的拼法已經向美國™妥協。你保留了你已經美國化的姓氏，當成你實際上具有混種身分的標誌。你拒絕被一種可能對你這種亞洲人充滿敵意、心存懷疑或漠不關心的文化完全同化。是的，美國™改變了你，但你也試著改變美國™，哪怕只是讓這個國家說出你的名字、哪怕只是藉著成為寫出一本不怎麼偉大的美國小說的作家。

17 譯注：艾曼紐・馬克宏（Emmanuel Macron, 1977.12.21—）是法國第二十五任總統。

18 譯注：夏爾・戴高樂（Charles de Gaulle, 1890.11.22—1970.11.09）是法國第十八任總統。

19 譯注：提摩西・夏勒梅（Timothée Chalamet, 1995.12.27—）是美國演員及製片人。

20 譯注：阿諾・史瓦辛格（Arnold Alois Schwarzenegger, 1947.07.30—）是奧地利裔美國演員、政治人物和前職業健美運動員，曾任加利福尼亞州第三十八任州長。

關於你的母親，或者你的一九八〇年代，第三集

一九八〇年代在你心中堆滿困惑與情感的沉澱物，需要你花幾十年的時間來一一過濾。在篩檢那些感受時，你學會了如何成為一名作家。那些困惑和情感至少有一部分來自見證爸媽在美國度過人生最艱困的那十年，以及你母親從二〇〇五年開始病重且從此再也沒有恢復的那十三年。

你哥哥是醫生，他告訴你媽的診斷結果。

他說了兩次，可是你記不得或忘了她那麼多種藥物的名稱，所以你請他寄電子郵件給你，以便你寫下來並記住那些藥名。

「重鬱症」。東哥寫道。

其他部分就不提了。

你沒有見證那十三年的每一天，只有爸獨自面對，不過一九八〇年代的每一天你都在場，直到一九八八年你去讀最後志願的大學。你將你為數不多的物品裝進東哥那輛本田小型轎跑車，由他開車載你沿著五號州際公路前往南加州。那是一條漫長又單調的公路，兩邊都是農田、果園和牧場。

對於選擇這條路線的人而言，唯一的好處在於它是開車穿越加州中部最快的公路。你的目的地是內陸帝國[1]，該名稱一點也不諷刺。與聖荷西不同，那裡至少有一部由大衛・林區[2]以它命名的電影。雖然那部電影的知名度比不上狄昂・華薇克關於聖荷西的那首歌，可是比較時尚。抵達目的地之後，東哥為你買了床單、枕頭套和腳踏車。他還送你他大學時期的立體音響喇叭，那組沉重的木箱你保存了三十年。你的父母給你很多東西，包括一個電鍋，但那個電鍋在你第一學年結束時就已經變成一個實驗室，你在沒吃完的米飯上培養出黑色的黴菌。

你很高興能夠盡可能遠離聖荷西，儘管聖荷西距離你所在的內陸帝國只有三百三十英里遠。直到許多年之後，你才感覺到某種程度的羞愧，因為爸媽為你犧牲了那麼多，你卻選擇逃走來回報他們。

但事實的真相是，你在聖荷西的那段歲月傷害了你。造成傷害的原因是什麼？你後來的老師湯亭亭[3]於一九五〇年代成長於距離聖荷西只有幾小時車程的史塔克頓市。她說：

---

1 譯注：內陸帝國（Inland Empire）是美國南加州的一個都會區，位於洛杉磯以東。

2 譯注：大衛・林區（David Lynch, 1946.01.20—）是美國導演、編劇、製片人、作曲家及攝影家，其電影作品風格詭異，多帶有迷幻色彩，屬於超現實主義。他於二〇〇六年拍攝了一部實驗性的心理驚悚片，片名取為《內陸帝國》。

3 譯注：湯亭亭（Maxine Hong Kingston, 1940—）是華裔美國女作家，出生於美國加利福尼亞州，籍貫中國廣東。

華裔美國人，當你試著理解自己哪些部分來自你的
中國人身分時，要如何區分哪些是你童年時期
特有的因素：貧窮、精神失常、某位家人、用故事
影響你成長歷程的母親，以及哪些是中國人特有的因素呢？
哪些是中國人的傳統，哪些只是電影情節？

至於你，你如何從青春期和睪固酮、高雅文學和色情書刊、聖荷西和好萊塢中掙脫你家庭與生活的特殊性？你個人有哪些不尋常的事？你切割了哪些東西？

離開聖荷西意謂著不要撰寫與它有關的事，將時間和空間擺放在它和你中間。你的高中同學彼得·馬萊（Peter Malae）在他的小說《我們是什麼》（*What We Are*）中寫道：「矽谷就是洛杉磯減掉二十年。」或許這就是為什麼你在洛杉磯生活二十年之後，終於發現回聖荷西是可以忍受的，即便你覺得不舒服。

在這二十年裡，你回聖荷西只為了探望父母，但那些場合讓你感到窒息，覺得自己像一個來到消費主義城市的外星人。那座消費主義城市裡的人不斷地工作、購物和養育孩子，直到死去，或者你是這麼認為的。但也許你就像是馬萊那本書裡的旁白者，他說：

我是土生土長的矽谷之子，

雖然我的行為與態度
否認這個事實。

一九八〇年代，矽谷正慢慢地誕生。蘋果公司開始統治世界。在聖荷西的某個地方或每個地方，越南難民在工廠的生產線或在家裡以家庭代工的方式焊接晶片，其中一些晶片最後會出現在爸媽為了表示他們沒有忽略你而在你讀中學時買給你的電動玩具及偶爾另外花三十美元或更多錢購買的遊戲卡匣裡。馬萊是薩摩亞人，他的父親和叔叔都在越南與美國™作戰。他描繪出你對聖荷西象限的感覺：

開車經過聖荷西的亞倫岩區，其破敗的巷弄難以辨識，
每個街角都有來自哥倫比亞的人騎著腳踏車和摩托車、
或在等公車。墨西哥餐廳門上貼著墨西哥出戰阿根廷的
足球比賽海報。交通改道的標誌被人從礫石堆中拔起，
丟棄在大太陽底下。越南餐廳裡坐滿了越南人，
他們彎著腰，吃著熱氣騰騰的麵條和米飯。
還有少數幾個迷途的白人，用叉子進食並且
大聲聊天，你甚至可以在餐廳外聽見聲音。

由名叫蒂芬妮．黎（Tiffany Le）和蜜雪兒．阮（Michelle Nguyen）
的女性經營的美容院，用粉紅色的油漆將她們名字以英語和越南語

寫在櫥窗玻璃上，搭配花邊裝飾。當肯甜甜圈（Dunkin' Donuts）
店裡沒有客人，維也納速食店（Wienerschnitzel）的三角造形
依舊醜陋。沃爾格林藥局（Walgreen's）、七六加油站、7-Eleven，
在地平線附近的亮黃色山麓出現的速度，比太陽還稍慢一點。

你在一家汽車經銷商旁邊右轉，將車子駛向你父母在南聖荷西買下的美國夢™之家。他們於一九八七年搬到這個中上階級的新社區，這個社區裡的房子幾乎都一模一樣：兩層樓高、灰泥牆、西班牙式的瓦片屋頂、綠色的草坪、兩千三百平方英尺的使用空間，位於亮黃色山麓底端的一條安靜的死巷，距離每一條高速公路都很遠。爸媽找了搬家公司（這種決定本身就是一種奢侈）將你的物品搬到新房子裡，那間新房子感覺像豪宅，客廳有高聳的大教堂式天花板。舊家的紅色絲絨沙發已經丟掉，取而代之的是全新的白色皮革家具，與白色牆面互相映襯，讓人想起《邁阿密風雲》[4]的時尚風格。

你的房間在二樓，那個房間是前任屋主的育嬰房。有人曾試圖移除與嬰兒有關的裝飾物，結果使屋況變得更糟，在低矮的天花板留下一道壁紙撕破後的殘留物，壁紙的圖案是以粉蠟筆繪成的打鼓泰迪熊。經過三十多年後，那些泰迪熊仍然存在。

你父母已經不再經營「新西貢」，而是把它租給別人，並在隔壁開了一間珠寶店。南第十街七百五十九號感覺變得非常遙遠，但是你每個星期天參加完越南彌撒之後回家時都會經過那裡。每

個週末及每一次回聖荷西陪爸媽去參加彌撒都看見那間棕色的房子，並無法讓你更輕易寫出它的故事。最後你寫了一個關於那間房子和那段時光的短篇小說，故事中的母親很像媽但父親不像爸。那個故事名為《戰時年代》，因為你無法將「新西貢」的年代與戰爭的陰影加以切割。

你永遠不會忘記媽告訴你有一個拿手榴彈的搶匪如何試圖搶劫他們在邦美蜀市阿瑪長龍街的商店。當時你只有兩歲，因此不記得那個拿手榴彈的人，也不記得阿瑪長龍街。那是你與暴力（或者死亡）的第一次接觸嗎？

你第二次接觸死亡，是家鄉遭到
入侵，因而搭乘難民飛機
逃離西貢。

你第三次接觸死亡，是當你還是個
孩子時，你在南第十街闖紅燈，
被一輛小卡車撞上，小卡車的司機
緊急剎車，你被撞飛了十英尺或

4 譯注：《邁阿密風雲》（*Miami Vice*）是美國一九八四年至一九八九年間播映的犯罪動作影集，男主角唐・強生（Don Johnson, 1949.12.15—）經常穿白色西裝外套搭配白色長褲。

十五英尺遠。你不是聰明的孩子。在你與死亡擦身而過後，慌張的小卡車司機帶你到出事地點附近的便利商店，買了一輛玩具車以及一些泡泡糖送給你。那種泡泡糖的包裝紙內側，還印有連環漫畫的圖案。

你第四次接觸死亡是和爸媽在一起，
你終於體驗並記住了他們的人生
有時候會遇到的狀況。

當時是你十一年級的夏天，你十六歲，開始覺得自己像個年輕人。你用隱形眼鏡取代你從小學二年級開始戴的眼鏡，你的頭髮不再由你父親替你剪，而是開始尋找手藝完美的髮型師。你在大美洲主題公園打工，爸每天從「新西貢」請假一小時開車載你去上班，以證明他很愛你。你搭乘公車回家，毫無怨言地吃爸媽準備好的晚餐。

吃完晚餐並收拾餐桌之後，你會幫忙核對當天的帳目。餐桌上擺滿鈔票、硬幣、支票，偶爾還會有匯票，其中有半天的收入是來自食物券和婦女、嬰兒和兒童的配給券，以及「撫養未成年兒童家庭援助」[5]的配給券。

「撫養未成年兒童家庭援助」的配給券是大大的黃色票券，而食物券則像大富翁遊戲中的鈔票一樣五顏六色。你將紅色墨水注入印臺，然後在每張配給券、食物券和支票背面蓋上「新西貢」的店名和地址；你將現金分類，在帳簿裡輸入金額。你按計算機的時候不必看著按鍵。

你已經記得那些按鍵的位置。

你不覺得你們家有錢，甚至不覺得你們是中產階級，儘管你們屬於中產階級或優於中產階級。你父母不給你零用錢、不讓你買時髦的衣服或帶你去度假，可是你從來不必擔心挨餓。你上私立學校，你從圖書館借書，不過在你到大美洲主題公園打工之前，除了課本之外沒有買過書。你後來用打工賺來的薪水買二手書和漫畫書。

為了彌補他們不允許你做的各種事情，爸媽把家裡最大的房間讓給你睡。那間主臥室可以看見高速公路的入口匝道。那種奢華與你在電視上看到的不一樣，電視劇裡的主臥室總是保留給父母使

5 譯注：撫養未成年兒童家庭援助（Aid to Families with Dependent Children，簡稱ＡＦＤＣ）是一九三五年到一九九六年美國的一項聯邦補助項目，對貧窮家庭的子女進行經濟上的援助。

用。從一九五〇年代開始，《天才小麻煩》[6]、《父親最了解》[7]和《奧茲和哈麗葉的歷險》[8]等電視劇都是由面帶笑容的快樂白人擔綱，那些父母帶著漂亮的孩子生活在具有品味的中產階級家庭，從他們家的窗戶看出去不會看見高速公路。從一九六〇年代和一九七〇年代開始，《脫線家族》[9]、《鷓鴣家庭》[10]和《歡樂時光》[11]提供了更多相同的內容，差別只是白人家庭從原本的黑白畫面變成了彩色畫面。那些家庭一樣不會看見高速公路。

那些以充滿異國情調的方式來展現白人
穿什麼、吃什麼及聊什麼的節目，
究竟是幻想還是現實？

你也喜歡看以黑人為主角的喜劇：《傑佛遜一家》[12]、《好時光》[13]、《小淘氣》[14]、《桑福德父子》[15]，甚至以墨西哥裔美國人為主角的《奇科與男人》[16]。不過，沒有以和你長得相像的亞洲人為主角的喜劇。

你們家也沒有什麼有趣的笑料。王穎[17]可能會拍一部關於你家人在棕色房子裡生活的電影，他在一九八〇年代的電影作品《吃一碗茶》[18]和《點心》[19]捕捉了中國移民生活的幽閉恐懼和掙扎，那些家庭沒有音樂或笑聲。無論在真實世界或者在電影裡，移民家庭都只有很多眼淚，但很少喜悅。

在一天結束時，你父母都因為太疲倦而無法感到喜悅。難民的生活並不有趣，不是嗎？

6 譯注：《天才小麻煩》（*Leave It to Beaver*）是美國的電視情境喜劇，於一九五七年十月四日至一九六三年六月二十日在美國廣播公司（ABC）播出，共六季。

7 譯注：《父親最了解》（*Father Knows Best*）是美國的電視情境喜劇，於一九五四年十月三日至一九六〇年五月二十三日播出，共六季。

8 譯注：《奧茲和哈里葉的歷險》（*The Adventures of Ozzie and Harriet*）是美國的電視情景喜劇，於一九五二年十月三日至一九六六年四月二十三日在美國廣播公司播出，共十四季。

9 譯注：《脫線家族》（*The Brady Bunch*）是美國的電視情境喜劇，於一九六九年九月二十六日至一九七四年三月八日在美國廣播公司播出，共五季。

10 譯注：《鷓鴣家族》（*The Partridge Family*）是美國的電視情境喜劇，於一九七〇年九月二十五日至一九七四年三月二十三日在美國廣播公司播出，共四季。

11 譯注：《歡樂時光》（*Happy Days*）是美國的電視情境喜劇，於一九七四年一月十五日至一九八四年九月二十四日在美國廣播公司播出，共十一季。

12 譯注：《傑佛遜一家》（*The Jeffersons*）是美國的電視情境喜劇，於一九七五年一月十八日至一九八五年七月二日在哥倫比亞廣播公司（CBS）播出十一季，共二百五十三集。

13 譯注：《好時光》（*Good Times*）是美國的電視情境喜劇，於一九七四年二月八日至一九七九年八月一日在哥倫比亞廣播公司播出六季。

14 譯注：《小淘氣》（*Diff'rent Strokes*）是美國的電視情境喜劇，於一九七八年十一月三日至一九八五年五月四日在國家廣播公司播出八季。

15 譯注：《桑福德父子》（*Sanford and Son*）是美國的電視情境喜劇，於一九七二年一月十四日至一九七七年三月二十五日在國家廣播公司播出六季。

16 譯注：《奇科與男人》（*Chico and the Man*）是美國的電視情境喜劇，於一九七四年九月十三日至一九七八年七月二十一日在國家廣播公司播出四季。

17 譯注：王穎（Wayne Wang, 1949.01.12—）是出生於香港的美籍華人導演，其妻為香港小姐暨女演員繆騫人。

18 譯注：《吃一碗茶》（*Eat a Bowl of Tea*）是一九八九年的電影，改編自作家雷霆超（Louis Hing Chu, 1915—1970）的同名小說。

19 譯注：《點心》（*Dim Sum: A Little Bit of Heart*）是一九八五年的電影。

窗戶上加裝鐵條並不有趣。
爸在睡覺前會檢查所有門窗並不有趣。
告訴你陌生人上門時不可以開門並不有趣，
尤其被拿手榴彈的人搶劫並且在平安夜遭到槍擊之後。

那陣敲門聲發生在一個夏日的傍晚，屋外仍有日光。你的父母已經換上工作結束回家後所穿的休閒服，爸穿白色背心和寬鬆短褲，媽穿半透明的睡衣，你們都打赤腳。你不記得自己穿什麼，但很可能是你自認為很酷的衣服：印有衝浪圖案的圓領衫、將褲腳摺到腳踝處的藍色牛仔褲。這種打扮才能讓你跟上高中時期的流行時尚。

你們都聽見了敲門聲，因為你們家從來不播放音樂，也不收聽廣播新聞或電視新聞，而且在準備晚餐或吃飯時都不打開電視機。除了耶和華見證人的傳道士之外，沒有人會未經通知就到別人家。你們三人都往前門走去，前門距離廚房只有幾步之遙。媽最先走到門邊，她從窺視孔看了一眼，以不標準的英語問：「啊囉？」

「有個包裹需要你們簽收。」門外的人說。

如果對方是一個陌生的越南人，媽絕對不會開門。她之所以開了門，是不是因為對方是白人？

是不是因為對方說英語？即便對方根本不是郵差。

媽拉開插鎖，從微開的門縫往外看，沒想到對方立即將門推開，他藏在背後的東西不是包裹，而是一把槍管又長又細的黑色左輪手槍。持槍者有一頭深金色的頭髮，身上穿著褪色的藍色牛仔夾克。對你而言他的年紀有點大，但現在中年的你回頭看，就會覺得他很年輕，也許只有二十來歲。他拿槍指著媽、指著爸、指著你，大喊：「趴下！」

在那漫長的一秒鐘裡，沒有過去也沒有未來，只有當下和那把槍。那把槍的槍管至今仍然歷歷在目，點二二口徑，口徑非常小，不像《緊急追捕令》[20]裡哈利．卡拉漢拿的點四四麥格農左輪手槍。你不敢表現出害怕的樣子，因此沒有尖叫、乞求、哭泣或說話。這種事情怎麼可能發生在你身上？這不可能是真的。當爸跪下時，你也跟著跪下。

一部分的你覺得自己不會死。另一部分
的你認為自己必死無疑，因為你
不想遭到羞辱。

20 譯注：《緊急追捕令》（*Dirty Harry*）是一九七一年的美國動作犯罪驚悚片，劇情描述由克林．伊斯威特飾演的舊金山警局重案組督察哈利．卡拉漢（Harry Callahan）追查一名連環殺手的故事。

持槍者將注意力集中在你和你父親身上，因為你們是家裡的男人。那個可憐的傢伙，他不是專業的搶劫犯，儘管他已經夠專業，有辦法尾隨著爸媽從「新西貢」回到我們家。如果他是真正的專業搶劫犯，他會無視站在他身旁的媽嗎？他是不是以為她是一個軟弱又歇斯底里的女人？他是不是因為她是那種英語不好的亞洲女性而忽視她？他可能在看電視時隨機見過非常多次那種在街道、市場和妓院場景裡出現的年長、無名、沉默的亞洲婦女，那些婦女在《蘇絲黃的世界》[21]和《櫻花戀》[22]等以年輕迷人的亞洲女性為主角的電影中擔任配角。

他低估了媽。

許多人都看錯了她，

包括你。

媽站在門邊，發現持槍者只盯著跪在地上的你和爸，沒有留意她的舉動，於是發出一聲非常驚人的尖叫，那個人以及爸和你都嚇了一跳，因此全部都愣了一會兒，媽抓緊機會從持槍者身旁跑到屋外，而且一路上繼續尖叫。

那個人吃驚地轉身，開始追趕媽。你很慶幸他不是專業的搶劫犯，因為如果他是，或許他會開槍射死媽，或試圖開槍，可是他沒有那麼做。當他跨過門檻的那一刻，他背對你們，爸立刻跳起來，砰的一聲關上門並且上鎖，將持槍者關在門外。

還有媽。

客廳的紅色窗簾是拉開著的，那扇窗就像電影院的銀幕，你看見媽在晚間駛向高速公路的車流旁的人行道上狂奔，那些車子裡的駕駛和乘客看見一個穿睡衣的女人在路上奔跑肯定相當驚訝。他們看見那種奇觀時，並不知道她正為了自己的性命而跑。她是為了救自己一命而狂奔。

還有救你一命。

她再次救了你的命。

21 譯注：《蘇絲黃的世界》（*The World of Suzie Wong*）是由英國作家理察．梅森（Richard Mason, 1919.05.16—1997.10.13）所寫的愛情小說，出版於一九五七年，後來被改編成舞臺劇、芭蕾舞劇及好萊塢電影。

22 譯注：《櫻花戀》（*Sayonara*）是一九五七年的美國電影，劇情描述韓戰期間美國空軍戰鬥機飛行員愛上日本知名舞臺劇女演員的故事。本片獲得四項奧斯卡金像獎。

穿深藍色制服的警察在你打完電話不久後就出現了。你們家唯一的電話機掛在廚房的牆上。你們家不是一個愛打電話的家庭，無論你爸媽或你哥哥或你，沒有人喜歡閒話家常或聊天。你有良好的電話禮儀，可是朋友不多，而且沒有朋友會打電話給你。你恭恭敬敬地打了報案電話，告訴受理報案的警察你母親和持槍的歹徒還在外面某處。你已經不記得自己的聲音有沒有發抖。

一列警察車隊抵達後，你負責大部分的談話，因為你當時已經十六歲，而且是唯一的翻譯者，無論你多麼不稱職。帶隊的警官是一個身材壯碩、頭髮灰白的白人男性，他把你爸媽和你叫到餐桌旁。你描述了持槍者的長相與槍枝的特徵，那名警官溫柔地說：「請告訴你父母不要害怕，我現在準備拿出我的槍。」他的腰帶上有兩把武器，一把是已經裝上彈匣的手槍，另一把是槍管很粗的銀色左輪手槍，也許是點三五七麥格農左輪手槍。他解開左輪手槍的槍套，將槍展示給你爸媽和你看，並且拿槍指著其他方向，好讓你們比對槍口與持槍者的武器。「他的槍看起來像這樣嗎？」因為你對槍枝稍有了解，便回答：「那個人拿的是左輪手槍沒錯，可是口徑比較小，而且槍身是黑色。」

你不擔心警察會傷害爸媽或者傷害你，爸媽也毫不遲疑地叫你報警。自從他們開了「新西貢」並且對警察失去信任以來，時代已經改變。他們是有財產的人，將來有一天你也會像他們一樣。他們知道警察會保護像他們這樣的人。

警察搜查了整個街區，不到一個小時，那名警官就請爸媽和你坐進一輛警車的後座，載你們到嫌疑犯遭到逮捕的地方，就在幾個街區外。警官用車頭燈對著嫌疑犯的眼睛，好讓他看不到你們。「是他嗎？」「不是。」你回答，爸媽也同意你的看法。「持槍的歹徒是白人，但不是這個白人。」

最後警方帶著他們的筆錄離開，你們再也沒有聽到這個案子的後續消息。爸也許還留著當初的報案資料，收在他房間的櫃子裡，旁邊擺著他的葬禮計畫書。你母親在街上狂奔的畫面，只保存在你的腦海中。

你很想知道她會不會經常想起自己在人行道上狂奔的時刻，或者從來沒有再想起過。那是她人生中的英勇時刻之一，但也許跟她遭遇過的一切相比，與持槍的歹徒對峙根本不算什麼；或者她從不認為自己的狂奔是英勇的表現，那只是為了生存。或者，指著她的手槍很可能對她造成另一次打擊，形成數十年來不斷擴大的另一道裂縫。

數十年來，你一直很在意這段回憶，可是你從來沒問過她。

在持槍的歹徒用槍指著你們的三十一年後，媽過世了。她的離世並不令人意外，她的訃聞沒有刊登在任何報紙上，但或許在她生命中的最後十三年裡，你一直在腦海中書寫她的訃聞，那些訃聞提到她的重病，包括她人生最後的三年，爸無力再照顧她，因此媽的白天黑夜都在看護人員幾乎全是菲律賓人的記憶照護中心裡度過。你去探望她時，她臉上最初露出的笑容和眼中透出的熟識，一下子就會消失無蹤，然後她會將目光移開，退縮到自己的世界裡。

她是不是什麼都不記得了？
或者什麼都還記得清清楚楚？

你父親支付了記憶照護中心非常昂貴的費用。爸媽這輩子都在為此做準備，節省開銷，如此一來你才不會為了照顧他們而被拖累。你很少得到你想要的玩具，但那有什麼關係？你父母在你童年時從不說「我愛你」，但那有什麼關係？他們很少花時間陪伴你，因為你們都處於移民和難民的典型困境中，但那又有什麼關係？父母為孩子犧牲得越多，他們之間的距離就越遠。

犧牲就是愛。七十多歲的爸獨自攬下照顧媽的責任，拒絕所有的幫助，時間長達十年。正如他在「新西貢」關門後的那幾年最喜歡對你說：他們的婚姻是基於彼此相愛，而不是憑靠媒妁之言。他們選擇了彼此，而且據你所知，六十八年來從未動搖。

「我選對了人。」爸有一天在吃晚餐時這麼說，使媽露出開心又害羞的笑容。「我認識很多女孩子，她們都對我很有興趣，因為我是一名裁縫師，我有一技之長。你們的媽媽不僅長得漂亮，而且聰明又有企圖心。」

爸依然記得這件事。

爸媽談戀愛的世界是黑白的世界，是一個不同的年代，更動蕩也更迷人。當時拍照是一件特殊的大事，因為整個世代的人都因為饑荒和戰爭、分裂和遷移、殖民主義和社會劇變而深受困擾。

你出生在那個黑白分明的時代末期。你沒有問過爸是不是還記得他替你和媽拍的合照。照片中的你只有兩、三歲大，牽著母親的手走在一條路上，那條路位於高大的橡膠樹林間，景緻有如一座大自然形成的教堂。你母親戴著墨鏡，身上穿著花布長襖，髮型是蓬鬆的捲捲頭。那是你和你母親拍過最有魅力的一張照片，那時候的媽幾乎就是你的全世界。她和你再也不會那般迷人。

但是你不記得這件事了。

童年的照片充滿辛酸，父母知道自己依然記得的事，但他們的孩子可能不記得。至於媽，她還記得什麼？如今每一次想到她，你幾乎都會問自己這個問題。

日本導演是枝裕和[1]在他的傑作《下一站，天國！》中探討到這個問題。那部電影的背景是人間與天堂之間的一個小站，來訪者都是最近才死去的人，準備進入來世。他們必須決定自己想要永遠活在哪一段記憶中，站務人員會重現該段記憶並拍攝下來，製作成一部簡短的電影，但那部簡短的電影對於剛剛死去的人而言將是永恆。

這種奇幻的創意根本是天才，因為電影就像記憶，記憶也像電影，所謂的永恆就是不斷重播的記憶。問題是：哪一段記憶？被困在途中的站務人員其實是無法做出決定之人，因而留在被人遺忘的邊緣地帶，負責照料別人的記憶。這也許是不幸，也許是有幸，或者兩者兼具。

如果你現在死去且必須選擇一段永恆的記憶，你可能會選擇照片裡的那個時刻，當時你會說你的母語，你的母親是全世界最有權勢的女性，當你們兩人走向你父親時，你們都還不知道將來會發生什麼事。

這段記憶你也不記得了。

曾經有許多年，媽對你而言一直是全世界最有權勢的女性，就算在哈里斯堡時，當你和你哥哥做了惹她不高興的事情——你忘了是什麼事——她用又細又軟的樹枝鞭打你們兩人，那是你記憶中她唯一一次打你。當時你可能還不到七歲，對著你哥哥傻笑，你哥哥的笑聲讓你母親更憤怒，但她沒有或無法更用力地打你，因為她的力氣早已被全新的美國生活所削弱，或者被她對你和你哥哥的愛所削弱。

你再次看出她的虛弱，是她住進精神病院的時候，而非她最後待在記憶照護中心的那段時間。她在人生很早的階段就住進了聖荷西的亞太精神病院，當時你還只是一個孩子。亞太精神病院的病人都穿著長袍，窩在角落裡喃喃自語。媽不再是她自己，而是那些病患裡的其中一人。那段經歷和記憶深深困擾著你，或者你一直這麼認為。

不知道是幸或者不幸，你在那段時間寫了日記，因為你在某處讀到作家應該寫日記，你幻想成為作家。十八歲那年，你告訴一位大學室友說：費茲傑羅在他二十三歲那年出版了他的第一本小說《塵世樂園》（*This Side of Paradise*），你讀了那本書。你還告訴你的室友你也打算在二十三歲時出版你的第一本小說，他因此相當欽佩你。設定目標是好事，只不過你的目標晚了二十年才得以實現。

你的那本日記顯示出你缺乏才華和紀律，裡面的內容零零散散，只有在高中和大學那幾年斷斷續續地寫了幾篇。在後來的歲月裡，當你回爸媽家、等他們都睡著且屋子裡變安靜之後，你的日記會在一個裝滿學校文件夾和筆記本的牛奶箱裡等你閱讀。那個牛奶箱放在一個堆滿你以前零散雜物

1　譯注：是枝裕和（Kore-eda Hirokazu, 1962.06.06—）是日本電影導演、編劇和製片人。

的衣櫥裡：一件聖博德學校的圓領衫，上面寫滿你每一個同學的名字；你的高中畢業帽；你在高中畢業舞會上穿的西裝外套，你自以為那件西裝外套讓你看起來瀟灑時髦，但現在只覺得它看起來廉價又虛偽。你的房間就像一臺時光機，將你載回你的青少年時期，那個時候你一心只想永遠離開聖荷西。你躺在床上，床上還鋪著當年使用的床單，床頭櫃上放著一杯拉弗格威士忌。你隨後發現那本日記根本是恐怖故事集，以前的你令你感到恐懼。

一九九〇年二月十八日，你在日記裡這樣描述媽的狀況：

媽因為重鬱症而住院。那裡基本上是精神病院，可是十分乾淨，環境不錯，比我平常看到的那些很講究衛生的白人醫院的病房還要好。那個地方感覺更像是療養院，不過每間病房的房門都必須保持敞開，而且訪客帶去的禮物或小東西都必須經過安全檢查。媽目前看起來狀況還算好，她大概過幾天就可以回家了。

什麼才是真的：過去是你現在回憶中那種紛擾不安的模樣，還是你當初寫在日記裡的模樣？

事實上，我幾乎從來沒想過媽。

我想，我不會告訴任何人這件事。

你到底是怎麼回事？
為什麼你那麼沒感情？
你沒感情這件事讓你覺得害怕。

日記裡的下一頁，時間已是超過一年半之後。你在一九九一年十月六日寫道：

我正在讀埃里希．佛洛姆[2]的《愛的藝術》，想要從書中尋找答案。遺憾的是，這本書大部分的內容似乎都只與生活有關，而不是與愛有關。

2 譯注：埃里希．佛洛姆（Erich Fromm, 1900.03.23—1980.03.18）是德裔美籍猶太人，人本主義哲學家和精神分析心理學家。《愛的藝術》（*Art of Loving*）為其於一九五六年出版的書籍。佛洛姆從各個層面探索「愛」：不只是羅曼蒂克、讓人沉浸於錯誤觀念和虛幻期待的愛，還包括親子之愛、手足之愛、男女之愛、自愛，以及對神的愛。

父親昨晚打電話給我。我們自從
這個月一號之後就沒有說過話。
他的口音和我自己的一絲愧疚，
使得他的聲音聽起來有點刺耳，

爸在電話裡說了些什麼，你並沒有記下來。

最後的逗號表示你還沒有把話說完，可是你後來沒有再寫任何字。因為你還不是作家，因為你
不喜歡日記裡的這個人，儘管這個人就是你自己。

這個人缺乏感受力，缺乏愛的能力。
你不想記住這個人。
你很害怕自己依舊是這個人。

你的教育

儘管如此，這個早期版的你，這個寫了恐怖故事的鬼魂般的你，不肯讓你輕易脫身。他的作品已經找到了讀者：你自己。他的作品用你寫給自己的話語記錄下來，歸檔於牛奶箱裡作為自我證明。你越想躲開你母親住在亞太精神病院的那段時間，你的記憶就越能改變它。多年之後，你以為你母親住進亞太精神病院時你還只是個孩子，因為去亞太精神病院探病讓你害怕、讓你變得脆弱。

既然如此，為什麼從你那個時候的日記裡看不出你的恐懼以及你的脆弱？

也許因為你當時是加州大學柏克萊分校的學生，你頭一次覺得自己能夠成為某種目標、某種活動的一分子。一九九〇年的春天，你是大二的學生，剛從加州大學洛杉磯分校轉學到柏克萊分校就讀第一個學期，並且開始修習亞裔美國人的歷史。

你馬上就變得非常偏激。

你想知道為什麼自己從來沒有學過這些歷史，原來並不是你被白人同化了，而是美國™被白人同化了，它所剝削和蔑視的亞洲人被抹去了，迫使許多亞洲地區和太平洋地區的移民和難民來到美國的戰爭和征服也被刪除、編輯或淨化了，包括美國對菲律賓、夏威夷和關島的征服及殖民，以及美國在韓國、越南、寮國和柬埔寨等國的戰爭中所扮演的角色。前述國家中，有很多人都不希望美國插手干預。而你這個來自亞洲的入侵者，明白

亞洲人從未入侵過美國™。
是美國™入侵了亞洲。

你加入了亞裔美國人政治聯盟（Asian American Political Alliance），那是一群和你同樣憤怒和熱情的學生，他們宣稱自己繼承了一九六〇年代後期大學生的志向，拒絕被稱為東方人或亞洲人，並將自己重塑為全新的族群：亞裔美國人。那些亞裔美國人主張自己在第三世界解放陣線（Third World Liberation Front）中的地位，所謂的第三世界解放陣線，是一個由激進學生組成的聯盟，他們相信世界必須憑藉著跨種族和國際間的團結才能得到解放，而且必須反種族歧視、反戰和反帝國主義。你不再是匿名的入侵的亞洲人，你是亞裔美國人，你有了一張臉孔、一種聲音、一個名字、一場運動、一段歷史、一股意識。

一波憤怒。

身為有色人種學生和白人盟友聯盟的一員，你們那些亞裔美國人舉辦了抗議活動，要求在以白人為主的教師群體中以及在忽視你們的歷史和遭遇的課程中增加多元性。你們的抗議不是革命，但無論過去或現在，有些人認為你們的努力會導致國家分裂和西方文明被破壞。

你們的英雄是反殖民主義的革命者、公共事務的知識分子、忠誠的作家和激勵人的教師，你從後者身上獲悉終身教職的驚人概念：終身教職是一種確保學術自由的獎勵，因為享有終身教職身分的教授不會被解僱。

學術界因此吸引了你的目光。

三十年後依然不變。

你在課堂上修習歷史、政治、理論和文學，關注殖民地自治化、革命或抗爭時的活動。你在課堂外學習如何組織人群、建立人脈、計畫抗議活動。你從遊行和集會開始著手，最後你們接管了學校的行政辦公室，然後占領了校長辦公室。你們幾十個人衝進辦公室，席地而坐並拒絕離開。你們高舉拳頭並反覆地高喊：「只要人民團結起來，就永遠不會被打敗！」

你很享受那種美好的時刻！

當時只不過是你第一個學期！

校警用警棍刺你，於是你往後退，從前線退縮到後方。你與其他的抗議者手勾著手，警察便扭拉你們的拇指，直到你們鬆開，防線因而破除。他們強迫你們解散，並將你們逮捕。你被逮捕了兩次，不像大多數的同齡者只被逮捕過一次。

你既然來加州大學柏克萊分校念書，就不怕被警察逮捕。

但是你沒有入獄。你們都是很優秀的大學生，在一次抗議活動中，有一些亞裔美國人還刻意穿西裝、打領帶，以表示自己是正派體面之人。一位有名的公民律師對你們很好，免費為你們辯護，可是他沒有好到讓你們無罪獲釋。沒錯，因為你們確實犯下了兩項罪行：非法侵入和拒捕。

你從加州大學柏克萊分校畢業時，帶著
四項輕罪前科、三張文憑，兩次遭到
逮捕的紀錄，以及一種相信
團結、解放、人民力量
與藝術力量的
恆久信念。

藝術可以解放也可以毀滅。深受歡迎的音樂劇《西貢小姐》[1]使你想起這一點。這齣以歌舞方式重新炒熱《蝴蝶夫人》[2]故事的音樂劇是劇場界的大熱門，內容講述一名亞裔女子愛上一名白人男子，最後犧牲自己的性命，好讓她的孩子可以到西方自由地生活。這齣音樂劇將故事場景從日本移到越戰期間的西貢妓院，劇中有一個名叫「工程師」的角色是歐亞混血兒，但是由白人飾演。那名演員用膠帶貼住眼角，使眼角往上斜。

無論你盯著鏡中的自己多久，
你的眼角始終沒有往上斜。或許
眼角往上斜的人看不到自己的模樣。

你在大學校刊上發表的第一篇文章，內容是譴責《西貢小姐》這齣音樂劇。一位朋友告訴你，某位深受愛戴的英語系教授（你也很喜歡那位教授）不認同你的文章。也許你的文章寫得真的不好，也許你是野蠻人或庸俗之人，也許那位教授把你誤認為別人。

也許那個別人是另外一個阮越清，也主修英語。他的身材矮小，是同性戀者，長相和你完全不

1 譯注：《西貢小姐》（*Miss Saigon*）是由克勞德－米歇爾・勛伯格（Claude-Michel Schönberg）與亞蘭・鮑伯利（Alain Boublil）共同創作的音樂劇，於一九八九年九月二十日在英國倫敦的皇家歌劇院（Theatre Royal）首演。

2 譯注：《蝴蝶夫人》（*Madama Butterfly*）是義大利作曲家普契尼（Giacomo Puccini）創作之歌劇，以美國作家約翰・路德・朗（John Luther Long）的短篇小說《蝴蝶夫人》為故事藍本。

同，或者看起來和你一模一樣（這點取決於看的人是誰）。另外一個阮越清的教授不喜歡他，在你申請研究所的時候，教授誤認為你就是那個阮越清，因此你幾乎沒有獎學金，也致使你沒有接受加州大學柏克萊分校的錄取通知。

也許教授不欣賞你的申請文件。研究馬克思主義的文學評論家泰瑞·伊格頓[3]所寫的《文學理論導讀》（*Literary Theory*）影響了你，使你深信自己必須做點什麼，因此你主張文學批評可以改變世界。

> 噢，年輕人的錯覺！
> 你並沒有意識到，如果你無法改變自己，你的批評就永遠沒有改變世界的希望。

三十年後，你又寫了一篇關於《西貢小姐》重新上演的專欄文章，這次是投稿至《紐約時報》。用政治來挑戰藝術，或者用藝術來挑戰政治，有時會招來批評。你收到的仇恨郵件都有一個共同主題：你竟敢將藝術和愛情扯為政治！你竟敢用你的蘇維埃俄羅斯中國毛澤東北韓極權主義作家聯盟專制主義共產主義社會主義馬克思主義反美主義的胡言亂語來踐踏言論自由、藝術自由和美國™！

那些熱愛自由的批評家，可能會頌揚中國、北韓、
俄羅斯等國家那些抱持不同政見的勇敢作家們，
並且瞧不起那些毫不關心政治、順從該國政權
的作家們。然而在談到藝術和寫作時，難道
西方就不會有能引發政治憤怒的問題嗎？
能夠完全不必發怒、不必因為社會體制
犯下的暴行而遭受威脅、不必受害於
社會體制挑起的戰爭或者警方採取
的行動所發射的槍炮彈藥、不必
被鞭子套索警棍傷害，也不必
懼怕政變、敢死隊、黑獄及
法律、法令、政策、汙名
與嘲笑、監視、否認和
被迫保持沉默，感覺
一定非常美好。

3 譯注：泰瑞・伊格頓（Terence Eagleton，1943.02.22—）是英國文學理論家、文學批評家、文化評論家及馬克思主義研究者。

事實上，你非常重視藝術、藝術自由、言論自由和思想交流。你非常嚴肅地看待這些事物，因此你邀請了一位年輕美麗的女子前往紐約，並且花一大筆錢（對學生而言）買了第四排的座位觀賞《西貢小姐》，如此一來你就可以親眼見識，而不僅是批評。

你和你美麗的約會對象旁邊的觀眾都在劇情高潮點落淚，那段令人心碎的悲劇情節是一名亞洲女性為了一個白人男子自殺，並且在死前把他們的孩子交託給男方，舞臺上甚至出現一架軍用直升機！就像曾在西貢降落並營救處境危急的越南人的那架直升機！就像美國士兵用來屠殺無辜越南人的那些直升機！

當你美麗的女伴和你一樣對這幕戲反應冷淡（其實是充滿反感）時，你會覺得自己做了正確的選擇。對方也有同樣的想法。蘭，你未來的妻子和你的第一位讀者，一位懷有抱負的學者，一位像你一樣雄心萬丈的作家，拍了一張你在戲院入口遮篷下假裝嘔吐的照片，那張照片現在已經不知道到哪裡去了，否則你會分享出來，因為你就是這種人。

觀賞《西貢小姐》讓你繼續學到美國™和西方的某些人喜歡如何看待亞洲人。你原以為自己對美國™有所了解，因為你在美國白人文化的包圍下長大，因此你在大學時期發表的第一篇論文是投稿至《亞洲週刊》[4]的一篇長長的文章，題目是〈在白人美國裡長大〉（Growing Up in White America）。

那篇文章讓你贏得參加湯亭亭非小說類寫作研討課的機會，總共只有十四個席位。湯亭亭是《女戰士》[5]的作者，那本書是一九七六年女性主義回憶錄和亞裔美國文學的里程碑，美國文學作品中的經典。你很幸運能走進那間微暗但舒適的研討室，每天坐在距離湯亭亭只有幾英尺之遙的沙發上。據說《女戰士》是大學課堂上最被廣泛教授的書，可是每天你都在研討課中——

打瞌睡。

到了研討課結束時（一九九〇年十二月），湯亭亭寫評語給每一個學生。你把你收到的評語夾在學校的資料夾和筆記本裡，但是你記得評語內容大致的意思：

你看起來似乎很孤單。你應該去找
我們學校的輔導員談一談。

你沒有去找輔導員談話，

4 譯注：《亞洲週刊》（*Asian Week*）是美國第一家（也是最大的一家）為東亞裔美國人提供服務的英語出版物。

5 譯注：《女戰士》（*The Woman Warrior*）是華裔美國作家湯亭亭於一九七六年出版的作品，這本書將自傳與中國古代民間傳說融為一體。《女戰士》獲得了美國國家書評人協會獎（National Book Critics Circle Award），並被《時代》雜誌評為一九七〇年代頂級的非小說類書籍之一。

反而變成了一名作家。
你的下場最後不算
太糟，不是嗎？
不是嗎？

三十年後，身為作家的你找出湯亭亭的評語並且重新閱讀：

我相信，你一次又一次努力地嘗試
找出你的故事核心（母親住院），
可是你還沒有觸碰到這件事
的最中心。

根據我的觀察，你似乎很孤單而且很
沮喪。你說自己常在課堂上打瞌睡，
但我認為那是一種退卻以及表現失衡
的徵象。

享受生活中的快樂，並且寬厚地
對待自己（在讚美或批評其他人

的時候亦然）都是健康的表現。

我希望你能夠努力實踐這一點。

你有沒有注意到我要你向我提出問題？可是你並沒有提出任何問題。問題具有創造性，不過也很危險。提出問題就是對改變抱持開放的心態。越清，你若想成為優秀的作家，就需要將心扉敞開，多多參與、發言、聆聽並且保持清醒。

這些是你應該問自己的問題：

你是不是真的很孤單也很沮喪？

你能不能寬厚地對待你的作家同儕？

你能不能敞開心扉、參與、發言、聆聽、清醒，尤其如果你以前從未這樣做？

你能不能找出故事的核心？

你能不能觸碰自己的傷口？

你能不能做到言簡意賅？

小呆瓜作家的肖像

你的頭真的很大。你的帽子是加大尺碼（XL），因為很難找到特大尺碼（XXL）的帽子。你的頭圍大小與你身體的其他部位無關，你的身高和體重都與一般人無異。兩歲的時候，你的頭圍比你已經九歲的哥哥的頭圍還要稍大一些。你哥哥長得很好看，而你……看起來有點傻，這埋下了你將來常做傻事的伏筆。

你確實在很早的時候就表現出天賦：三年級的時候，你自寫自畫出你的第一本書：《貓咪萊斯特》（*Lester the Cat*）。這本書以極簡式的手法描述一隻名叫萊斯特的都市貓的性格：牠不喜歡無趣的事，因為厭倦都市生活而跑到鄉下。萊斯特在一間鋪滿乾草的穀倉裡愛上了一隻鄉下貓。

你小時候甚至沒有養過貓，但你肯定真切地寫出了都市貓科動物的疏離，因為聖荷西公立圖書館頒發了一個獎項給《貓咪萊斯特》。當時由於爸媽要照料「新西貢」的生意，你學校的圖書館管理員特別到你家接你去參加頒獎典禮，還在聖荷西公立圖書館對面的飯店請你吃漢堡。那間飯店的餐廳是你第一次走進的非越南餐廳，奢華得讓你感到難以置信。你已經不記得那位白頭髮的圖書館管理員的名字，可是你永遠感激她和聖荷西公立圖書館，他們促使你試著成為作家，因而吃了三十多年的苦。

最後，你把《貓咪萊斯特》送給了J，那本書就從你的記憶中消失了，你童年時的希望也消失了。湯亭亭老師給你的成績是B+。她在幾十年後告訴你，你是全班最差的學生。

二十一歲的時候，比起作家，你更適合成為文學領域的學者。你留在加州大學柏克萊分校攻讀英語博士學位，但不忘向自己承諾，等你拿到終身教職，你就可以去做自己想做的事，因為你不會被解僱。

到時候你就可以寫作了。

身為文學評論家，你想要批評殖民主義、資本主義和種族主義，並且研究有色人種的文學作品，尤其是亞裔美國作家的著作。你告訴英語系的系主任，你的博士論文打算研究越南裔美國作家的文學作品。那位系主任是全美最知名的美國文學學者之一，他的眼睛隔著鏡片盯著你，說：「你不能這麼做，你會找不到工作。」

也許他說得對，也許不對，可是你很生氣。正確的反應應該是不要接受現狀，並且期望超越現狀。如果今天辦不到，未來努力辦到。然而你的領域只相信傳統和經典，要求你透過喬叟[1]和莎士比

1 譯注：傑弗里．喬叟（Geoffrey Chaucer，約 1340—1400.10.25）是中世紀的英國作家，被稱為「英國詩歌之父」以及「中世紀英國文學之父」。

亞、浪漫主義時期和維多利亞時代、現實主義和現代主義來閱讀《貝武夫》[2]，這樣你才能夠與同業對話。

> 如果大部分同業都無法反駁你的研究領域，那實在太糟糕了。

正如你們系上一位研究墨西哥美國文學的教授在關上辦公室的門之後以近乎憤怒的口吻對你說：「他們希望我們讀他們的文學作品，他們卻不讀我們的文學作品。」所謂的少數族群必須隨時知悉所謂的多數族群的想法，可是多數族群認為自己不需要了解少數族群。他們的無知是一種特權，是你負擔不起的奢侈品。

過了四分之一個世紀之後，巴納德學院[3]的名譽教授海倫·古德哈特·阿爾特舒爾（Helen Goodhart Altschul）在回應學生認為英語課程應該更多樣化（這與你在加州大學柏克萊分校讀書時發起的活動目標相同）的要求時表示：

> 你們應該多閱讀莎士比亞、彌爾頓[4]、丁尼生[5]的作品，因為這麼做有助你們打好英語主修的基礎。嚴格來說，我認為如果你們不喜歡的話，就不要主修英語。

喜歡它，不然就放棄它。這位教授大聲說出
這個不能公開的想法。你懷疑老師們
有時或經常會在只有白人的場合，
在教師俱樂部、雞尾酒會、
接待會及任期審查時
私下如此表示。
她還繼續
說道：

許多教授認為，如果你不藉著
美國文學來補充英國文學的

2 譯注：《貝武夫》（*Beowulf*）是西元七五〇年左右的英雄敘事長詩，故事場景設定於北歐的斯堪地那維亞半島，是語言學方面相當珍貴的文獻。

3 譯注：巴納德學院（Barnard College）是美國一所私立女子文理學院，創建於一八八九年，一九〇〇年起隸屬於哥倫比亞大學，但仍保有獨立的董事會與財政機構。

4 譯注：約翰·彌爾頓（John Milton, 1608.12.09—1674.11.08）是英國詩人暨思想家，以史詩《失樂園》（*Paradise Lost*）聞名於後世。

5 譯注：阿佛烈·丁尼生（Alfred Tennyson, 1809.08.06—1892.10.06）是榮獲英國君主任命的桂冠詩人（Poet Laureate of the United Kingdom）。

你在加利福尼亞州的聖荷西長大，因此精神上
已經被你在圖書館和電視上學到的英語文化
所殖民。你變成了親英派。青少年時期，
你出於興趣而閱讀《浮華世界》[6]和
《湯姆求學記》[7]。但你不能公開的
想法認為，若不閱讀有色人種和
被殖民者的文學作品，
就不可能理解

歐洲人憑藉著奴隸制度的獲利還有對美洲
及其原住民的剝削才促使歐洲現代化。
歐洲人否認他們不人道的行為，
將那些染血的利益洗白。

基礎知識，就沒有辦法
了解一些現代文學。

理解英國文學經常含有這種否認心態，
並且將這種不人道的行為投射在

被奴役者與被殖民者身上，
對於主修英語的人而言，
可以打下很好的
基礎。

你在加州大學柏克萊分校成了學術界所說的研究美國的學者。你拿到你的第一本護照，因此可以出國參加國際會議。你在「十九世紀美國文學」的口試中，主考官花了一大半的時間問你《白鯨記》[8]中的某個場景。幸運的是，你讀過《白鯨記》（而且很喜歡這本書），並記得亞哈船長釘在裴廓德號桅杆上的西班牙金幣。

你寫了一篇關於亞裔美國文學的論文，還在這個領域獲得了一份學術工作，因為亞裔美國人奮鬥成功，使得亞裔美國人與他們的著作越來越受矚目。學術界內外都有亞裔美國人的運動發生，從召集人與政治家的發起，再由藝術家與活動家接棒。你的博士論文有一部分是關於文學與政治如何

6 譯注：《浮華世界》（*Vanity Fair*）是英國小說家威廉・梅克比斯・薩克萊（William Makepeace Thackeray）的諷刺小說，於一八四七年出版。

7 譯注：《湯姆求學記》（*Tom Brown's School Days*）是湯瑪斯・休斯（Thomas Hughes）的小說，於一八五七年出版。

8 譯注：《白鯨記》（*Moby-Dick*）為美國小說家赫爾曼・梅爾維爾（Herman Melville）於一八五一年發表的小說，講述一位名叫亞哈（Ahab）的船長，帶領著「裴廓德號」（Pequod）捕鯨船追捕一隻名叫「莫比・迪克」（Moby Dick）的大白鯨的歷險經過。

攜手並進，以及兩者如何改正及變革自我以及社會、意見表達和藝術。你提到水仙花[9]的作品《春香夫人》（*Mrs. Spring Fragrance*, 1912）、卡洛斯·布洛桑[10]的作品《美國在心中》（*America Is in the Heart*, 1946）和約翰·岡田[11]的作品《不不男孩》（*No-No Boy*, 1957），除了教導或研究亞裔美國文學的人之外，幾乎沒有人聽說過這些作家，即便布洛桑在他的年代相當有名。

《美國在心中》生動地講述菲律賓男性在經濟大蕭條時期移民至美國，敘述這個故事的旁白者阿洛斯（Allos），到美國之後名字變成了卡洛斯（Carlos），到了故事結尾又變成卡爾（Carl）。這部具有自傳色彩的小說，是今日以第三人稱敘述的自傳體裁先驅，這種體裁在白人作家之間相當流行，但在那麼早的時期由被殖民者書寫時，就沒有那麼時髦了。布洛桑知道，當殖民者一再違反既存的邊境並且建立他們想要的邊境、被殖民者為了生存而被迫跨越邊境時，寫作體裁的邊境就不再那麼重要了。

《美國在心中》出版於第二次世界大戰期間，當時美國™知道自己必須實踐其關於自由和民主的言論，因此具有政治意識的卡爾（和卡爾·馬克思一樣）在數百頁的篇幅中描繪出美國在菲律賓的殖民統治及美國西岸對菲律賓人的殘酷種族歧視後，做出以下的結論：

> 我突然意識到，沒有人——沒有任何人——可以再次摧毀我對美國的信念。那種力量已經成長並超越了我的失敗和成功。我的成功和失敗來自我在這片

廣大土地爭取一個位置的努力。……那種力量
已經超越我們想了解美國的渴望、想成為其
偉大傳統的渴望，以及想做出貢獻以幫助
美國實現其最後成就的渴望。

這種結局使你困惑了許多年，直到你明白如果是由格魯喬・馬克思大聲說出這些話，並且在每一次提到美國™這個最排外的俱樂部時都挑挑眉毛、翻翻白眼，就會很合理。布洛桑原本應該是一位偉大的美國小說家，但在美國反共偏執高峰期期間遭到聯邦調查局跟蹤，並因為罹患肺結核加上酗酒，最後於一九五七年在西雅圖市政廳的臺階上死去。布洛桑被夾在美國™對於才子的歡迎及對殖民的打擊之間，他的史詩故事是一部不太偉大的美國小說。

湯亭亭的《猴行者》（*Tripmaster Monkey*）亦是如此。這本書對一九六〇年代反文化運動期間舊金山市與柏克萊市的亞裔美國嬉皮藝術家有著既諷刺又充滿愛的描繪。書中的主角是理想主義的

9 譯注：水仙花（Sui Sin Far, 1865.03.15—1914.04.07）是出生於英國的小說家，本名為伊迪絲・莫德・伊頓（Edith Maude Eaton）。水仙花的父親為英國人，母親為中國人，其作品以描寫北美華人與華裔美國人的經歷而聞名。

10 譯注：卡洛斯・布洛桑（Carlos Bulosan, 1913.11.24—1956.09.11）是菲律賓裔美國小說家和詩人，一九三〇年移民至美國。

11 譯注：約翰・岡田（John Okada, 1923.09.23- 1971.02.20）是日裔美國小說家，因其廣受好評的小說《不不男孩》（*No-No Boy*）而聞名。

劇作家威特曼·阿辛（Wittman Ah Sing），由於這本小說也顯示了美國™是可能施行惠特曼[12]式民主的國家以及美國™是帝國主義好戰者，它應該也是偉大的美國小說，但是那些追蹤這類事情的人卻完全沒提到。

在這個大部分與文學無關的世界裡，多半只有文學界人士聽過湯亭亭的名字。只有在你提到譚恩美[13]和她非常受歡迎的《喜福會》時，其餘的人才會開始點頭。《喜福會》的改編電影版由王穎執導，男主角是可以扮演你父親的猛男王盛德。他用手挖出紅色的西瓜肉直接吃起來，並且在西瓜汁沿著他的下巴滴落時，對著由俞飛鴻[14]飾演的年輕版鶯鶯露出暗示性的笑容。（年長版的鶯鶯由以《星際爭霸戰》成名的法蘭絲·威恩飾演。如果陳冲或喬貞沒空，法蘭絲·威恩也可以在講述你母親生平的史詩電影中飾演你的母親。）

你十八歲的時候讀了《喜福會》，那是你讀到的第一本亞裔美國人的作品（作者譚恩美曾就讀聖荷西州立大學，那所大學距離你熟悉的棕色房子只有幾個街區之遙）。你的文學榜樣是珍·奧斯汀[15]、拜倫和珀西·雪萊，那些作家與爸媽完全扯不上關係。英語的存在只是為了你自身的樂趣，與「新西貢」的世界無關。《喜福會》以及許多亞裔美國作家的作品重新引導你，例如潔西卡·哈格多恩的《食狗者》（*Dogeaters*）、車學慶的《聽寫》（*Dictée*）、黃哲倫[16]的《蝴蝶君》（*M. Butterfly*）、趙健秀[17]的《雞籠中國佬》（*The Chickencoop Chinaman*）。亞裔美國人自十九世紀以來就一直以英語寫作，從水仙花的妹妹 Onoto Watanna 開始。Onoto Watanna 是溫妮佛·伊頓[18]的日本筆名，她出生於加拿大，母親是中國人，父親是英國人。你藉著亞裔美國文學——以及原住民文學、墨西哥裔美國文學、黑人文學和反殖民文學——為自己在英美歐系的經典作品之外建構出一種文學傳統，但你當然也傳承了英美歐系的準則。你很想知道：

> 也許寫作可以是伸張公義的行為。也許你可以
> 透過寫作照亮「新西貢」留下的陰影。那間
> 位於南第十街的棕色房子，是越南難民的
> 領土。也許寫作可以充滿美好與光明，
> 也可以充滿狂暴與憤怒。

---

12 譯注：華特．惠特曼（Walt Whitman, 1819.05.31—1892.03.26）是美國詩人、散文家、新聞工作者及人文主義者。他的詩展現出種族平等主義的觀點，對奴隸制度持反對意見。

13 譯注：譚恩美（Amy Tan, 1952.02.19—）是美國華裔女作家，其作品多以表現母女關係和講述美國華人的經歷為主。《喜福會》（*The Joy Luck Club*）為其第一部暢銷小說，同時也是她的代表作，於一九八九年出版。

14 譯注：俞飛鴻（Faye Yu, 1971.01.15—）是中國女演員。

15 譯注：珍．奧斯汀（Jane Austen, 1775.12.16—1817.07.18）是英國小說家，她的五部主要作品詮釋並評論了十八世紀末英國地主鄉紳的生活。

16 譯注：黃哲倫（David Henry Hwang, 1957.08.11—）是美國華裔作家。

17 譯注：趙健秀（Frank Chin, 1940.02.25—）是美國作家和劇作家，被認為是亞裔美國人劇作的開拓者之一。

18 譯注：溫妮佛．伊頓（Winnifred Eaton）是具有華裔與英裔血統的加拿大作家和編劇，曾以多種筆名出版大量作品，最主要的筆名是Onoto Watanna。她是最早以英文出版小說的亞裔作家之一。

如果你無法撰寫關於越南裔美國文學的博士論文，那就直接書寫越南裔美國文學。在一九九〇年代初期，由越南作家或越南裔美國作家撰寫的書籍，透過英語問世的只有少少幾本。你決心要反抗好萊塢去人性化的惡勢力及好萊塢醜化越南人的罪行，尊重越南人並且讓他們發聲。

這是一個錯誤，經過許多年你仍然無法
理解原因，而且經過好幾十年也無法
藉由其他的方式來表達。

所以你試著成為一名作家，儘管你不敢自稱作家。你寫了一首詩，一首十四行詩，關於你缺席的姊姊；另外還寫了一首嚴肅的詩，以自由詩歌的形式寫成，題目為《樓梯上的柬埔寨男孩》，內容是關於一張黑白照片，照片中有一名遭受飛彈攻擊的倖存者。那名孤單男孩的沉痛，深深打動了你。

遺憾的是，這無法使你成為出色的詩人。

你不再用你的詩句傷害自己和他人，散文和非小說類的作品更接近你擅長的學術寫作，這就是你最後參加了湯亭亭非小說類寫作研討課的原因。

你記得你在湯亭亭的研討課中打瞌睡，可是不記得自己寫過關於媽在亞太精神病院的文章，直到幾十年後你打開老舊的文件檔案，驚訝地從你在湯亭亭課程中寫過的文章發現：在你十九歲那年，你母親住進了亞太精神病院。

不是在你小時候。

你那顆大大的腦袋裡有那麼多偉大的想法，並且記得那麼多重要的書籍，甚至記得一本以你母親幾乎不懂的語言所寫的超厚小說裡提到的西班牙金幣。

但你卻不記得或者將不記得

當你母親變得不再是她

原本的模樣時，

你是什麼樣子。

你的個人檔案

為了重新認識你自己和你母親，你檢視了過去的斷編殘簡。你的日記指出你曾於一九九〇年二月去亞太精神病院探望你母親。在你為湯亭亭的研討課所撰寫的文章中，你形容自己的感覺

麻木。

你哥哥是醫學院的學生，他說你母親罹患的疾病是

神經官能症。

字典上說，神經官能症是

相對輕微的精神疾病，

不會

與現實徹底脫節。

真的嗎？你認為那間精神病院、那裡的病人和你母親根本完全精神失常。

沒有一個病人活在現實之中，包括你的母親。一個名叫阿貞的女病人在地板上打滾，一位照顧服務員（黑人女性）將她輕輕地抱起來。然後

阿貞站在我們面前的地板中央。她說的是越南語和嬰兒語的混合體，可能還有自己發明的語言。她睜大眼睛看窗外，開始拍手唱歌，可是唱得毫無條理而且上氣不接下氣，就像一個急切的孩子。

簡直就是小說裡才有的情節。你現在已經不記得那個場景，也不記得精神病院裡大部分的病人都是亞洲人和越南人。你的短篇小說集《流亡者》裡的某個角色，你對他的描述可以套用在自己身上，或者說，你將你對自己的描述套用在他身上：

他遺忘的習慣太根深蒂固了，彷彿
此生都在沙漠中持續倒退行走，
他的足跡被風吹散，只留給他
零散的回憶。

然而你對精神病院的印象模糊，是因為媽在二〇〇五年回家了，並展開她最後一次離開你現實人生的旅程。自從一九九〇年開始，你最記得的事就是那些病人讓你感到不自在，以及你很訝異也很害怕你母親必須住進精神病院。她已經不是原來的她，但或許那就是原來的她、另外一個她，就如同你也有另外一個你。

一名白人病患從旁邊走過。那間精神病院裡只有少數幾名白人病患。她說：告訴你母親不必擔心她會死，因為我們剛到這裡時都有這種感覺，但我們克服了。我向她點點頭，以確認她真的存在。

精神病院的病患對於病房外的大多數人並不存在，就亞洲病患而言尤其如此。他們來自你們的族群，你們的族群不太願意談論精神疾病，因為覺得尷尬、覺得羞恥。你沒有那種感覺，但是你只能在媽過世之後寫出她進入超現實的旅程。

你有什麼權利這麼做？

也許你說出這個故事是為了
讓你確認你的母親曾經
存在，以她自己的形式
存在，而且不孤單。

你不記得她為什麼住進亞太精神病院，直到你讀了自己十九歲那年所寫的文字：

外面有人（如果不是所有的人）企圖殺害她。
他們在下水道緩緩前進，再從廁所爬出來。
她將自己鎖進浴室裡，等待他們現身。
我父親等不到她從浴室出來，決定
將浴室門敲破一個大洞以救她。
但那間浴室是我的浴室。

如果你不記得這件事，為什麼記得相反的情況：那天晚上媽追著爸跑進走廊上的另一間浴室？爸將自己鎖進浴室之後，媽用椅子將浴室門砸出一個大洞，並且用你聽不懂的越南語大喊大叫。

不過你確實仍記得，在你還是個孩子和青少年時，你會在你父親打你之前衝進那間浴室並且鎖上門。事實上，爸只用他的皮帶抽打過你一次，雖然你已不記得自己做了什麼事情惹他生氣，但是你記得自己尖叫且流了血，以及媽抓著爸的手臂求他停止。那大概是在你九歲或十歲的時候。當時你沒有怪爸打你，現在也不怪他。你爸媽曾經遭到槍擊，你憑什麼因為爸媽打你一次就抱怨連連。然而害怕再次被爸懲罰的恐懼，促使你乖乖適應了「新西貢」的壓力導致爸情緒崩潰並找你出氣的那段時光。你記得那種恐懼，而且很擔心自己是個膽小鬼，只會逃走和躲起來，而不是站出來對抗爸。有時候你會馬上帶著毯子和枕頭跑進浴室，準備在裡面度過漫長的一夜，可是你從來沒有真的在浴缸裡睡一晚，因為爸最後總會走到上了鎖的浴室門前，懇求你出來。

那才是他真實的樣貌——溫柔的父親。

對一切都很挑剔的爸，對你卻萬般呵護。他不許你把手臂懸在開啟的車窗外，因為你可能會因意外失去手臂——爸從來沒有打算修理或更換被媽砸破的浴室門。儘管你仍記得浴室門上的大洞在接下來的歲月顯出那間棕色屋子的空虛，可是你已經不記得自己在精神病院裡陪伴你母親的畫面。

她還認得我，但是在她的世界裡，我和醜陋的家具沒有兩樣。她看著前方的那面牆，嘴巴微微地張著，目光略顯呆滯，身體一動也不動。

她後來在記憶照護中心也這樣看著牆壁發呆嗎？

她不會擁抱我們或觸摸我們，反而像一個
膽怯的孩子躲開。我們向她道別時，
她會站在地板中央茫然地微笑。

你相信這些事情確實發生過，即便你都不記得了，包括媽不理會爸帶著葡萄和柳橙汁去探望她，
以及爸與社工師交談時
你的眼淚開始滑落。你趕緊站起來，以免被別人
看見。自從六年級之後，你就不讓別人看到
你流眼淚。你什麼話都沒有對媽說，直接
走進浴室，你覺得對她而言根本沒差。
你把自己鎖進小小的浴室，你發出的
第一聲啜泣讓自己倒抽一口氣。

你不記得逃離邦美蜀市和西貢的經過，因為當時你才四歲。但後來你在青少年時期為什麼不記

得家裡發生的那些事？為什麼不能靠自己想起來？沒錯，你已經被好萊塢、殖民主義和種族主義肢解和遺忘，但你也被自己肢解和遺忘，而不是被其他人。

你已經忘了爸媽有時候會威脅你，叫你服從他們的命令，如果你不服從，就可能會因此激怒媽，她可能會復發。有一次媽真的崩潰並脫離現實、進入超現實狀態，就像她在哈里斯堡那樣，他們的威脅才對你生效。你對自己說：這是情緒勒索。然後你就忘記了他們的威脅，也許是因為威脅成真。

你最後終於透過你那些斷編殘簡想起的事情是：

在你整個童年期和青少年期，爸媽希望將你塑造成一個品行端正、努力工作、健壯挺拔、百分之百的越南天主教徒。你不贊同他們的意圖，可是你尊重他們。他們不是偽善者，做事從不偏離他們的道德信仰。他們辛勤地工作、每晚誦讀玫瑰經、每個星期參加彌撒，並且在退休後變成每天參加彌撒。

他們近乎狂熱。比方說，你在大美洲主題公園打工期間，跑去伊斯崔吉購物中心的梅西百貨，用自己賺來的錢在青少年服飾部門買了一條灰色的格子褲。你將褲腳捲起，摺到腳踝上方。當時你無法理解不摺褲腳的人，尤其那些穿寬鬆斜紋棉布褲的可憐成年人——你的老師們。

在媽看來，你那件格子褲就像是抽菸、泡妞、在學校做壞事、把頭髮梳成誇張的高度、去舞廳及在車庫開派對的越南不良少年所穿的褲子。前述那些事項在你心中美好又有趣，但是在媽心中卻是狂放又具破壞性的事。她罵你一頓，說你的褲子不像樣也不適合，你會毀掉自己的未來。她命令你把褲子拿回去退掉，你雖照著她的意思去做，但是氣得不得了。

你因此學會了保有祕密。你原本就很擅長保密和沉默。在爸媽的房子裡，你就像一個暗中偵查他們的美國人；在爸媽的房子外，你是一個暗中偵查美國人和他們怪異行徑與習慣的越南人，那些怪異行徑包括你在約翰．休斯[1]的電影《紅粉佳人》[2]、《摩登褓姆》[3]和《他們的故事》[4]中看到的約會世界，禁忌又充滿幻想。

你在大美洲主題公園遇見了J，她住在距離你家五十六英里外的地方，你想見她必須先搭公車然後轉乘舊金山灣區捷運，單程就需要花掉你三個小時。你賣掉心愛的漫畫書以支付你的長途電話費。這個祕密你保守了三年，直到你花光了錢並開始用爸媽的電話打電話給J。一九九〇年一月四

1 譯注：約翰．休斯（John Hughes, 1950.02.18—2009.08.06）是美國知名導演、編劇和製片人。

2 譯注：《紅粉佳人》（*Pretty in Pink*）是一九八六年的美國青少年浪漫喜劇電影，講述一九八〇年代美國高中的愛情和社交生活。

3 譯注：《摩登褓姆》（*Weird Science*）是一九八五年的美國奇幻喜劇電影。

4 譯注：《他們的故事》（*Some Kind of Wonderful*）是一九八七年的美國青少年浪漫喜劇電影。

日，媽說：

「你父親甚至捨不得花十美元替自己買一件襯衫，只穿你和你哥哥不要的舊衣服，但現在你每次打電話，他就必須付十美元、二十美元或三十美元。」

她說著說著就開始掉眼淚。

到了一月九日，你父母在你的床底下發現你和J的信件和照片，你從此再也沒看過那些信件和照片的蹤影。你對於這種侵犯你的財物、你的記憶、你對J的感情、你能像電影裡的白人青少年一樣生活的行徑感到憤怒。爸媽也很生氣，因為他們發現他們這個安靜、沉悶、通常很聽話也很脆弱的兒子，這個在他們眼中還沒長大成人的兒子，竟然一直對他們說謊。更糟的是，這個兒子正變成一個他們不認識的人。你寫道：

媽嚷著她快要心臟病發作了。

爸媽要求你結束這段關係。由於你沒有車、沒有錢、沒有勇氣，而且你虧欠父母忠誠和愛，所以你告訴爸媽你不會再與J來往，不過你依舊繼續與J約會。你已經習慣了有祕密的人生、有兩張臉孔和兩個自我，你只向爸媽透露其中一面。如果他們不知道你的另一面，會對他們造成什麼傷害嗎？你避免去思考這件事對J造成什麼傷害，她一直容忍這種情況。你的母親和父親以自己的方式表達妥協，表示要替你介紹信奉天主教的越南好女孩，但你最不想要的就是信奉天主教的越南好女孩。

不過，你最後真的娶了一個信奉天主教的越南好女孩——蘭，
她有很多很多優點，而且她和你一樣，知道應該
在特定場合換上一張合適的面孔。那不是
虛偽的面孔，而是正確的面孔。

媽在發現你的祕密戀情五個星期後，便脫離了現實並住進亞太精神病院，這可說是比心臟病發作更糟糕的結果。也許你很害怕自己造成你母親脫離現實，因此一直不敢面對這件事，一直到現在。也許這種未說出口、未被承認的恐懼，就是你在接下來的幾十年會忘記你母親已經警告過你的理由。

你：原因。
你的母親：結果。

七、八個月後，在一九九〇年的秋天，你試圖在湯亭亭的研討課中撰寫關於亞太精神病院的文章、試圖找出你兩個自我的中心、試圖走到現實與超現實的交叉路口、試圖重新記起你已經開始不記得的一切。

至於你的日記，十九個月後你又寫了一篇內容。你這種想要成為作家的遲來間歇嘗試，最後寫下了什麼遺言？

愧疚。

你的個人清單

媽康復了，回家了。接下來的十五年不會再回到亞太精神病院。你繼續對她和爸保守祕密，這種雙面人生對於移民和難民孩童來說並不罕見，起碼你這樣告訴自己。

爸媽想保護你，讓你免於遭受你沒預見的危險；你想保護他們，讓他們不必被他們不需知悉的事情影響情緒。而且他們一定也有你根本不知道的祕密，就定義而言，真正的祕密不就是不為人知的事嗎？至於你，你哪些祕密最糟糕呢？變成無神論者？閱讀馬克思主義理論？遭到逮捕？繼續和J約會五年直到這段關係結束？

意即，

也就是，

換句話說，

她甩了你這個可憐蟲。

J不想再當你的祕密。《貓咪萊斯特》還在她那邊，你很好奇她是不是仍留著這本書，可是你從沒問過她。她不需要那個太過軟弱而無法為她挺身而出的人與她聯絡，那個人心滿意足地過著她不想要的雙面人生。二元性什麼時候變成了欺騙？什麼時候擁有兩個自我不是造就雙重視野而只是自欺欺人？你最後一次見到她是在她的婚禮上，新郎是越南人。起碼你沒有毀掉她對所有越南人的好感。

你娶了蘭。雖然對爸媽而言，她最重要的優點是她來自良好的越南家庭，而且是天主教徒，可是對你來說，她最重要的優點是她是詩人而且長得很漂亮。滿心喜悅的爸媽為你那場喧鬧的婚禮買單，婚宴地點在一間中式宴會廳，菜單是所有越南婚禮上都有的十道精緻中式餐點，而且每一張餐桌上都有一瓶軒尼詩干邑白蘭地。四百位賓客，其中大部分的人你都不認識。沒有人希望你在自己的婚禮覺得自在，因為那種想法太西式了！

在一個雷雨交加的夜晚，你在加利福尼亞州奧克蘭市一棟位於鐵軌旁的大樓頂樓遇見了蘭，那場詩文朗誦會是你主辦的，她在臺上透過麥克風朗讀她寫的詩，她的抒情詩令你神魂顛倒。除此之外，她也是從越南逃出來的，而且最後也逃到印第安敦堡峽軍事要塞。她和你一樣，從賓夕凡尼亞州搬到了聖荷西；她和你一樣，是一個喜歡閱讀的邊緣人。也許你們曾在難民營裡有過交集，甚至在一起玩耍。也許你們曾經在同一時刻從圖書館平行的走廊上漫步而過，卻不知你們的命運有一天會彼此相交。

應該要有人為這個愛情故事拍出一部電影。

魏斯・安德森[1]？這是很適合他的電影！
但是安德森那些迷人的電影，只會找
怪裡怪氣的白人來主演，
而且你們一點也不
怪裡怪氣。

蘭會閱讀你寫的每一個字，而且經常不只讀一次，即使早期的起步失誤與實驗失敗，那段悠長的時光她也從不抱怨。她比任何人都更了解你的寫作抱負，你很少與別人分享這種抱負。你是專業的文學評論家、專業的教授，如果你想成為小說家的願望遭人揭露，那些早已是作家的同事可能會視你為半吊子，而你那些學術界的同事可能會以動物學家觀察動物的方式，基於分類學與好奇心將你歸類為一種可研究的對象，雖然值得一點點關愛，但或許也會有一點點瞧不起你。

你一如既往地分裂。
你是評論家還是作家？
是科學家還是野獸？

1 譯注：魏斯・安德森（Wes Anderson, 1969.05.01—）是美國電影導演、編劇和監製，曾獲柏林影展評審團大獎銀熊獎、最佳導演銀熊獎和英國電影學院獎最佳原創劇本。

在攻讀英語博士學位的過程中，你學到一種新的語言：理論。它混合了令人陶醉的思維張力（對你而言，馬克思主義尤其如此）、解構主義與後結構主義，並且受到全球反殖民的抗爭及美國有色人種之造反著作的激勵。

你獲得一種聲音，
可是你並不知道，
那不是你自己的聲音。

那是模仿理論大師們的聲音。對外人而言，理論往往顯得濃稠、複雜、不透明。但當時二十多歲的你確實受到以下信念的啟發：理論化是一種深入文本、事物與世界表面底下以理解藝術、權力和政治運作的方式。你開始透過批評文本來熟悉這種批評世界的論述。

你讀完博士班時，
已經精通論述。

在你應徵大學教職時，對理論抱持敵意或懷疑態度的教授要求你用他們所謂的「易懂的語言」來解釋你的論文。

哪種語言算易懂？

川普的話很易懂。
但那值得嚮往嗎？

抱持懷疑態度的教授還要求你解釋一項你在閱讀理論時得到的觀念：間隙性。你無法在兩分鐘甚至更短的時間內清楚地闡述你的人生為何具有間隙性，以及為何會處於間隙中。你為何處於交叉口、接匯點、十字路；你為何在語言、文化、思維方式及政治信仰上有間隙。

你永遠卡在這裡和那裡之間，沒有安身之處，流離失所。你的家讓你無法安寧，但它永遠是你的家。你永遠無法在任何地方感到舒適，因為家可能不僅是充滿歡樂和解決問題的地方，可能也是讓人不舒服和心神不寧的地方。歡迎回家。要不就喜歡它，要不就離開它。

你總是卡在你學習的各種語言
的裡面和外面之間某處。
你的越南語無依無靠。
你的法語笨拙，英語是接收來的。
你精通理論，敬畏小說。

有次，在一場關於文學、跨境與移民的碩士班研討課上，你的一位同學，一位墨西哥移民的女兒，表示她想寫一些她母親能理解的東西。你能夠體會她的心情，可是你永遠寫不出媽會讀的內容。

因為你不能，或者不會。你已經
放棄了，將自己完全交託給
理論。這不難懂，因為你
先將自己奉獻給英語，
並且切斷你的母語。

那並非一種有意識的決定。
然而它確實出於意識。
就像小孩子會有意識地切斷母語。

英語帶來了意識與記憶。記憶始於你的自言自語及你關於自己的敘事，以英語表達。英語占據你生命中大部分的時間，透過學校、閱讀、電視呈現在你面前。越南語溜走了，因為你只有在與爸媽溝通時使用越南語。他們以越南語教導你傳統、紀律、禮儀、宗教，還有懲罰與恥辱、服從與恐懼。

還有愛。可是你渾然不知，也沒有
察覺到。直到你離開家之後，
當你聽見有人說越南語，
即使對方是陌生人，

也能因此喚起你
對愛的迴響。

你父母在你十幾歲時聘請了一位朋友來教你越南語，但是你學得不情不願。那位朋友在你的家鄉是一名醫生，然而他的學位在這裡一文不值，他必須重新攻讀醫學才能再次成為醫生。你只記得那個可憐人在課堂上教育一個無聊的孩子時所使用的小說書名：《你必須活下去》（*Anh Phải Sống*）。

即便你上了大學，爸媽仍繼續嘗試讓你學越南語。他們聘請一位表哥（媽的大姊的兒子）來教你，那位表哥的年齡足以當你的父親。他原是一名士兵，從再教育營倖存下來。他使用的教科書：《聖經》。

你對自己的看法，和爸媽及那些越南語老師對你的看法可能相同：安靜、沉默、陰沉、抗拒他們努力接近你、沉浸在個人幻想與逃避現實之中。你漸漸變成了美國人，變成了外國人。

如今你身為父親，很想與自己的兒子保持親近，於是你試圖創造出你與爸媽之間曾有的親密關係（那種親密關係被「新西貢」毀了）。你經常唸書給你兒子聽，他因此學會了喜歡書。你覺得最甜蜜的話語之一就是聽他說：「爸爸，讀書給我聽。」即使他已經能夠靠自己閱讀。

他靠自己閱讀之後，就邁出了離開你的第一步。但無論你們將來為什麼溝通不良，都不會是因為你們沒有共同的語言，因為他的母語就是你接收來的英語。

你沒有完全切斷你的母語。隨著你的英語變得越來越流暢、越來越優異，你漸漸注意到你的母語。你沒有苦學母語，但也沒有完全斷絕使用它。你仍會說一些簡單的字句，而且說得仍夠流暢，因此當你回到越南時，人們說：

你的越南語說得真好

……對韓國人而言！

當你還是個孩子時，大概就已經做好了決定：因為你沒辦法像本地人或語言大師一樣同時學好兩種語言，最壞的結果就是兩種語言都說得不好，其次是英語說得不好但母語說得好，最好的結果是英語說得像母語一樣流利，而越南語的程度像小孩子說話。

雖然你的越南語程度像小孩子，
不過你知道自己仍然是越南人。
成年後，你在洛杉磯的某間藥房
聽見有個人對著手機說越南語。
他看起來歷經風霜、衣衫簡陋，

也許是個靠勞動力賺錢的工人。
他用溫柔的聲音說：
「兒子，我是爸爸。
你吃飽了沒？」

當時你的眼眶盈滿了淚水，
現在你的眼眶也盈滿淚水。
雖然多愁善感甚至老套，
可是你的眼淚讓你深深明白
你終究還是一個越南子弟。

在你的童年時期，爸媽每天都對你說：
「你吃飽了沒？」

他們也用同樣的話語問候客人：
「你吃飽了沒？」
這是一種表達關心的問候，
源自於希望能看見所愛之人
與親朋好友都能吃飽喝足。

因為吃到米飯或有東西可吃，並不是理所當然之事。

你父母小時候經歷過大饑荒，由於
當時沒有足夠的米飯，因此他們
必須吃樹薯來充飢，樹薯就是
木薯樹的塊根，白色的樹薯
都是纖維而且沒有味道。
你父親退休之後偶爾
會煮樹薯來吃。
懷舊之情讓他
展露笑顏。

無論爸媽多麼節省，他們從不吝於買食物。「你吃飽了沒？」

爸媽在「新西貢」忙一整天回到家之後，依然會準備平常該有的三道式晚餐——肉類、蔬菜、湯品——配上一大鍋茉莉香米飯。他們會將那鍋飯從電鍋裡拿出來，直接放在餐桌上。「你吃飽了沒？」

你不喜歡吃東西，可是必須吃光你盤子裡所有的食物，包括煮熟但未調味的內臟、像橡膠的白色豬腸切片、有嚼勁的黃牛肚切片、大小剛好可以入口的堅硬雞胗和軟嫩雞心、短短硬硬的牛舌（這道料理經過幾十年之後才成為時尚的主食）、顏色像黑巧克力的豬肝（在被菲利普·羅斯拿來當成手淫的道具之前）。「你吃飽了沒？」

你將這些全部吃進肚裡。
三十多年之後，每當你
烤好全雞並從烤箱裡
拿出來之後，你會
獨自站在備餐區
並吃掉雞胗、
雞肝和雞心，
因為沒有人
想吃這些。

米飯代表食物，食物代表愛。你父親會計算你每一餐吃幾碗米飯，如果你吃少於三碗，他就會叫你多吃點。

該如何將「你」這個字翻譯成越南語？因為每一個「我」和「你」都是關於某人與另一人的關

係，越南語中沒有最貼切的字足以表達。在電視上，美國人的家庭都用「你」這個字互相稱呼，實在令人驚訝。你兒子現在也用「你」來稱呼他的父親，因為你沒有自稱為「爸」（Ba），也沒有稱他為「兒子」（con）。你切斷母語的時候，也連帶切斷了更多東西。父親（Father），爸爸（Dad），爹地（Daddy）——這些詞彙會輕觸你的心田，可是無法使你感動落淚。起碼目前還不會。

「兒子，我是爸爸。」（Con ơi, Ba đây.）

你九歲的兒子和三歲的女兒可能永遠不會知道這句話是什麼意思。這句話字面上的意思，你兒子當然已經懂了，他不會明白的是情感上的意義。

當你說這句話的時候，你會知道自己的身分。這句話會承認你的位置，把你放在家譜中。身為越南人的意義、戰爭與失去以及掙扎與犧牲的紀錄，還有父母的慈愛跟子女的孝順，所有的歷史都濃縮在這句簡單的話語以及大聲說出這句話的聲音中。

爸，媽，兒子，神聖的三位一體。當你擁有犧牲的祭品時，誰還需要愛？如果你的母親和父親從未對你說過「我愛你」，試問你自己有沒有對他們說過這句話？

也許你第一次對別人說出「愛」這個字，是你對你哥哥說「你不再愛我了」的時候。當時東哥告訴你他很愛你，但後來的幾十年他都沒有再對你說過這句話，直到媽過世之後，他才又對你說。

儘管如此，你發現自己幾乎沒有辦法開口對他說出「我愛你」，雖然你真的很愛他。

下一個對你說出這句話的人是J。你們即將前往不同的大學就讀，她在電話裡對你說：「我愛你。」

你愣住了，說話變得結結巴巴。你沒辦法說出同樣的話。沉默變得越來越久，直到她說了再見，掛斷電話。

幾個星期之後，你進入大學的頭一年，一個新朋友基於友情對你說了「我愛你」。

你又愣住了。你不明白為什麼有人會對你說出這句話，更不用說為什麼會愛你。她親切地或尷尬地露出微笑，然後讓那一刻過去，從此再也沒有重提。

你沒辦法說「我愛你」，因為你不知道如何去愛，或者即使你知道如何去愛，但不知道愛是什麼感覺。多年之後，你才終於明白：你害怕去感受，你害怕受到傷害。你缺乏勇氣去愛、去對別人敞開心扉，因為他們可能會傷害你，就像他們愛你一樣。

你躲在理論背後，理論是一面具備優勢的盾牌，你躲在它背後就能夠保持客觀、不露感情、不受傷害。你學會了不相信主觀意識。主觀意識是非理性的、體驗式的、不清楚的、情緒化的、易受傷害的，所有可能破壞你優勢地位的一切。

你只憑靠思考，不去感受。

最後的結果是，你像文學博士一樣仔細檢視文本，但是沒有能力檢視自己。你只能當動物學家，沒辦法當動物。你只能當讀者，沒辦法當文本。

要是你能夠兩者都是呢？

朝聖

二〇〇三年夏天到冬天的那七個月，你和蘭住在巴黎第十一區，距離伏爾泰地鐵站只有幾步之遙。那裡的美國人不多，很少聽到有人說英語。你們才新婚不久，而且你剛剛獲得終身教職（除非犯罪，否則你永遠不會遭到解僱），因此你到巴黎居住不是為了撰寫另一本學術著作——

你高中時期的死黨表示
　他在睡前都會閱讀
　　你的學術著作
　　　以利入眠

——而是為了完成你的短篇小說集。你們住在勒努瓦大道上一棟簡樸的樓房，你們的單房公寓位於三樓。那棟建築物沒有巴黎改造[1]後所呈現的金碧輝煌，也沒有電梯，但反正你和蘭都還年輕，而且彼此相愛。你們只各自帶著一個行李箱就來到巴黎。

1 譯注：巴黎改造（Transformations de Paris sous le Second Empire）是指十九世紀法國進行的大規模都市規劃工程，包括拆除擁擠髒亂的中世紀街區、修建寬敞的街道與林蔭大道及大型公園和廣場，並且整修下水道與噴泉，使巴黎成為現代都市的典範。

如果來到巴黎這座以作家群集而聞名的都市對你而言是一趟文學朝聖之旅，那麼那年秋天爸媽到巴黎來探望你，則是為了進行一趟宗教朝聖之旅。他們期待的美好旅程，是參觀西歐各國重要的天主教聖地。短短五天的時間，你陪他們去了法國西南部的盧爾德和葡萄牙的法蒂瑪，中間還在倫敦短暫停留。你帶了一瓶威士忌以緩解壓力，但也因為自己替爸媽精心安排這趟永生難忘的假期而十分自豪。

那是爸媽的第四次跨國旅行，第一次是逃離他們的家園。如果被迫遷移能使人們成為世界主義者，那麼難民和移民將會被視為這世界上最棒的旅行者。他們比那些從未離開過自己的國家卻瞧不起這些旅行者的人要來得善於處世，因為他們在旅途中能存活的機率與太空人一樣不高，甚至比太空人更低。

為了理解爸媽第一趟有如史詩的旅程從何處開始，你於二〇〇四年一離開巴黎就立刻前往父親的老家義燕社進行朝聖。離鄉背井之人的孩子返回老家，其實也算是一種朝聖，因為不信上帝的你只信奉爸媽，你父母出生和度過童年的地方形同聖地。

你為該次旅行做了非常仔細的行前準備，那年你三十三歲。二〇〇二年你第一次前往越南時，只是一名觀光客；這一次你再訪越南，身分變成了一名學生。你先到西貢（又名胡志明市）的胡志明市國家大學學了幾個月的越南語，下課之後還與唯一的男老師前往夜總會和酒吧進行課後輔導。

那位男老師告訴你，在越南文化中，父親的老家等於是兒子的老家。服務生直接用板條木箱將啤酒送到你們的桌邊，你們兩人輕輕鬆鬆地喝了十大瓶虎牌啤酒。你非常非常努力地學習越南語。

你反覆練習複雜的家庭敬語，以便知悉應該如何稱呼父親那邊的叔叔和母親那邊的阿姨，可是就連爸媽都沒提醒你：河靜省德壽縣義燕社[2]的地方方言十分奇特，就連「水」這個字也與其他地方不同。蘭說：難怪我有時候聽不懂你爸媽說的話。

直到這個時候，你才知道自己成長
過程中所學到的越南語，會讓
其他越南人充滿困惑。
這說明了一切！

你的一個堂姊夫載你回到老家。那位堂姊夫的言行浮誇，他太太是你某個叔叔的女兒。那個叔叔全家上下都對爸媽充滿感激，因為戰爭結束之後，爸媽寄錢給那個叔叔，讓他們一家人得以撐過配給物資有限的那幾年。你原本計畫從河內搭火車到距離老家最近的大城市榮市[3]，不過那位浮誇

2 譯注：義燕社（Xã Nghĩa Yên）應該是在越南的義安省（Tỉnh Nghệ An）義壇縣（Huyện Nghĩa Đàn），而非作者所寫的河靜省（Tỉnh Hà Tĩnh）德壽縣（Huyện Đức Thọ）。河靜省與義安省彼此相鄰。

3 譯注：榮市（Thành phố Vinh）是越南義安省的省會，也是該省政治、經濟和文化中心。

的堂姊夫堅持派他的司機駕駛賓士轎車載你一程。他是一名商人，也是懷抱資本主義希望的新越南人，他的豪宅位於大城市裡，有大庭院和游泳池。你父親的三個弟弟都是傳統的越南人，務農而且貧窮。他們三人和他們的許多子孫都在等你到訪，當你好不容易於深夜抵達老家的祖傳老屋時，至少有二十幾個人出來迎接你，包括老人和小孩。對越南人而言，永遠不要獨處是不是相當重要呢？

不幸的是，你非常喜歡獨處。

祖傳老屋是一座有圍牆的大院，大院裡有三間房屋，三個叔叔一人一間。你從沒見過的祖父建造了那座大院。當你告訴你的某位語言老師那座大院裡有自來水和電力時，她感到相當欽佩，因為你的老家那邊以居住環境欠佳而聞名。

義燕社是爸的出生地，不是你的出生地。你沒有去拜訪自己的出生地，因為爸說你永遠回不了邦美蜀市。他認為共產黨會因為你是他的兒子而迫害你，你沒有這方面的恐懼，因為你對共產黨沒有記憶。可是你不能違抗爸，儘管你以前曾經多次違背他的意思。你遵從爸的命令，主要是出於尊重，不過爸也成功地在你心中種下一棵恐懼之樹。萬一他說對了呢？

雪姊，你的姊姊，現在依然住在邦美蜀市（Ban Mê Thuột，如今稱 Buôn Ma Thuột）。她到芽莊市來與你碰面。一九七五年媽帶著你哥哥和你逃到這座濱海都市，你們見面的地點在爸媽於戰爭時期買下的一間房子，距離海邊只有幾個街區之遙。你從平價的飯店搭乘計程車來到一條灑滿陽光的安靜街道。以加利福尼亞州郊區的房地產標準來看，這間房子很普通，可是以越南的標準而言，它屬於中上階級。這間房子附有庭院，庭院還有圍欄，圍欄裡停放著摩托車。戰爭期間，爸媽讓媽的大姊住進這間房子，然而那段期間你阿姨不知何故將這間別墅——爸媽都這樣稱呼這間房子——分隔成兩間，並將其中一間出租給別人。爸媽曾經提過這件事情一、兩次，口氣充滿困惑。如今你阿姨成了這間房子的主人，她如何在共產黨獲勝之後保住這間房子，你永遠不知道這個問題的答案，因為你從來沒有問過。

你很高興家族裡有人能守住這間房子，但你希望這間房子的主人是你姊姊。由於你的越南語能力有限，你沒有說出這個想法。你和你姊姊的對話持續進行，你能理解百分之五十到八十的內容，因此重點大致聽得懂，只不過你也有些疑惑，不確定自己有沒有聽錯。你與別人進行對話的方法是你持續提出問題，讓對方回答你的問題，但如果你不願意提到某些問題，你們的對話內容就很有限。

當初她看著你們離去的背影，心裡有什麼感覺？
當她關上門並且獨自一人時，心裡有什麼感覺？
隔天早上她做了什麼事？再隔一天又做什麼事？
那些軍人闖進屋裡並且趕她走時，說了些什麼？
戰爭後她加入青年志願軍，那段時間她好不好？
她被派往什麼地方駐紮？在那些地方停留多久？
她如何與她丈夫相識？

你現在才想到這些問題，但當初你在你阿姨那間距離海邊很近的房子時沒有想到。就算你想到了，你也沒辦法說出口。你更不敢問她

被人領養是什麼感覺？

那時你不記得湯亭亭在她的研討課結束後寫給你的評語：

問題具有創造性，不過也很危險。
提出問題就是對改變抱持開放的心態。

你有時候會想，如果爸媽沒能逃離越南，你的人生會是什麼樣子。你姊姊替你過著那種生活。她留下來，但沒能保住在邦美蜀市的家和事業，也沒有保住在芽莊市的房子。媽逃離邦美蜀市時，留下她無法帶走的黃金，並交代她的姊妹們與你姊姊分享那些黃金，結果你的阿姨們沒有照做。你沒有回邦美蜀市的另一個原因，是因為你不想見到那些你認為欺騙你姊姊的阿姨們。

你最後一次見到你姊姊是在二十九年前，你已經不記得當時的情景，因為那時候你才四歲。你只在兩張照片中看過你姊姊的模樣，那是她年輕時拍的照片，而你現在見到的女性已經四十多歲，是兩個孩子的母親。她看起來很時髦，臉上化了妝。你們對於彼此的存在感到好奇，也對彼此的臉

龐感到好奇。她哭了，但是你沒哭。在她掉完眼淚之後，你們兩人都笑了。她告訴你她喜歡唱歌，也喜歡開心玩樂。開心玩樂對於爸媽、對於你哥哥和你都很困難，因為你們是嚴肅的家庭。

如果被拋下的是你，你可能會覺得自己運氣不好，
你可能會怨恨、嫉妒、矛盾，覺得被遺棄和背叛。
倘若你姊姊至今仍有這些感覺，或曾有這些感覺，
她完全沒有表現出來。她只顯得很高興再見到你。

在你阿姨家的餐桌旁，你姊姊穿著一件無袖的豹紋洋裝。你都用她的小名「雪」來稱呼她，但她現在用她的本名「香」來稱呼自己。你阿姨和你的表兄姊們笑著談到，一九九〇年代初期美國一恢復與越南的政治關係並解除一九七五年開始實施的禁令（那道禁令猶如硬性戰爭之後的軟性戰爭），你爸媽馬上就返回越南探親。那是他們第三次跨國旅行。你的親戚們認為你父親的偏執舉動很可笑，因為當時他堅持把他和你母親的行李箱放在床底下，深怕有人亂動他們的東西。但一想到你阿姨的房子原本是他的房子，或許他的顧慮是有道理的。

爸是長子，是一個盡責且愛家的男人，一個樂於幫助窮人的虔誠天主教徒，因此他肯定強烈感受到自己對父母和弟妹的義務，可是經濟與情感的負擔一定相當沉重：爸有三個弟弟和一個妹妹，媽有五個姊妹和一個弟弟，加上他們所有的孩子，還有你這位（被領養的）姊姊。

在你回去拜訪老家之前，爸交給你一份親戚名單，以及他們每個人將從你這邊領取的金額。你為每一個親戚準備一個裝有美元的信封，爸媽之前毫無疑問也是這麼做。在爸媽從越南回來後的第一個感恩節，以前始終堅持你們是百分之百越南人的爸，竟然在吃火雞時宣布：我們現在是美國人了。

在那次之後，他們再也沒有回去越南。

你還記得老家的大院裡擠滿親戚，圍牆外有廣闊的綠色農田。夜幕降臨之後，那片土地就陷入完全的黑暗，你因此明白爸媽為什麼沒辦法回老家長住。無論就空間或時間而言，爸媽都已經離越南太遠了，你也一樣。

你和老家唯一的連結，是肉眼無法看見的記憶與情感。在與你姊姊分離二十九年之後，你希望能憑著那些連結與她變得親近，然而你沒能如願，或者無法如願。對你而言，在芽莊市見到你姊姊是一種朝聖，一種儀式性的拜訪，拜訪一位供奉在你記憶中的人。可是朝聖結束之後，可能就沒有必要再回訪了。

你和你姊姊的關係是戰爭造成的不幸。或者說，你無法與你姊姊建立關係，是戰爭造成的不幸。又或者說，也許在任何一個平行宇宙裡，你在情感方面都是這麼麻木。

倘若戰爭肢解了
你和你姊姊的關係，
爸媽是否也將她遺忘了呢？

你不能代表爸媽發言，但是你肯定這麼做了。你的雪姊之前缺席了，你（被領養）的香姊現在缺席了。即便你從來沒有完全忘記過你姊姊，你也從來沒有完全記得她。這件事你無法責怪戰爭或任何人，因為你看待她的方式就彷彿她仍在地球上，而你已經在月球上。或者，雖然透過臉書，你幾乎天天都能看到她，但你們之間仍隔著遙遠的距離。

太空人最後還是會返回地球，但是像爸媽這種太空人已經永遠掙脫了家鄉的重力。

這就是你想要離開家的原因嗎？
聖荷西對你而言已經太小了，或許
就像義燕社對爸媽而言也變得太小了。

鄉愁從字面上來看，就是想家，
因為思念家鄉而感到痛苦。
但如果對家鄉感到厭倦，
應該用哪個詞彙？

對虔誠的天主教徒而言，真正的家不是地球而是天堂，他們對天堂的渴望是恆久不變的。除了成為單程的太空人、航海家、冒險家之外，還有什麼方法能夠提升並實現這樣的願望？還有什麼比看不到、聽不到、摸不到的信仰更具冒險性的東西？

你父母將他們信仰的對象稱為上帝。你信仰的則是公義。你們三人都以以自己的方式深深信仰著。

因此，爸媽於一九八八年左右進行的第二次跨國旅行，是與他們的教友一同前往梵蒂岡和耶路撒冷朝聖。那趟旅行的續集是二〇〇三年的歐洲朝聖之旅，由你擔任該次旅行的導遊。盧爾德是聖母瑪利亞在一個農家女孩面前顯靈的地方，那裡的教堂建築色彩繽紛，讓你想起迪士尼樂園；紀念品店販售各種尺寸的十字架、印有教宗像的盤子、聖母瑪利亞的雕像、夢幻雪球和盒式項鍊墜。你為你的岳父買了一瓶容量約古龍水大小的聖水，你的父母則在這種聖水中受浸，你在浴場外面等他們。信徒手持點燃的蠟燭，穿越狹窄的巷道前往傍晚的彌撒，身穿黑色與灰色長袍的修女也安靜地走在一旁。

法蒂瑪的簡樸令你留下深刻的印象。法蒂瑪位於綠色的山脈之間，據說是以一位被基督教騎士綁架的摩爾人公主所命名，這個地方也發生過聖母瑪利亞顯靈的事蹟。遊客穿過一座遼闊的廣場，走向一間有高聳尖塔的長方形大教堂。渴望聖母瑪利亞幫助的人，則以跪行的方式穿越廣場。在古早的年代，那些信徒的膝蓋會流血且瘀傷，但現在的朝聖者會穿戴護膝。爸媽在法蒂瑪祈禱，但是沒有跪行，因為他們不需要奇蹟。在美國政府和上帝的幫助下，他們已經拯救了自己。

你從來沒有告訴爸媽你是無神論者，因為你不想讓他們不開心。保護爸媽是你表達你愛他們的方式，儘管他們毫不知情，就像你完全不記得他們那些沒說出口的愛你的方式。你擔任他們的導遊，也是你表達愛的一種方式。爸媽讓你照顧，因為你終於長大成人了。結婚是你真正成年的第一個象徵，他們接下來想要有孫子，可是成為父親讓你感到恐懼。

你利用這次朝聖之旅為自己爭取時間。令你驚訝的是：你覺得很開心。你很高興能在護送爸媽前往艾菲爾鐵塔、凡爾賽宮、白金漢宮和里斯本的時候看見他們玩得很愉快。爸媽比較喜歡乾淨的倫敦，不喜歡骯髒的巴黎。搭乘巴黎地鐵時，媽想起自己小時候搭公車因為不想付錢而躲在座位下方，不禁笑了起來。

數年之後，你坐在座位超賣的夜行火車三等車廂，
穿過越南中部，有小孩睡在你的木板椅下方，
還有陌生人坐在走廊的小凳子上打瞌睡。
你想起這段回憶，感觸格外深刻。

你對父親身分感到恐懼，有一部分是來自看到母親身分對媽的影響。你童年時的母親有美麗的笑容，她喜歡打扮自己，她莊嚴且優雅，她權威而強大。可是「新西貢」讓她筋疲力竭，讓她變老，讓她變弱。或者，也許隨著你的成長並達到她的身高、超過她的身高，她無論如何都會縮小。你十幾歲的時候開始注意到她臉上有歲月的痕跡。如今與你稚嫩的孩子相比，你也在自己臉上看見歲月的痕跡。你的孩子們吸收了你的人生，就像你吸收爸媽的人生一樣。

然而這次的朝聖之旅意謂著犧牲已經結束。

戰爭的年代早就已經過去了。

「新西貢」也不復存在。

你可以帶爸媽到世界各地的天主教聖地，甚至可以與他們一起回到越南，重溫記憶。

當時是二〇〇三年的秋天，媽還很健康。

你們都不知道，兩年之後一切都將不同。

而且永遠不同。

無論對她而言，對你而言，或者對我而言。

FACES

PART 3

我們是成年人，因為我們帶著死亡無聲的存在，
我們向死亡尋求此刻言行的忠告，
我們向死亡尋求過去罪行的原諒。

娜塔莉亞・金茲堡☆
——《一個居住的地方》——

☆ 譯注：娜塔莉亞・金茲堡（Natalia Ginzburg, 1916.07.14 — 1991.10.07）是義大利作家，其作品探討法西斯時期和第二次世界大戰期間與之後的家庭關係、政治及哲學。《一個居住的地方》（*A Place to Live*）為其於一九七四年出版的散文。

FACES

故意遺忘與偶然遺忘

你，還有我，是奇怪的一對。

我寫自己的唯一方式，就是透過寫你。你就是我，但是從很近的距離或最遠的距離來觀察，那種距離是人與自己之間的空間。

你是我寫我的理由，因為我發現寫自己太無聊，以致無法繼續寫下去，而且也覺得寫自己太可怕。什麼樣的人才能像我這樣忘記我做過的事？包括對我自己和對別人做過的事？例如對我（被領養）的姊姊和對我的母親。

只有透過寫你，我才能試著重新記得。不僅記起你，也記起我自己。或許在寫作和重新回憶的過程中，藉著這種微妙的辯證法，你和我可以變成比支離破碎的我們加起來更好的模樣。

倘若回憶對你我而言如此困難，我們應該因為遺忘而受到責難嗎？美國人一直努力讓自己變得比其各部分的加總還要偉大，他們活在一種健忘的文化之中，不願意接受真相。這個國家的許多人都寧可不記得詩人威廉・卡洛斯・威廉斯[1]所說的：

> 毫無節制的流血事件

在這個國家誕生時發生，而且鮮血依然浸透著這片土地。這個國家的許多公民，包括曾經是難民的公民，都持續從中受益。我的許多美國同胞不記得那些暴行應該值得遺憾，頂多覺得那是國家在駛向黎明時無可避免的意外。然而，那究竟是燦爛的陽光，還是美國™在廣島和長崎投下原子彈時發出的強烈光芒？更不用說在馬紹爾群島進行的六十七次核子試驗？

說到遺忘，美國™和其他國家都一樣。每個國家都會遺忘或不記得自己的歷史。與國家形象矛盾的歷史，會被壓抑、抹去、改寫，或者在驅逐那些可能透過回憶而提及歷史的人（例如在戰爭中戰敗的越南人）時一同消除乾淨。一九七五年革命勝利的那段歷史，使北越南和南越南重新合而為一，但南越的越南共和國垮臺了。當我們這些戰敗者或者戰敗者的後裔回到重新合而為一的越南時，都知道自己進入越南是附有條件的。我們必須避免談論政治，並且接受共產主義的合法性，絕對不能提起過往的種種，不可以跨越紅線。

然而，談論我們身為難民的生活，就已經超越了紅線。

---

1 譯注：威廉・卡洛斯・威廉斯（William Carlos Williams, 1883.09.17—1963.03.04）是美國詩人暨小說家。

當我的短篇小說集《流亡者》在越南出版時，審查員將我唯一寫過的自傳故事《戰時年代》刪除，那是關於「新西貢」及那名持槍的白人搶劫犯的故事。故事裡的父親和爸並不相似，但故事裡的母親很像媽，而你就像說出這個故事的孩子。媽曾經告訴我，有一個越南婦女以反共的理由到「新西貢」來討錢。我一如既往，沒有多問媽任何問題，因為寫故事是我提出問題和提供答案的方式。在故事中，我將那個女人稱為「華太太」，並想像她在戰爭中失去丈夫和兒子。我認識像「華太太」這樣的人，他們的反共立場既基於政治因素也出於個人因素。

越南的審查員一定也覺得自己認識這樣的人。

共產主義在越南審查「新西貢」，資本主義則將「新西貢」從聖荷西消去，與殖民主義試著將那片土地上的奧隆人[2]抹去彼此呼應。然而「新西貢」已經不在了，奧隆人依然倖存。

這種悲劇性的鬧劇或鬧劇性的悲劇，就是為什麼你的卡爾·馬克思主義需要你的格魯喬·馬克思主義的原因。爸媽和其他的越南難民成功改善了聖荷西衰敗的市中心，使這座城市進一步重建。到了一九九〇年代，每個人都已經知道如何前往聖荷西，因為它是矽谷的基礎，而且這個面貌一新的聖荷西需要一棟新的市政廳……

興建地點就在「新西貢」對街。

將老舊市中心改頭換面的越南人，對新穎的市中心而言太過低級，於是聖荷西市強迫爸媽和其他越南人以侮辱性的超低價格賣掉他們的生意，爸媽和其他越南人從這個美式故事學到了另一個句子：聘請律師爭取合理的售價。但無論能爭取到什麼樣的價格，他們都必須承認一件事：他們以前具有高可見度，現在卻變隱形了。

我聽見美國在歌唱，

全新建造的市政廳看起來宛如《星際大戰》電影中的莢果狀「死星」，那棟市政廳建立在失憶症的基礎上，其外觀看起來像提供稅金來打造它的科技世界一樣充滿金屬光澤。十多年來我都不想看到它，每次我回到聖荷西市中心，都會刻意避開聖塔克拉拉街。看到「新西貢」舊址的那座停車場太令人痛苦了，那裡沒有留下爸媽勞動或犧牲的痕跡。

聖荷西市原本計畫在移除「新西貢」之後於那塊地上建設音樂廳，我很高興「新西貢」那個難民根源地能萌生出交響樂。

2 譯注：奧隆人（Ohlone people），以前稱為科斯塔諾人（Costeño），是北加利福尼亞州海岸的美洲原住民。

白人詩人華特．惠特曼寫道。因此即使身為邊緣人，爸媽仍可以參與「美國合唱團」。朗斯頓．休斯[3]寫到這個「美國合唱團」時表示：

我，也歌頌美國。

然而計畫出現了變化，聖荷西市以數百萬美元的價格賣掉那塊地，證明爸當初竭盡全力買下該處房地產的直覺十分正確。爸媽曾流血流汗的那塊地，如今變成一棟高聳的豪華公寓大廈：米羅大樓（The Miro），聖荷西最高的建築物，其名稱讓人想到藝術家胡安．米羅[4]。音樂廳只不過是一種想法，而這種想法被捨棄了，取而代之的是價值兩億八千八百萬美元的

高樓層都會寓所，

你在那裡可以

享受超乎期待的生活，

每月只需支付大約三千至一萬二千美元的租金。

這，也是美國™！

或者至少是我的走音版本。
我的歌聲很可怕，
我既不是黑人
也不是白人。

這本書的零售價約為十六美元至
二十七美元，到了最後的二手市場
可能不到一美元，甚至可以免費借閱

我反對抹殺，反對沉默，反對資本主義風尚
為了迎合這世界的技術專家政治消費者
而打造的藝術時尚方尖碑。
我不是用一首歌來抗爭，而是用這些文字，這本書——

3 譯注：詹姆斯・默瑟・朗斯頓・休斯（James Mercer Langston Hughes, 1902.02.01—1967.05.22）是美國詩人、小說家、劇作家暨專欄作家。

4 譯注：胡安・米羅（Joan Miró, 1893.04.20—1983.12.25）是加泰隆尼亞畫家、雕塑家、陶藝家暨版畫家，超現實主義的代表人物。

——這本紀念冊來壓制遺忘的必然性
與必要性，包括我們集體遺忘的一切。
我個人遺忘的，
以及爸遺忘的。

紀念冊雖然名為紀念冊，但也證明了有多少事情已被遺忘，以及無窮無盡的事項無法逐一記憶。正如所有備受爭議的事實必須加以解釋，而在那些事實之中，印象最深刻的記憶將以虛構的方式脫穎而出。

奇怪的是，以小說家身分聞名的我，
無法以這種方式回憶。我只能憑靠著
重新記憶。

爸已經不記得法蒂瑪和盧爾德了。當年我覺得那趟旅程很可怕，現在卻視為珍貴的記憶，因為那段現實記憶中有媽在，而且我還是一個好兒子。

爸只記得巴黎和倫敦。他記得最清楚的部分是：

「飯店房間裡的窗簾。」他留戀地表示。

我們當時入住距離大笨鐘[5]不遠的萬豪酒店，爸媽的房間和我的房間可以相通，房間的落地窗掛有鮮黃色的窗簾。

「所以我把家裡客廳的窗簾也改成同樣的款式。」

爸年輕時是裁縫師，他從倫敦回來之後，便親自剪裁並縫製了同樣的窗簾。現在，每天早上和下午，他都坐在棕色的真皮沙發上，雙手交握在胸前打瞌睡，整個人沉浸在從緊閉窗簾透進屋裡的柔和陽光裡。

坐在那張沙發上，你可以看見對面的白色牆面掛著爸媽於二〇〇四年拍攝的結婚五十週年紀念照，那年也是越南分治的五十週年[6]，爸媽就此展開他們的難民生活。

即使國家分裂、預言血腥的未來，
婚姻仍使兩個家庭和兩個戀人結合為一。

5 譯注：大笨鐘（Big Ben）是位於英國倫敦西敏寺北端的鐘樓，於一八五九年落成，成為世界上最大的四面報時鐘之一，原名為鐘塔（Clock Tower），二〇一二年改名為伊莉莎白塔（Elizabeth Tower）。

6 譯注：一九五四年越南打敗法國軍隊並獨立，隨後的日內瓦會議約定以北緯十七度線為界，兩越分立。北方由越南民主共和國（北越）統治，南方則先後建立越南國及越南共和國（南越）。

——這對於小說而言是很棒的細節！

在那個五十週年紀念日，爸穿著米白色的西裝，媽穿著金色的越南長襖。身材肥胖、臉色紅潤的聖荷西主教負責主持彌撒，他身穿華麗的長袍，頭上戴著主教冠，手持長長的權杖對著他的越南羊群。

一年後，二〇〇五年十二月的聖誕假期期間，我坐在那張沙發上，驚訝得說不出話，因為媽突然又不對勁了。

我們的現實與她的超現實之間出現裂縫，但找不出明顯的原因。當時她已經退休，享受著自己的人生：精進她的食譜、每天和爸一起去參加彌撒之前先從她的大衣櫥裡挑選不一樣的衣服來穿、與她的孫兒們合影。如今她進了醫院，而且不可以出院，即便她和我們都不希望如此。那時候我才知道，醫生可以強迫病人住院七十二小時，就算病人的親人也無法救他們出院。那是我所記得為數不多的事實之一。

我沒有將那段時間發生的事情記錄下來。

我怎麼好意思稱自己是作家？

在沒有文字紀錄的情況下，我的回憶是一片空白。那段時間白得像

蒼白的骨頭。

我們幾乎沒有記憶，因為你選擇忘記，而我不願意回憶。一部分的理由是為了自我保護，一部分的理由是因為回憶我根本不記得的事就形同虛構，而非事實。

事實是：我不記得媽發生了什麼事，以及她精神崩潰時我是否在場。我也不記得她崩潰時是什麼樣子、她在醫院裡住了多久、她住哪一家醫院，以及她最後如何回到很久以前住過的那間亞太精神病院。

事實是：我也抗拒重新回憶。我不願意打電話問我哥哥，請他幫我喚起回憶、讓我寫成散文。

我抗拒看見

骨頭。

我拒絕回憶。我接受我的健忘症。因為——事實上——亞太精神病院是我去過最可怕的地方，而我母親被關在那間我記不得名字的醫院的七十二小時，是我這一生最不安的時刻。我寧願犧牲我身體的一部分，甚至縮短我的壽命，也不願意像那間病房的病患一樣、像被拘留在那裡的人一樣、

像媽一樣。

對某些人而言，忘記痛苦的事是必要的。
到了最後，我們只要將那根無法切斷的
骨頭，用小火慢慢地煨燉。
那根骨頭我燉好了嗎？
我可以品嘗記憶的
精髓了嗎？

在醫生釋放我母親之後，在她離開亞太精神病院之後，在我們收集了爸可以掌控媽命運所需的法律文件之後，我們將我母親送進了療養院。

我的記憶重回到那個中途站，那個介於亞太精神病院的超現實歲月與媽在她所屬的家庭現實生活之間的療養院。那間療養院既不奢華也不便宜，雖然很像醫院，但主要功能就宛如一臺冰箱，讓人可以繼續活著，直到他們準備好面對死亡。

如果一個環境安靜、有高聳的書牆環繞、訪客也沉默不語的圖書館再加上我自己的皮革扶手椅就是我對永恆幸福的願景，那麼那間有如冰箱的療養院就算稱不上地獄，也像一個鋪著地磚、走廊燈光明亮、平淡的餐點以透明塑膠罩保溫、病患皆無行為能力、充滿護士與治療師與訪客喧譁聲及電視嗡嗡聲的人間煉獄。

我在那個人間煉獄裡
沒有看到任何人
閱讀書籍。

那裡大部分的工作人員都是菲律賓人，他們穿著護理服或馬球衫與斜紋棉褲。美國對菲律賓的殖民統治，為當地的護理人員開創了來美國™發展的道路，並導致菲律賓缺少醫療專業人員，也導致許多母親拋下她們的孩子，因為那些母親來到美國，照顧美國人和來自世界各地的許多人。

什麼時候會拍攝一齣關於這些女性的電視劇集？
劇名就叫《菲律賓婦女》或《情感》。
那些曾經參與演出《西貢小姐》的
女性演員和舞者都在等待機會。

我麻木地看著那裡的病患，他們則麻木地躺在床上，或麻木地坐在停於走廊的輪椅上。他們又老又病，或者老邁且奄奄一息。偶爾會有人突然放聲尖叫。我不希望自己在那種地方結束人生。

我母親在那間療養院待了幾天、幾個星期或幾個月。我不記得了。

我只記得那次特別不同的探訪。

那次探訪媽之後，我開車載我哥哥和我父親離開療養院。我突然意識到媽不會好轉了。當他們討論媽的病情時，我明白媽永遠不可能從她的超現實回到我們的現實世界，只會偶爾短暫回神。我因此深受打擊，啜泣與眼淚打破了將你和我、我和自己隔開的高牆。我前一次被自己的情緒擊垮已是十四年前的事，當時媽第一次住進亞太精神病院。

我父親和我哥哥一句話都沒說，我的手緊握著方向盤，努力以淚眼看清前方的道路。我打起精神，控制住自己的情緒。我把你放回你歸屬的空間。我父親和我哥哥繼續他們的對話。我則繼續開車。

我們後來從不曾談論過這段插曲。

療養院讓媽出院之後，爸帶她回家，可是她的心智已經不復存在，不完全存在。她的思緒大部分時間都在不同的平行宇宙中旅行。儘管如此，有時候她還是會回到我們的現實世界，並發現七十二歲的爸沒有搭乘波音飛機環遊世界，而是整天待在家。接下來的十年，爸毫無怨言地照顧媽，無視我和我哥哥要他聘請看護人員的乞求。聘請看護人員的費用對他而言並不會造成任何負擔。

小時候我常看著爸做晚餐、採購日用品和打掃房子。這些家務事，傳統的越南男性並不願意做。這種平凡的日常行為，後來我才明白是愛的表現。

二〇一二年，我非常欣賞的奧地利導演麥可・漢內克[7]
推出一部法語電影《愛・慕》，該片內容是關於
一對年紀已經八十多歲的恩愛夫婦，
妻子因中風而癱瘓失能，只能
靠丈夫的照顧而生活。後來
丈夫基於深愛將她悶死，
然後在巴黎的公寓裡
絕食自盡。

7 譯注：麥可・漢內克（Michael Haneke, 1942.03.23—）是奧地利電影導演，出生於德國慕尼黑。二〇〇九年以《白色緞帶》（*Das weiße Band*）獲得第六十二屆坎城影展金棕櫚獎，二〇一二年又以《愛・慕》（*Amour*）獲得第六十五屆坎城影展金棕櫚獎，成為史上第七位獲得兩次金棕櫚獎的導演。

漢內克總是贏得人們喜愛。但是不適合執導關於爸媽的電影。

爸媽的愛慕是關於忍耐。他們兩人都既受苦又犧牲，但是除了他們的兩個兒子之外沒有人感激他們，他們的故事也沒有謀殺與自殺或者被釘上十字架的戲劇化情節。

媽的各種藥物都放在一個被拿來再利用的餅乾空罐裡，那些藥可防止戲劇性的事情發生。藥物幫助她平靜，減少自殘的機會，並阻止她完全脫離我們的現實。她被緊緊拴在正軌上，以致她變得非常安靜、行動緩慢，幾乎什麼事都做不了。但是她可以認出我和她的孫兒們，即使認出親人的光芒很快就會消散而去。

與漢內克那部長達兩小時七分鐘的電影不同，這場安靜的演出緩慢且難以理解，就像薩繆爾．貝克特[8]的《快樂的日子》，而且持續十年之久。

貝克特在《無名氏》中也寫道：

你必須繼續。我無法繼續。我將繼續。
　這段話多麼適合套用在難民身上啊。
　　貝克特本身也是難民。至於爸媽，
　　　他們只會不斷地繼續，
　　　　而且一直繼續下去。

媽沒有被列入因戰爭而傷亡的人數中，但我們應該如何稱呼一個因為戰爭而失去國家、失去大部分財富、失去家人、失去父母、失去（被領養的）女兒且失去內心平靜的人？

那麼多因為戰爭而傷亡的人從來沒有被計算在內，而且他們從來沒有被人紀念，從來沒有被人將他們的名字寫在牆上，從來沒有被人寫進小說和戲劇中，也從來沒有出現在電影裡。難民、自殺之人、殘廢之人、無家可歸之人、心靈受創之人、脫離這個現實世界之人。那些人從來都沒有人知道。

越南人，你該如何將你本身的獨特性與你所受到的創傷加以區隔？

---

8 譯注：薩繆爾·貝克特（Samuel Beckett, 1906.04.13—1989.11.10）是愛爾蘭作家，創作的領域包括戲劇、小說和詩，尤以戲劇成就最高，是荒誕派戲劇的重要代表人物，一九六九年獲得諾貝爾文學獎。《快樂的日子》（*Happy Days*）為其寫的兩幕劇，於一九六一年首演；小說《無名氏》（*Unnamable*）於一九五三年出版。

因為戰爭、殖民化、國家的分裂和統一所造成的創傷
因為淪為難民或留在家鄉或被家人拋棄所造成的創傷
因為身為難民、士兵、見證者、倖存者的孩子所造成的創傷
因為身為那些未能倖存下來之人的孩子所造成的創傷
因為身為越南人所造成的創傷

你該如何將自己與
你對歷史的記憶加以區隔？

你該如何將你的存在
與這麼多人已不存在的事實
加以區隔？

這些都是我只能提出
但永遠無法回答的問題。

訃聞

二〇一五年，在爸獨力照顧媽十年之後，八十二歲的他投降了。爸讓媽住進我們在電影或肥皂劇中可以看見的那種充滿愛心的私立療養院。那種療養院通常保留給白人使用，裡面安安靜靜且鋪有地毯，公共休息區還擺設一架鋼琴，我父親去探視我母親時，會在那裡彈琴給我母親聽。他成年之後自學鋼琴，晚年又自學曼陀林。

有時候我會想：如果他有機會接受我兒子所受的教育，
並擁有私人鋼琴老師，他會有什麼成就？
但他可能就不會是他所成為的父親，
而我也不會成為現在的我。

我母親住進了記憶照護中心，那裡的工作人員也幾乎都是菲律賓人。住在那裡的病患會一起在灑滿陽光的餐廳用餐，餐廳裡有銀製的刀叉、精緻的餐盤、餐桌服務及少鹽的清淡料理，例如烤雞、花椰菜、馬鈴薯泥——這些對於一輩子都吃越南菜的人而言都是非常掃興的食物，就連我兒子都不想吃他祖母餐盤裡的果凍，許多病患因此感到驚訝。當我們再次去探望我母親時，那些病患已經忘了我兒子，於是又一次發出驚呼。

我兒子和我去探訪媽，讓媽露出了笑容。然而在那種初現的溫馨之後，媽的視線就會轉移並注視著某種只有她才看得見的東西。她會像排水口被堵住的水槽裡的水一樣靜止不動，而且她服用的藥物不一定總是有效。有一天我接獲通知：她跳上床，結果從床上摔下來，跌斷了手臂。至少工作人員是這麼說的。有一位我沒見過的醫生因此調整了她的藥物，但她的手臂受到永久性的傷害，只能蜷縮在她身上或無力地垂在她身旁，再也沒辦法使用。

但我現在不記得她弄傷的是左臂還是右臂。

二〇一八年，媽的病情惡化。東哥說，媽中風了，需要照X光並接受核磁共振。記憶照護中心無法繼續照顧她，她只好回到療養院。療養院就像恐怖電影的場景，而且比好萊塢所能想像的任何情節都還要可怕，因為是真實的人生，或者是真實的死亡。一部好萊塢電影會在兩個小時內結束，但是一個人的人生可能需要更長的時間才會結束。就媽而言，經過了十三年，她身體和心靈的細胞一個接著一個被緩慢侵蝕，最後才造成死亡。

爸請了一位神父過來，那位頭髮灰白的中年人很快就穿著有白領的黑色神父袍出現。他站在媽的床邊舉行最後的儀式，用越南語說了一些話，一些我聽不懂的話。媽沒有睜開眼睛。

儀式只花了幾秒鐘就完成，神父也只待了幾分鐘就離開。我以為那位越南聖人會以莊嚴的態度拍拍爸的肩膀，機械化地背誦出安慰的字句，可是他沒有說任何關心的話語，甚至沒有假裝想要分擔我父親的悲傷。那個神父在胸前畫十字架時，情感的表達就像他正在洗碗。

聖父。聖子。聖靈。

爸。我。以及這段——

回憶，歷史，紀念——

媽躺在床上進入彌留時，
我想到這些光怪陸離的事，
這些是我最接近宗教的念頭，
或最接近鬼怪的想法。我看著媽，
就像我以前做過無數次那樣，心想：
我要如何把這件事寫下來？
關於她的故事？以及
關於她的鬼魂？

爸媽退休之後每天都去參加彌撒，並且幫忙籌募資金來打造舉行那些彌撒的越南教堂，但那個越南神父只對著媽在空中揮揮手，然後就置之不理。我原本期待他會做得更多，不過我什麼都沒說。爸感激地握握那個神父的手，甚至微微鞠躬。如果我父親都能心存感激，我這個忘恩負義的人有什麼資格說話。或許當我像爸一樣年邁衰老、搖搖欲墜、脆弱不堪時，我也會心存感激。

媽可以選擇在這個煉獄或者在家裡走完人生，因此我們把她帶回爸媽位於郊區的美國夢™之屋。寬闊而青翠的草坪已經變成一片荒土，因為爸實在太疲憊，沒有心思維護。我睡在樓上的其中一個房間，我高中時期最後兩年就是睡在那個房間裡。每當我打開淋浴間的水龍頭時，水管就會發出呻吟聲和嘎嘎聲。那個房間在夏天會變得很熱，因為空調太弱，沒辦法吹到二樓。

但當時是十二月，整間屋子都很冷，尤其是位於樓下的房間，媽的房間。我們把租來供她使用的病床推到起居室，因為自從媽生病之後，起居室的電視就幾乎沒人打開過，立體音響也沒人聽，即使在媽依然健康時，這個家就沒有播放背景音樂的習慣，這間屋子平時安靜得像空無一人的教堂。當我看著日期從十二月二十二日變成十二月二十三日時，背景沒有配樂，媽嚥下了最後一口氣。那天距離她前一次精神崩潰幾乎已經過了十三年，爸、我哥哥、我嫂嫂和我是唯一的證人。

媽出生於一九三七年，原名阮氏七，她是一個出生於越南北部貧窮村莊的貧窮女孩。她以美國公民琳達・金・阮的身分於二〇一八年逝世，人生既平凡又壯闊。

十七歲那年，她結婚並且第一次成為難民。

十七歲那年，
我差點無法從高中畢業，
因為我的微積分預備課程
差點被當掉。

三十八歲那年，身為兩個親生兒子和一個養女的母親，媽第二次成為難民。她的人生續篇，在一個陌生的國度展開。

三十八歲那年，我
膝下無子，正努力
寫出一個關於媽的
短篇故事。

媽的名字是七。在越南農村，用數字為孩子取名十分常見。因為一個家庭往往會有很多孩子，其中有些孩子根本無法存活，因此沒有必要替女孩子取個正式的名字。

身為一個女孩，而且是家中第七個孩子，她還能奢求什麼？

媽很討厭她的名字。在她人生的最後數十年，她希望別人用她的美國名字琳達來稱呼她，但無論七或琳達，這兩個名字對我而言感覺都很陌生。我從來沒有叫過她的名字，只有小時候叫她「媽媽」（Mẹ），成年後叫她「媽」（Má）。她的難民之路甚至形塑了我對她的稱呼：越南的北方人都使用「媽媽」，南方人則使用「媽」，而我一如既往地夾在兩者之間。

大多數見過媽的美國人，可能只看過她平凡又普通的一面。如果他們對她有任何了解，可能知道她曾是一位店主、一名商人、一個難民；如果他們對她一無所知，只會覺得她是一個英語說得不好的亞洲女性。媽媽，或者媽，從來不想提到她為什麼只接受過小學教育。我把這件事說出來了，但這件事總有一天會被人知道，儘管我不應該說出她的祕密。看看僅有小學教育程度的媽取得了什麼樣的成就。她克服了一切困難——幾乎所有的困難——除了她的心智。

她被打敗了，就像許多英雄一樣，
她不是被別人打敗，
而是被她自己。

她是一名英雄，不是一名士兵。像媽這樣的人不會被歷史記住，但她仍是歷史的一部分。她不情願地參與了可怕的戰爭，但是與士兵不同，那些參與戰爭的老百姓（其中包括許多婦女和兒童）從未得到應有的表彰。他們有些人承受的折磨與看見的恐怖畫面都比士兵還多。二十世紀的戰爭——包括越南的戰爭——殺死的老百姓人數遠多於士兵。

老百姓的故事也可以是戰時故事。

也許發生在我母親身上的事，是她身體與心智的命運。但歷史與戰爭輪流打擊她，讓她緊張焦躁，使她精神崩潰。

我的母親
是殖民化與戰爭的
孩子。

我
是殖民化與戰爭的
孫兒。

也是爸媽的孩子。爸媽選擇了彼此。雖然媽的心智離開我們這麼多年，但是我父親的愛並沒有離開她。她在超現實的軌道上看見了這個現實，我知道這一點，因為媽躺在起居室的病床上所說的最後一句話，是在與我父親一起誦讀主禱文之前對著我父親說：

誦讀完主禱文之後，起居室陷入靜默。
我的醫生哥哥為媽注射嗎啡。
我的醫生嫂嫂在一旁觀看。
媽的呼吸開始漸漸變緩。

Em yêu anh
我可以翻譯出這句話，
即使這句譯文不足以傳達其意：
我愛你。

我倚向媽，用越南語告訴她我很愛她。
她的人生很美好。她一生辛勤工作、
犧牲奉獻，宛如英雄。這種人生
需要擁有強大的力量，
以及奉獻精神和愛。
我不知道媽從哪裡

獲得這些特質，但我是
受惠者。這些字句、這份對她的
信賴、這種對她的背叛，便是結果。

媽沒有睜開眼睛。她沒有表現出聽見的跡象。
她的呼吸最後終於停止了，在午夜時分。
她在這個地球上的旅程結束了。

我母親是屬於我的。
我母親對我來說也是其他人。

我哥哥打了一通電話。一個小時之後，
一個彬彬有禮的陌生人來了，他可能是菲律賓人。
他推來一張輪床，填寫了表格，然後將我母親帶走，
將空蕩蕩的病床留在我家的起居室裡，
載著我母親，驅車駛進深沉夜色中。

我記得媽非常愛我。
至於其他的一切，
我可以忘記。

追憶

《戰時年代》這個關於我母親的故事，我花了幾年的時間
才完成，在那之前我甚至花了更長的時間才找到動筆的意願。
至於這本回憶錄、這段歷史、這篇追憶、這部可能不是那麼偉大的美國小說，
如果書中的虛構內容與事實一樣多，或許會變得還不錯——

我等了一輩子才敢觸碰這些內容。也許我是
等到媽過世之後才敢捏造出關於她的故事，
或者找回我記憶中關於她的故事。這些故事
只不過是她的鬼魂所脫下的外衣。

媽在新冠肺炎疫情肆虐前就過世了。如果她還活著，
會不會和那些年老者與體弱者一樣被困在療養院裡？
我見她最後一面會不會必須隔著窗戶？
在迄今尚未完全結束的疫情期間，
美國超過一百萬人死亡，全世界超過六百萬人死亡。

而且死亡人數仍持續增加。
誰會紀念他們？要如何紀念他們？

這場全球性的瘟疫，導致另一種始終存在於美國™的疾病變得更嚴重：
我們謀殺別人的傾向。二〇二〇年，警方謀殺了喬治·佛洛伊德。
二〇二一年，一名白人男子在亞特蘭大槍殺了八個人，
其中六人是在按摩水療店工作的亞裔移民女性。

朴順正（Soon Chung Park），七十四歲
金善車（Suncha Kim），六十九歲
岳永愛（Yong Ae Yue），六十三歲
賢靜·格蘭特（Hyun Jung Grant），五十一歲
譚曉潔（Xiaojie Tan），四十九歲
馮道友（Daoyou Feng），四十四歲

許多國家對亞洲人的仇視激增。
在美國™和其他地方，女性在受害者中占多數。
她們在身體上、言語上、象徵意義上遭到殘酷的對待。
她們在擾動、引誘和粉碎我們（某些人）的故事中受到暴力對待。

我在銀幕上或舞臺上看過多少亞洲女性（通常是越南女性）
遭到屠殺或謀殺？這是否影響了我如何看待媽的角度？
對某些人而言，她看起來就像那些被殺死的女性。
她那不完美的英語，聽起來也和她們很像。

《現代啟示錄》，一九七九年。《第一滴血續集》，一九八五年。
《越戰創傷》，一九八九年。《西貢小姐》，一九八九年。這些電影太過時了嗎？
二〇一九年在HBO播映的電視劇《守護者》[1]，
結局是趙嫗這名神祕的越南女子死去的壯觀場面。
趙嫗是一位具有遠見的科學家暨億萬富翁。

又一個美國人
被越南人
搶走了工作

她所懷抱的烏托邦式雄心，被她的敵人視為反烏托邦。

1 譯注：《守護者》（*Watchmen*）是美國的迷你電視劇集，於二〇一九年十月二十日在HBO首播。

趙嫗由越南裔美國演員周洪飾演。
她也可以在我母親的故事中飾演我母親，
只不過ＨＢＯ永遠不會製作這種影集，
雖然ＨＢＯ正在製作一齣
由我的小說改編的電視劇。
這表示如果你沒有讀過《同情者》，
你永遠不必去讀，只要看電視劇即可。

《守護者》的製作人敢在亞特蘭大槍擊案發生之後
殺死趙嫗嗎？這種幻想的劇情會不會太接近現實？
會不會太令人不安，以致無法被當成一個故事
而輕易地從腦海中忘懷？

趙嫗遭遇黃禍無可避免的命運，
被最美式的大規模屠殺奪走性命。
她遭到空襲轟炸，雖然敵人是從外太空
丟下如冰雹般的冷凍魷魚（請勿追問細節）。
不過，至少她在看見向她襲來的命運時，

還有機會說出恰當的
最後遺言：

Đụ má.

這句話的字幕是：

王八蛋。

亞裔女性遭受暴力攻擊而死亡不只是故事。那些可以從書本、電影或戲劇中安然脫身的人，無法意識到能夠決定故事情節是一種特權：身為多數族群的特權。因為幾乎所有的故事都以他們為主角，他們享有敘事豐富的奢侈人生。

很少故事會以我們這種缺乏敘事的亞洲人為主角。而且就算當上主角，我們的形象也經常遭到扭曲。由於每次露臉都很重要，非常重要，因此任何故事都無法承受這種重量。形象染上汙名對我們並不公平，也對談論我們以及替我們發聲的作家、藝術家、製片、演員和說故事之人很不公平，無論我們是不是希望他們這麼做，也無論他們是否想要這麼做。當一個故事攻擊我們時、當一個故事一遍又一遍重複訴說時，它就不再只是一個故事。當故事鑽穿我們時，它便以敘事、以神話、以可變成現實的幻想，以及《金甲部隊》[2]所呈現的樣子占據我們的腦海。
就如同現實呈現的模樣。

在喬治亞州謀殺亞裔女性的
白人男性持槍歹徒，傳承了
歐洲移居者所扎下的根基，
再交棒給在加州史塔克頓市殺死
五名學童的槍手。那名凶手說自己
並非種族主義者，而是性成癮者，
他決定根除誘惑，彷彿認為自己可以
區別性渴望與種族幻想。無論他是說謊
還是自我欺騙，他對那些女性下毒手，
只因為她們是亞洲女性。

我在家裡看了《金甲部隊》，在我讀大學期間。
帕皮倫·蘇索[3]飾演的峴港妓女對著兩名初到西貢的
海軍陸戰隊士兵說：「我好饑渴，我愛你好久了。」[4]

一九八九年，嘻哈樂團「快活幫」（2 Live Crew）第三張專輯
《*As Nasty as They Want to Be*》裡的〈我好饑渴〉（Me So Horny）大受歡迎。
該專輯是喬治·佛洛伊德高中時期最喜歡的專輯之一。
那首歌的副歌歌詞，就是一再重複帕皮倫·蘇索的那句臺詞：

　我好饑渴。
我愛你好久了。

這就是這個國家（也許是這個世界）所看到

2 譯注：《金甲部隊》（*Full Metal Jacket*）是一九八七年的美國戰爭電影，內容描述美國海軍陸戰隊與越戰的故事。
3 譯注：帕皮倫·蘇索（Papillon Soo Soo）是一九六一年出生於英國的女演員，她的父母分別來自法國與中國。她的名字 Papillon 在法語中為「蝴蝶」之意。
4 譯注：原文為 Me so horny, Me love you long time.

和聽到的越南女性。對某些非亞洲人而言，也許所有的亞洲女性聽起來都像這個樣子。

我不能嘲笑這部電影、嘲笑導演史丹利・庫柏力克[5]、嘲笑他出色的電影作品，但是我可以不看。然而我沒有。我學會了觀察女性並且繼續觀賞。

這部電影的最高潮，是一個名叫「VC狙擊手」的角色（由玉勒[6]飾演，這是她參與演出的唯一一部電影）在順化作戰時開槍射殺海軍陸戰隊士兵。當海軍陸戰隊抓到她時，驚訝地發現這名狙擊手竟是一名已身受重傷的年輕女性。「殺了我。」她一遍又一遍地低聲說道。「殺了我。」那些海軍陸戰隊士兵都是在新兵訓練營經過行軍訓練的年輕人，他們肩上扛著有如陽具的步槍，同時一手抓著自己的胯部，唱著：

> 這支是我的步槍，這支是我的大砲，
> 這支用來作戰，這支用來打炮。

一個叫「小丑」的傢伙——帕皮倫．蘇索挑逗的海軍陸戰隊士兵——
掏出他的點四五手槍，槍殺了
VC狙擊手。

庫柏力克暗示：在充滿男性想像的戰爭中，
當一個女人說「殺了我」的時候，
聽起來是不是很像「上了我」？
我是不是也有這樣的想像？

小說家拉里．海涅曼[7]也明白這種想像。
我小時候讀他所寫的《近距離》（*Close Quarters*），
其中一個場景讓我心中永遠留下陰影：一群美國士兵
輪暴了一名越南性工作者，他們稱她為「坑疤臉」，
因為她臉上有面皰留下的疤痕。就像

---

5 譯注：史丹利．庫柏力克（Stanley Kubrick, 1928.07.26—1999.03.07）是美國電影導演、編劇暨製片人。

6 譯注：玉勒（Ngoc Le）是亞裔美國女演員。

7 譯注：拉里．海涅曼（Larry Heinemann, 1944.01.18 — 2019.12.11）是出生於芝加哥的美國小說家，其出版的三部小說和一部回憶錄都與越戰有關。

《哀悼的榮耀》裡的那個海軍陸戰隊士兵一樣，
他們也用手槍對準她的腦袋，那段是真正的高潮。
美軍接下來與越南的戰爭，戰況十分慘烈，也是那本書的結尾。
海涅曼希望讀者因為戰爭而感到不舒服。
因為他經歷過戰爭，而且感覺不舒服。在他的小說中，
理想主義的年輕人變成了怪物，不僅成為殺手，更是強暴犯。

如果我因為書中對於「坑疤臉」的侵犯與描述
感到憤怒，如果我因為從未強暴過別人且無法想像
自己有辦法做出這種事情而感到驚恐，
我在讀完那本小說之後有沒有因為自己
變得非常關注女孩和女人而心煩意亂？
有沒有因為自己變成她們被如何對待
或可能被如何對待的同謀者而心煩意亂？

就算我從來不曾拿槍對著別人，我依舊是
美國殺人機器的同謀者之一，
無論是拿槍對著美國同胞，或者是對著
我們國界外的「其他人」。

雖然對於我的美國同胞而言，
我有時候也算是「其他人」。

小說家萊拉・拉拉米[8]出生於摩洛哥，但是
和我一樣是美國公民。她說，像我們這種「其他人」只是
附有條件的美國人，我們的公民身分遭到懷疑，乃是由於
血統、祖先、宗教。有時候這種懷疑
會導致謀殺。

美國人或許會哀悼那個獨自犯案的白人男性謀殺的受害者，
可是大多數人並不會哀悼最大規模的反亞裔暴行的
上百萬名受害者，也就是美國™和其他殖民國家
透過暴力、戰爭與殖民行為
在亞洲所做的一切。

8 譯注：萊拉・拉拉米（Laila Lalami, 1968—）是摩洛哥裔美國小說家、散文家和教授，她在摩洛哥獲得文學學位後獲得前往英國進修的獎學金，並在英國獲得語言學碩士學位。

法國的海軍艦隊於一九四六年
炮擊越南海防市（Hải Phòng）並屠殺六千名越南人。
有多少人（包括法國人）知道這件事？

許多亞洲人逃亡到或者移民到那些
轟炸、炮擊、入侵或殖民他們的國家。
即便只能拿到附有條件的公民身分，
但是在美國夢™裡面一定比在外面安全，
因為可以躲在槍後面而不是站在槍前面。
然而一切並非如此。

在遭到謀殺之前，譚曉潔
在購物中心開了一間
名為「切羅基村」，的按摩院，
以實現她的美國夢™。

爸、媽、我哥哥和我，我們的美國夢™開始於
賓夕凡尼亞州印第安敦堡峽軍事要塞的
美軍基地難民營。

說印第安敦堡峽軍事要塞的官方歷史

那個地區的早期移居者

其實非常致力於

與當地的原住民共存。

那個地區的支持者表示

在法國和印第安人戰爭期間，

該地區建立起這座

印第安敦堡峽軍事要塞，以保護

為了躲避薩斯奎哈納克印第安人[10]

而移居到這個地區的人。

9 譯注：切羅基（Cherokee）是美國東南疏林地區的原住民族群。

10 譯注：薩斯奎哈納克印第安人（Susquehannock）是居住在賓夕凡尼亞州的美國原住民，又稱為康尼斯多加人（Conestoga）。

「切羅基村」裡可能沒有切羅基人，或者很少。
美軍於一八三八年強制驅逐來自喬治亞州的切羅基人，
強迫他們踏上「眼淚之路」[11]，往西邊遷移。
切羅基人將之稱為「我們哭泣的足跡」。

超過四千名切羅基人喪生。

薩斯奎哈納克印第安人又稱為
康尼斯多加人，在西元一六〇〇年時人數約有
七千人，但殖民者帶來的各種疾病導致他們人數銳減，
加上他們與殖民者和其他印第安人的戰爭折損，到該世紀末，
他們的倖存者只剩下幾百人。一七六三年，班傑明・富蘭克林
在演講中頌揚賓夕凡尼亞州的白人，並且表示必須維持
白人社會不受汙染，因此名為派克斯頓男孩（Paxton Boys）的
義警隊隊員便將剩下的康尼斯多加人幾乎全數殺光，
死者都是愛好和平的農夫和工匠。

那些白人殺手的行為並沒有受到法律懲罰。

他們來自派克斯頓鎮，距離
我們滿心感激抵達的印第安敦堡峽軍事要塞十六英里。
我的父母藉著在派克斯頓鎮南邊買下他們第一間房子
來主張我們懷抱的美國夢™。

馮道友、賢靜·格蘭特、金善車、
　朴順正、譚曉潔、岳永愛
可能知道「我們哭泣的足跡」，也可能不知道。
　但像她們一樣、像爸媽和我一樣的
　　亞洲移民和難民到這裡
主張美國夢™時，也得知道這段歷史。
　有時候這段歷史會來找我們。

在我生命中大部分的時間裡，我都不會想到
印第安敦堡峽軍事要塞、也不想尋找它的歷史或記憶。

11 譯注：「眼淚之路」（Trail of Tears）是指一八三〇年至一八五〇年印第安人被迫從美國東南部的家鄉遷往密西西比河西岸印第安領地的一系列強制性人口遷移。

因為那也是故事的力量與暴力，
是神話的力量與暴力，是幻想的力量與暴力，
我和爸媽對於美國™持續殖民化的歷史及其種族滅絕的起源
沒有任何感動。我們和像我們一樣的其他人，
不願意以難民、移民或移居者的身分來這裡延續那段歷史與現況。
我們不希望成為戰爭機器的股東是
我們取得公民身分的最終條件。

蘭開斯特郡警方記錄了
被派克斯頓男孩殺害的康尼斯多加人的名字。
據我所知，這份檔案是他們唯一的訃聞。

在康尼斯多加鎮遭到殺害之人：
希海斯
瓦辛（又名喬治）
帝高利（又名哈利）
艾斯卡尼胥（希海斯的兒子）
提萬夏怡翁（一名老婦人）
康尼卡絲（一名女性）

在蘭開斯特濟貧院遭到殺害之人：

昆夸哥亞（又名約翰隊長）

高偉妮絲（又名貝蒂，約翰隊長的妻子）

天喜達古（又名比爾．薩克）

卡妮安古絲（又名莫莉，天喜達古的妻子）

沙古伊斯哈特塔（又名約翰．史密斯）

奇娜萬（又名佩姬，約翰．史密斯的妻子）

古阿丘（又名小約翰，約翰隊長的兒子）

夏伊卡（又名雅各，一名男孩）

艾克溫達斯（希海斯家族的年輕人，一名男孩）

東夸斯（又名克里斯利，一名男孩）

海耶內斯（又名小彼德，一名男孩）

古姑耶溫夸斯（又名莫莉，一名女孩）

凱倫杜娃（一名小女孩）

卡努凱頌（又名佩吉，一名女孩）

克利斯提安．赫希農場的倖存者：

麥克

瑪麗（他的妻子）

他們的後裔也因而存活下來。

公開的祕密

我是媽的後裔。

我撰寫我母親的訃聞、我母親的故事，並宣稱自己是她的後裔，這些到底代表什麼意思？

尤其媽不會希望我以這種方式寫她。我的意思不是她曾經禁止我寫她，她很信任我，雖然她從未讀過我寫的書，但無論如何她都以我為榮。既然她從未同意我寫這個故事，我還用她無法閱讀的語言書寫，我這麼做算背叛她嗎？

倘若我確實背叛了她，我能同時效忠於她嗎？她的人生既像史詩卻又平凡無比，值得被講述與被了解，如果不能由她自己說出來，就由我來說。她的故事很重要，因為她是媽；她的故事也具有分量，因為與許多其他（越南的）難民經歷相似。

雖然媽對我而言有如英雄，但也許除了愛她的人外，其餘的人都不覺得她特別。不過，把我母親當成典型而非例外的難民並不會有什麼損失。每當我聽見其他難民的故事以及他們如何倖存下來

或未能倖存，

我就會立刻被他們故事的重力所吸引。他們的經歷和媽的故事並不相同，可是十分相似。媽不特別，她的故事很常見。媽的故事不是刻板模式，而是歷史。每個人都值得擁有一個故事，每個人都有被描繪的潛力，或許也都有被背叛的潛力。

我寫媽是因為我相信她的故事很重要，但如果故事可以被肢解就如同被救贖，我寫的版本會對她造成什麼影響？如果我重新記起關於媽的一切並且寫下來，這樣算背叛她嗎？例如在《戰時年代》中，那個正處青春期的旁白者說：

> 我母親穿著一件半透明的綠色睡衣，
> 沒戴胸罩。她不知道自己的乳房
> 像海葵一樣在淺淺的海面下搖曳，我每一次
> 看到她那暗沉陰鬱的乳暈和與我的食指一樣粗的乳頭時，
> 都會感到相當尷尬。我母親的
> 乳房和我班上女生的乳房完全不同，
> 起碼在我的想像中是如此。

有一些讀者會被這段敘述冒犯。但如果我說在我青春期的時候，媽穿的就是那種款式的睡衣，

抗辯有效嗎？她在「新西貢」忙碌一整天之後，這是她放鬆的方式，但卻讓我感到非常不舒服，以致記憶在未經我同意的情況下就找上我。即使我無法尋回其他的記憶，例如在亞太精神病院發生的一切。我提到這段事實以及我對那件睡衣的記憶，是不是就已經背叛媽了？

在我們無法言說之處，
我們必須保持沉默。

路德維希．維根斯坦[1]如是寫道。這句話適用於國家、公司、個人。然而我對很多事情都沉默太久，以致偶爾會發現不知道該選擇沉默或開口。有時候人們會說得太多，而有時候沉默不言自喻。

我們轉動記憶的輪盤，
在哲學家保羅．利科[2]稱為

如果將這段記憶寫出來給別人看算是背叛，那麼遺忘呢？如果空白擾亂了我對媽不精確的記憶，這樣也算背叛嗎？

1 譯注：路德維希．維根斯坦（Ludwig Wittgenstein, 1889.04.26—1951.04.29）是奧地利哲學家，為二十世紀最具影響力的哲學家之一，其研究領域主要在邏輯學、語言哲學、心靈哲學和數學哲學等方面。
2 譯注：保羅．利科（Paul Ricœur, 1913.02.27—2005.05.20）是法國哲學家暨歷史學家。

「不愉快的記憶」與「愉快的遺忘」之間
變換著方向。
「不愉快的記憶」十分常見，那就是往事
從墳墓裡爬出來，全副武裝地抵達，
充滿毀滅性地尋求復仇或公義。
我比較喜歡公義，也就是「愉快的遺忘」。
當致命且重大的往事得到滿足，
回歸於平靜的安睡狀態時，
就不會再從墳墓裡爬出來。
但如果我們已經愉快地遺忘了，
要如何才能夠知悉
自己忘記的事實？

日子一天一天過去，甚至一星期一星期地過去，我不再想起我母親，甚至沒有意識到我缺乏反思。這就是愉快的遺忘嗎？如果真是如此，如果遺忘是繼續前進的必要條件，為什麼記得我的遺忘感覺就像另一種背叛？

因此，寫作成為一種重新記憶的方式，因為寫作是我最能感覺媽存在的時候。然而寫作也是一種遺忘的方式，讓我在完成作品之後不再想起她，將媽和過去發生的一切安安全全地置於身後。

說故事的人對自己說：記住並忘記媽曾說過的關於她的事以及關於我的事。我只能說，書寫我母親的時候，就像寫我自己，因為我母親是我的一部分，正如我是她的一部分。我母親就是我的「其他人」。

「其他人」是與我們距離太近的人。

我不能不記得我母親和我的「其他人」。但我該如何記得她？

最簡單的事，就是回憶我最親愛的人（我母親）和我的「其他人」（也是我母親），從而用那些回憶代表她，並含蓄地透過她代表所有的越南難民與他們的掙扎，使她和他們和我們成為美國™甚至越南的一部分，使我們被視為人，使我們被接納。這就是我在幾十年前開始嘗試寫作時的雄心壯志。

然而，使我們被視為人以及使我們被接納，
都是錯的。試著證明毋須證明之事，只形同
承認自己劣於那些從不質疑自身人性之人，
即使他們踐踏我們、入侵我們、謀殺我們，
這些被殖民者、被征服者、原住民、
被奴役者、被剝削者、非白人、
非男性、非異性戀，然後還邀請我們
也對別人做出同樣不人道的事情。
他們以人道的名義，殺光了野蠻人，
目的是為了拯救他們。
並且教化其倖存者與後裔，
教他們人道的語言，好讓他們可以說話。
適當地、禮貌地說話。說出這段令人憂慮的歷史。
這不是歷史。這種狀況如今依舊存在。

他媽的！

很奇怪，為什麼罵髒話會激發我的懷舊之情？但這就是我們有些人彼此交談的方式！儘管如此，我書寫的語言是我們主人所使用的語言，我知道很少越南人敢當著主人的面用主人的語言罵髒話。

在使用主人的語言時，我們學會閉嘴。
　因為宣稱英語是他們的語言的人
　　會一直監視我們，而且
　　　批判我們。

然而，為什麼我要避免罵髒話？
如果我們的存在就應該罵髒話。

許多愛上我們故事的人，都能感受到被消音、被抹去、被扭曲、被強暴、被殺害的痛苦，因此我們要求能夠擁有說話、敘事、表現（自我）的力量，以便訴說像我們一樣的人的故事，例如爸媽的故事。

即便表現（自我）
　很重要，但這樣
　　還不夠。

對我們這些作家和講故事的人而言，主人叫我們「要展示，不要敘述」[3]。表現法則使我們卡在自己的立場上，因為我們有很多想敘述的事，而且我們也想同時以展示的方式來表達敘述。

「我接下來要告訴妳的事情，
妳絕對不能告訴任何人。」
我母親說。

湯亭亭所寫的《女戰士》以這種方式開場，既以禁忌的手法表現，同時也打破禁忌。透過這種方式，湯亭亭創造出一種關於作家終極任務的寓言：

找到不能說出來的事情
並且將它說出來。
但這是誠實還是背叛？
有時候說出祕密是兩者兼具。

我看到媽最後吐出一口氣時的表情。她是否曾經禁止我說出她的故事？沒有。因為她從來不曾想過我會這麼做。她信任我，可是我卻無法信任自己的記憶。

現在由我代表她說出她的故事，可以讓早已不在的她變得更重要嗎？已經有許多作家寫出像她這種女性的故事，那些作家和我一樣，對於說出他們母親的故事、揭露她們的祕密感到充滿矛盾。

如果媽的人生藏有祕密，而且
這本身可能就是一個祕密，
那麼將它說出來，就等於
兩個祕密被坦白說出：
一個私人的祕密以及
一個公開的祕密。

私人的祕密在說故事的世界裡十分常見：生病、離婚、異化、不忠，諸如此類。

就像媽的人生一樣。
還有死亡。

3 譯注：「要展示，不要敘述」（Show, don't tell）是一種可使用於各類文學創作中的敘事技巧，讓讀者透過行動、對話、潛臺詞、思想、感覺和感受來體驗故事，而不是透過作者的解說、總結和描述。這種技巧強調作者應避免使用形容詞來描述故事，而應展現場景畫面，讓讀者自己得出結論。

這些都是讀者在這一類的書籍期望讀到的祕密。那些關於自身的問題（而且只關於自身、無關群體）乃是美國說故事世界的戲劇性，那個世界尊重展示而不是敘述。當政治太過於接近小說、詩歌、電影和電視時，會引起那個世界的反感。它會將作家笨拙的敘述與野蠻人畫上等號，甚至在更糟的情況下，與共產主義者畫上等號。

在充滿自由的西方世界，在美國™這個國家，藝術凌駕於政治之上。西方的自由作家，尤其美國™的自由作家，不會被判處再教育與強迫勞動，也不會受到社會主義的寫實態度與作家工會的紀律處分，而會被派往校園，以創意作家的身分加以精進他們的本領。

「創意作家」是一個奇怪又令人焦慮的形容詞，彷彿世界上有不想自己具有創意的作家存在，也彷彿創意比任何事情都還要重要，例如批判性。

只具有創意但沒有批判性，可能會變得不關心政治。缺乏政治性是美國文學界主導的政治，因此許多美國作家都刻意迴避某些公開的祕密。

公開的祕密使我們不敢承認它存在。如果我們
說出公開的祕密，就會激怒許多
不想把它說出來的人。

美國™的公開祕密，就是白人建立這個國家都是憑靠
殖民、種族滅絕、蓄奴、戰爭與白人至上主義
這一切持續塑造著這個國家的自我意識
與其他人。

美國™的公開祕密，就是我們不以
殖民這個名稱來稱呼它。
相反的，我們給予它
另一個名稱：

美國夢™

不過，有些人會抗議說，我們
確實會談論這些恐怖行徑，
尤其在書本裡。

是的，但是我們透過
（自我）表述，包容
它們造成的騷亂。

然而，（自我）表述是一種婉轉的說法。
公開的祕密造就出這種婉轉的說法，

這是強權之人的毒性方言。

公開的祕密與婉轉的說法比比皆是。俄羅斯入侵烏克蘭的「特別軍事行動」。美國的「國家防衛部門」卻幾乎總是主動宣戰。或者「冷戰」，一種冷淡的婉轉說法，允許強大的國家與它們在其他國家所掀起、煽動或支持的熱戰保持距離。最新的戰場就是烏克蘭。

美國五角大廈的新聞祕書在談到弗拉迪米爾·普丁[4]於烏克蘭的暴行時忍不住情緒激動：

> 看到那些照片時，很難想像哪一個腦袋清楚、認真嚴肅、心智成熟的領導者會這麼做。我無法理解他的心理狀態，但是我認為我們每個人都可以譴責他的邪惡。

「很遺憾。」

有哪個美國官員曾經淚流滿面地談論被美國的武器與制裁行動殺害的數十萬名老百姓嗎？或者談論遭到我們支持的軍閥與強人殺害的數十萬名老百姓？

在格雷安·葛林的《沉靜的美國人》中，

抱持理想主義且一臉無辜的中央情報局特務艾登・派爾在談到被炸彈炸死的越南老百姓時表示：

我們不可能總是命中目標。不管怎麼說，他們也算死得值得……就某種程度而言，你可以說他們是為了民主而犧牲。

對美國人而言，公開的祕密就是我們必須忽視我們自身的邪惡。

為了明白這些公開的祕密與熱戰，讀者可以求助於像我這樣的作家——在其他國家出生、在美國™重生，並且在美國過去、現在到未來所謂的文化戰爭中擔任偏弱勢族群的文學代言人。就像也具有美國人身分的小說家拉比・阿拉梅丁[5]所說的：

我們這些不屬於主流文化的人，

4 譯注：弗拉迪米爾・普丁（Vladimir Putin），1952.10.07—）是俄羅斯政治人物，出生於列寧格勒（今聖彼得堡），現任俄羅斯總統。

5 譯注：拉比・阿拉梅丁（Rabih Alameddine, 1959—）是出生於約旦、成長於科威特與黎巴嫩的美國畫家和作家。

獲准以「其他人」的身分發聲，
更重要的，為「其他人」發聲。
……我可以為黎巴嫩發聲。

我則是為越南發聲。

（自我）表述的婉轉說法是，我們這些代言人通常不會被分配給美國™本身。對於渺小的我們而言，美國這個主題太龐大。不行，美國™只屬於偉大的美國白人男性小說家，他們會從帝國明亮耀眼的中心寫作，並且撰寫帝國明亮耀眼的中心，而我們只能從遙遠的陰暗處寫作。

我們的力量來自目睹死亡與苦難，或目睹我們父母承受的創傷。我們為這種痛苦出庭作證，但我們不是檢察官、辯護律師和地方法官。他們提出證據、寫下明確的意見，做出判決，我們只被期待表現出悲傷，而非說出這種悲傷為何存在。

這種悲傷……

媽過世時，我依照爸的指示，
輕輕將她的眼睛闔上。
然後，他又指示我將

我抬起她的下巴時，
她的身體已經變冷，
因此當我將手放開，
她的嘴巴又張開了。

她的嘴巴闔上。

她無聲地邀請我
代替她發聲。
那也是表述
的誘因。

我可以代替她表述嗎？
我可以將她的故事變成我的故事嗎？
透過媽和像她一樣的其他人，
我或我們能不能主張在這個國家或
在這個世界擁有自己的表述？

當我們提出這種要求時，那些反對我們的人不再認為故事只是故事。相反地，他們指責我們，認為我們要求在課程、準則和這個國家中充分表述我們的聲音、經歷、記憶與歷史時，毀壞了（西方的）文明或者至少毀壞了美國™的文明。

表述雖然十分重要，但鑑於它是一種療法，它也造成了痛苦，迫使身為代言人及他們無罪證明的我們陷入孤立。

我找到我的聲音了嗎？

你聽到了嗎？

或者我必須為你翻譯？

我受邀參加一位受人敬重的美國主義學者所主持的碩士班研討課，並針對越南戰爭這項主題發表一個小時的演說。結束後，那位滿頭白髮、任教於常春藤盟校的學者帶著優雅的笑容對我說：

這真是出自內心的吶喊！

是的，沒錯。

力量強大之人不會因為弱小之人主張小小的悲傷、發出深情、真誠、荒謬的嚎哭而被嚇到。悲傷使得弱小之人活著但是軟弱、彼此分裂、互相指責，而且易於被人征服。

為了幫助我們擺脫殖民者——或者擺脫那些從被殖民者行列中崛起、外表看起來與我們相像但非常樂意毀掉我們的接棒者——我們必須想像與那些外表看起來和我們不像但我們可以而且必須分擔他們悲傷的人團結一致。當力量強大之人為了變得更強大而分享他們的祕密時，弱小之人必須分擔他們的悲傷，防止他們的抱怨變成毒藥。

使我們自己解套並擺脫表述詛咒還有另一種方法：

去殖民化。

去殖民化使我們知道表述的重要，但如果我們相信表述就已經足夠，我們就是在欺騙自己、詛咒自己。我們還必須擁有表述的方法和產物。如果殖民化是關於土地及暴力占有土地，那麼去殖民化就是關於歸還土地並根除最偉大的婉轉說法：「文明」和「人性」。大屠殺就是以這兩種名義犯下的惡行，在這兩種名義下，人們忘了死者的屍體。

那些認為自己是從事藝術創作個體的作家，永遠只能展示但無法表述，更無法抗議自己被塑造成無聲者的代言人或發聲者，那些身分只會讓作家徒勞地悲悼——

> 除非作家認為自己已經揭曉公開的祕密、拒絕婉轉的說法、為不只一人發聲，包括為已逝者發聲並且說出他們所有的祕密，
> 否則悲悼也只是徒勞無益。

如今媽是已逝者之一，她帶走了大部分的祕密，留了一些祕密給我。

她的故事標題是《戰時年代》，內容駁斥了美國人與可能全世界的人通常如何理解移民與難民的人生。移民和難民在追逐美國夢™的同時，還揹負著私人的祕密。因為我明白美國夢™是美國殖民化的鍍金品牌，我理解媽的私人祕密是戰時的公開祕密所塑造而成，我也經歷過那個年代，那個每個人都活在戰爭中的年代。

戰爭迫使我悲傷，也迫使我承擔超過我的美國同胞給予我的悲傷或者我的出生地越南同胞否定我的悲傷。越南人在擺脫法國人和美國人的統治之後，對戰敗者重複了殖民者的殘暴行徑。那種殘暴行為不容許被人提及，所以越南政府不允許在越南的土地上拍攝《同情者》的改編電視劇。那裡的評審委員說這個故事

> 不適合越南的立場，因為越南正在

這個故事將會

建立國家解放與統一的
革命目標軍人形象。

完全抹黑越南軍隊和人民
的形象，因為越南人民的戰爭
是公義的，越南人民對待囚犯
永遠人道，從不使用書中描述的
那些野蠻又殘忍的酷刑。

不過，評審委員會的存在，就證明了有公開的祕密必須加以否認，不可以獲得批准，也不可以大聲說出來。

誰的背叛行徑比較嚴重？是背叛了理想的國家，還是談論那些背叛的個人？

為了所有（白）人的自由而發動的美國革命，導致了長期的戰爭。美國從法國手中接下越南的文明使命，並且用美國夢™取代「光明之城」[6]。

[6] 譯注：「光明之城」（The City of Light）是指巴黎。

越南革命，以胡志明[7]的神聖口號而發動——

沒有什麼比
獨立和自由更寶貴

這口號意謂著獨立和自由
是最重要的事物

——並進而打造出一個
任何事物都沒有比獨立和自由更寶貴的社會

這意謂著獨立和自由
也沒有什麼價值。

我敢打賭格魯喬·馬克思會因為這個我於二〇〇四年在西貢聽到的雙關語哈哈大笑，不過卡爾·馬克思可能會覺得一點也不好笑。哈哈大笑能幫助越南人和美國人明白他們神聖革命的理想主義和勇氣，而且還能幫助他們明白其無可避免的荒謬與虛偽，因為所有的神聖事物都會被人類搞砸。然而許多越南人和美國人沒有對其嗤之以鼻，反而專注崇拜他們的革命、培育他們的戰爭，並迷戀他們的悲傷。

可是對於被殖民者或他們的後裔而言——

以及其殖民者的後裔而言——

我們不僅要接受自己的悲傷，還要分擔他人的悲傷。

媽已經過世了，但即使在我的哀悼中、在我內心的吶喊中、在我對慰問的需求中，我明白她的生與死其實一點也不與眾不同，對愛她的人除外。

數以百萬計的人都過著同樣艱苦的人生，
甚至可能更艱苦。數以百萬計的人都過著
同樣勇敢的人生，甚至可能更勇敢。

7 譯注：胡志明（Hồ Chí Minh, 1890.05.19—1969.09.02）本名阮必誠，是越南二十世紀前期至中期重要的社會主義革命家、軍事家、外交家和思想家。胡志明為阮必誠在第二次世界大戰期間的化名。

理解這一點並不會貶低我的母親。但如果說有什麼不同，那就是當我從歷史背景中看到她的故事時，我對她變得更加了解。因此，我母親的逝世和她的記憶一直伴隨著我。在《戰時年代》中，我描述了我童年時期對媽的印象：

每當她說英語時，她會以
更高的音調說話，彷彿那種語言
不是來自她的內在，而是
從外面掐著她的脖子。

抑或我所使用的語言

藉著我手中

掐著她的脖子

逼她說話？

然而，當我回想媽的時候，我只記得她說著母語，在我整個童年時期給予我疼愛與關懷、給予我描繪她所需的自信，以及背叛她所需的自信。

如今媽已經永遠沉默，但她的聲音依然與我同在。
她的嘴巴張開著，而我
無法使她闔上嘴。

我的盡頭

在我母親過世之後，蘭認為我們應該再生一個孩子，她認為媽會希望我們再生一個。蘭把媽當成她自己的母親，爸媽在很早以前也已經不把蘭當成媳婦，他們對蘭說他們愛她如親生女兒。

在媽過世
三百五十天之後，
西蒙妮誕生了。

如果艾里森是以
一位偉大的作家來命名，
西蒙妮就是以
西蒙・波娃[1]
和
妮娜・西蒙[2]來命名。

她們是堅強、英勇的女性，以
哲學、政治、寫作、音樂和歌曲來面對暴力的世界。

我從來不想當父親，如今成了兩個孩子的父親。我一向不相信回家的感覺，如今卻覺得自己回到家了。我和我的孩子，和蘭，在我們家。

這也許就是我身為作家的盡頭。

或者，這是我成為其他類型作家的開端。
我認為，父親的身分使我成為更好的
作家；使我敞開心扉接受他人的
關懷，並且理解自身的情緒；
使我知道如何去愛以及
付出，對蘭和孩子們
完全付出我的所有；

1 譯注：西蒙・波娃（Simone de Beauvoir, 1908.01.09—1986.04.14）是法國作家、存在主義哲學家、政治活動家、女性主義家、社會主義家暨社會理論家。

2 譯注：妮娜・西蒙（Nina Simone, 1933.02.21—2003.04.21）是美國歌手、作曲家與鋼琴表演家。

使我能寫下這本
我從來都不想
寫出的
書。

我們家到處都有書，書是快樂的先決條件，也是公義的先決條件。艾里森和西蒙妮都有自己的書房，那是我在童年時期希望自己能擁有的奢侈品與必需品。給他們書籍時，我希望他們能成為他們想成為的人，不必成為醫生、律師或工程師。我只希望他們快樂！

如果艾里森想成為專業的電玩玩家，那該怎麼辦？蘭問。

意即，
也就是，
不要當作家。
或者至少不要當
像我這樣的作家。

親愛的讀者——
我猶豫了。

艾里森九歲時，學校的老師要他描述自己，艾里森寫下了這些詞彙：朋友、哥哥、長子、越南男孩、漫畫愛好者、藝術家、作家、電玩玩家。

因此也許有一天他會成為專業的電玩玩家。

但他也是作家和藝術家。由於我每天早上和晚上都讀圖畫書和漫畫書給他聽，而且蘭和我會帶他去藝術家聚居地及作家駐地——

他在那裡可以體驗社會主義的樣貌，
或者說該有的樣貌。社會主義可說是
一種較仁慈的資本主義，擁有豐富的
資源和選擇，但是沒有剝削、貪婪和
壓榨靈魂的異化。社會主義也可說是
一種較仁慈的共產主義，保障公義和
人民，但是沒有偏執、祕密警察和
再教育營，允許擁有創意、樂趣
與自由。

——在那之後，他在五歲那年自寫自畫出一本書。我把那本書發表於臉書上。一位編輯問我那本書是不是真的？如果是真的，她可以出版嗎？

我問她：

我可以靠我兒子賺錢嗎？

於是，《海盜雞》（*Chicken of the Sea*）誕生了。承襲了《貓咪萊斯特》的傳統，這場瘋狂的冒險也是關於動物的異化：

一群雞

厭倦了農村生活，

於是拋下農場，

並且變成

海盜！

我永遠無法想像出這種故事，就像我現在無法想像《貓咪萊斯特》一樣。我失去了童心，但是從艾里森以及現在從西蒙妮那裡，我學會了在寫作、想像力和公義方面提出最重要的問題：

為什麼不可以？

為什麼不可以用這種方式寫這本書？
為什麼不可以講述這些悲哀的故事
和那些傷心的故事？以及
為什麼不可以講個笑話？

這些孩子給了我很棒的禮物。若不是相信我可以成為父親的蘭，我不會擁有他們。因此我覺得自己像回到家了，但是我不應該要有回家的感覺，因為我家矗立於哈哈莫納人[3]的土地上，而且還有那麼多人無家可歸，這世界大部分地區仍然動盪不安。兼具哲學家、評論家和難民身分的狄奧多・阿多諾[4]寫道：

在別人家裡不要有回到家的感覺，這是一種道德。

阿多諾的一位後繼者，具有學者、評論家暨流亡者身分的愛德華・薩依德[5]，總是與永遠無家

3 譯注：哈哈莫納人（Hahamog'na）是美國加利福尼亞州的一個原住民部落。
4 譯注：狄奧多・阿多諾（Theodor Adorno，1903.09.11—1969.08.06）是德國社會學家，同時也是哲學家、音樂家暨作曲家。
5 譯注：愛德華・薩依德（Edward Said, 1935.11.01 — 2003.09.25）是國際文學理論家與批評家，後殖民理論的創始人，也是巴勒斯坦建國運動的活躍人士。

可歸的巴勒斯坦難民站在同一陣線。他也寫道：

> 對所有流亡者來說，並不是他們
> 失去家園也失去對家園的愛，而是
> 失去與生俱來就存在於那兩項事實中。

所以就此刻而言，
在我和兩個孩子和蘭
一起共度的這段時光裡，
我想與他們共同創造一個家，
即使這個家讓我永遠無法忘記
我以前失去的和現在失去的一切，
這個家仍可以是他們有一天會想回來的家。
或者說，這是我的希望。如果這個家
不是這樣的家，那麼希望有一天
他們會寫自己的回憶錄。

越南聖地

我覺得他看起來像一名作家，也像父親和祖父。也許在另一種人生中，他原本可以成為一名作家或音樂家，可是今生他是一名奮鬥者，一名倖存者，一名難民，一名奉獻者，一名退休者，一名鰥夫。

爸第一次得知我在寫作方面的抱負，也許是在我送他《第三者》的越南文譯本時。那則短篇小說講述一個年輕的越南難民於一九七五年來到舊金山，

並且第一次體驗性愛，

對象是男性。

爸從來沒有在我面前提到那篇故事，也許是因為那篇故事讓他覺得尷尬，我也不問他是否讀了那篇故事。為什麼要逼迫這個為我犧牲那麼多的人閱讀我的創作呢？當我得知那個改變我寫作生涯的大消息時，我甚至忘了打電話與他分享。為什麼要向這個經歷那麼多卻從未因為自身成就獲得任何獎勵的人吹噓呢？可是隔天他打了電話給我，他的聲音因為高興而微微顫抖，

越南同鄉打電話告訴我——

你得了普立茲獎！

終於，我讓我父親感到驕傲了。
我所需的就是贏得普立茲獎。
這是美國™開了自己一個玩笑，
還是我開了自己一個玩笑？
時間將會有答案。

我沒有告訴我父親那本得獎的小說是關於什麼內容，更遑論它的內容會冒犯所有的人（除了普立茲獎的評審委員之外）。從以下這些只得到一顆星的評價來看，這本不太偉大的美國小說在這些方面獲得了成功：

★☆☆☆☆ 分裂的靈魂
★☆☆☆☆ 受盡艱苦卻沒有回報
★☆☆☆☆ 一種讓自己神智清醒的心理練習
★☆☆☆☆ 荒謬主義且令人厭惡
★☆☆☆☆ 完完全全的文學屁話

★☆☆☆☆被過度讚譽，令人困惑

★☆☆☆☆可憎且難以閱讀

★☆☆☆☆有沒有搞錯？

★☆☆☆☆黑暗且令人沮喪

★☆☆☆☆討厭這個故事

★☆☆☆☆討厭這本書

★☆☆☆☆討厭此書

★☆☆☆☆如果你喜歡被虐，那就讀這本書吧

★☆☆☆☆根本是垃圾

★☆☆☆☆糟糕透頂

★☆☆☆☆這本書非常無聊，這種事根本不會發生

★☆☆☆☆省省力氣，去讀別本書。

★☆☆☆☆好書！

或者，也許我父親知道這本小說多麼令人反感。有一些越南裔美國人拒絕閱讀這本書，因為故事的旁白者是共產主義的間諜，即使那名間諜對共產主義抱持著矛盾的情緒。但就算我父親聽到了謠言指控他兒子是熱愛共產主義的反美作家，他依然什麼都沒對我說。我們以沉默保護著彼此。

我上大學不住家裡時，某個精神失常的男人在第五街和聖塔克拉拉街口

開槍射殺了兩名警察，地點就在「新西貢」門外。在槍戰過程中，
爸媽嚇得躲在櫃檯後面。過了幾十年我才聽說這件事。
那是聖荷西有史以來警方傷亡最嚴重的案件。
爸媽從沒告訴我，因為他們不想讓我擔心。

爸就算過世也不想讓我或東哥操心。他很久之前就已經買好墓地，並提供我們他告別彌撒的賓客名單，以及彌撒流程和播放曲目。我們很難面對死亡，但是爸讓我們盡可能輕鬆一點。

在新冠肺炎疫情肆虐之前，他的健康漸漸變差，幾個月的隔離使他的情況加速惡化。他變得越來越沉默，也越來越健忘。然而從外表來看，爸的狀態還算令人滿意，起碼東哥這麼認為。東哥仍是負責任的長子和哥哥，每個週末都會去探望父親、了解父親受到照護的狀況，避免我面對最壞的處境，而且同意我寫下這本書。

當我去探望爸並且和爸一起坐在棕色的皮沙發上享受有如倫敦高級飯店般的金色陽光時，爸抓著我的手臂，把錢塞進我的口袋，說要替我支付油錢，還因為我來探望他而微微啜泣。他的感激之情使我深感羞愧，我親吻了他的額頭。我開車載他到教堂，為了他，我假裝我依然信教。

有一次，我開著租來的野馬敞篷車載爸兜風。我第一次邀他兜風時被他拒絕，可是當我再次邀約時，他改變了主意。或許他也想起有一次他和媽為了好玩，抽空沿著蒙特雷半島開車兜風，讓我

坐在後座。現在，我開著車在聖荷西外圍那條穿越丘陵的蜿蜒道路上緩慢地行駛，一會兒上坡一會兒下坡，爸戴著墨鏡和老舊的黑色軟呢帽，在陽光和微風中看起來很酷。我們在車子裡非常安靜，就像以前一樣沒有聽廣播也沒有交談，只不過當時是由他負責開車而我是乘客。我在丘陵間迷了路。

幾十年前的某個晚上，媽突然說要開車載我出去兜兜風。
媽在「新西貢」忙碌了一整天，天色已經昏暗，而且只有我們兩人。
我不記得當時我幾歲，那是一段沒有時間感的歲月，介於我的童年期和
青春期之間，當時我依然緊跟在媽身旁。她和爸之間出了一些問題，
我感覺得出來，發生了某種沒有說出口但導致氣氛緊張的事情。
媽希望透透氣，暫時離開一會兒，所以拿我當藉口。
我把車窗搖下來，讓晚風吹拂我的臉。我不知道
自己很傷心，可是我知道自己很感恩，因為媽還
願意和我在一起。她一句話都沒有說，
但留下了一份禮物給我。
這段回憶。

我們回家吧，爸說。
我後來找到了回家的路。
我留給爸這段回憶。

菲利普・羅斯在談到他父親逐漸衰弱的最後歲月時寫道：

> 對他而言，人活著就是建構回憶——
> 對他而言，如果一個人不是
> 由回憶構成，他就什麼都不是。

也許這是真的。但「什麼都不是」也代表著「是什麼」。
少了任何另一方，兩者都無法成立。
「存在」需要有「不存在」，
「肯定」需要有「否定」。

我們從「什麼都不是」而來，並且
也將回到「什麼都不是」。

身為難民，我們來自
國家與國家之間
那個將我們趕出去的可怕虛無。

我們是來自「其他方」的虛無，
這個國家的人會如何看待
我們這些難民？
「什麼都不是」。

我已經不再是難民，也不想成為難民，但我依然是一個認同難民的難民。以這種渺小卑微的身分，我可以想像不同未來，一個不同於美國夢™以及它所強迫的未來。美國夢™只會讓你渴望成為某人、渴望做到在移民神話與公民身分的閃亮保障中才能成就的某事。看似充滿肯定的美國夢™，卻一直依靠著否定許多「其他人」及遺忘許多「其他人」而存在。

我們不應該被「其他方」的虛無嚇到，而應該看見在那種虛無中出現一個新世界的可能性。一個沒有邊界、沒有戰爭武器、不以單一民族為國家基礎的新世界，因為上述那些事物都無可避免會產生難民。與其鄙視一無所有、什麼都不是的難民，不如認同他們與他們的一無所有、微不足道。我們可以因此想像出一個不會否定任何人的世界——不會有剝削與暴力、畏懼與恐怖、貪婪與自私等影響的世界。

我不期望我父親能認可我這種消極的自我認同、我的不知感恩，以及我對我們必須反對這種否定的信念。雖然爸已經忘了許多事，但他仍相信某些事，也相信某種神在等待他。他依舊可以毫不費力地背誦出主禱文，而且一字不漏。

每當他到天堂之門天主教公墓去看媽時，他都告訴她他很快就會躺在她身旁。媽的墓地在一棵喜瑪拉雅雪松的樹蔭下。

「親愛的琳達！」爸跪下來。「我愛妳，我非常想妳。」

那聲音令我感到困惑。我從來沒有看過爸掉眼淚，即使當他的父母在遙遠的家鄉過世時。

「親愛的琳達！」

自從媽過世之後，每當我去探望爸時，他都會告訴我他已經準備好了，隨時可以離開。他既不悲傷也不害怕，而是充滿恩典。他教了我最後一課。如果我以自己的方式過著公義的生活，就像他以他的方式過著他的生活，我能不能得到和他相同的祝福呢？那種愉快的遺忘的祝福？

爸是一個要求細節的人，如果沒有將細節規劃好，他就會變得非常焦慮。他在我身上留下了他的印記。每天晚上我都會像他一樣檢查門窗，確保門窗都已上鎖。沒人在的房間，我會去關掉電燈，並且罵兒子浪費電。這些都是爸教我的。有時候我會聽見我的膝蓋發出劈啪聲，就像我在緊閉的房門外的走廊上聽見爸膝蓋發出的聲音一樣。

他相當嚴厲，我很怕他也很尊敬他。每當我們聊到他的家時，他從不告訴我他喜歡這個話題或者希望停止這個話題。雖然他十分嚴格，可是他沒有阻止我成為學者或作家。他把我寫的書擺放在他的床頭櫃上方，旁邊擺著媽的朋友們在她過世時送來的弔唁文，那些弔唁文印在貼有華麗花飾的橫幅上。他沒有問過我我的書是關於什麼內容，只問我銷售量。答案讓他滿意地露出笑容。

如果爸對我的愛比我所知道的還要多，或許我們也愛他比他所知道的還要多。東哥和我經常對他說「爸，我愛你」（con thương Ba），令他感到厭煩，但是現在他可以毋須催促地以真感情迅速說出「爸愛你」（Ba thương con）。他也會用英語對他的孫兒艾里森和孫女西蒙妮說：

我愛你（I love you）。

他買下的墓地，旁邊都是越南人的名字。那座墓園有一面招牌寫著「越南聖地」（Đất Thánh Việt Nam）。

難民們宣稱
這片奧隆人的土地
是他們自己的，

也是上帝的。

透過戰爭，我也成了這個國家的一部分。阿富汗恐怖組織的領導者在躲藏處的陽臺上遭到「地獄火」導彈暗殺[1]時，擁戴戰爭的愛國者們群起歡呼。但是我還記得，一年前當美國撤離居住於喀布爾的美國僑民時，在最後幾天有十名無辜的老百姓在自家院子裡遭到無人機發射的「地獄火」導彈擊中，被焚燒成灰、死無全屍，只因為美國的無人機誤以為那個家庭的父親是汽車炸彈犯。美國參謀首長聯席會議主席表示，那是一場基於公義的攻擊。然而一切並非如此。

那位父親澤馬里・艾哈邁迪，
為美國人工作。

澤馬里・艾哈邁迪（Zemari Ahmadi），四十三歲。他的三個孩子：二十歲的扎米爾（Zamir）、十六歲的費薩爾（Faisal）、十歲的法爾扎德（Farzad）。他的堂弟納賽爾（Naser），三十歲。他哥哥羅曼（Romal）的三個孩子：七歲的阿爾文（Arwin）、六歲的班雅明（Benyamin）、兩歲的哈亞特（Hayat）。還有兩個三歲的小女孩，瑪莉卡（Malika）和索瑪亞（Somaya）。

有一部分的我相信
艾梅・塞澤爾[2]在一九五五年所寫的：

野蠻人的時刻就在眼前。現代野蠻人。
美國人的時刻。狂熱、暴行、浪費、商業本位、
虛張聲勢、喜愛交際、愚蠢、鄙俗、混亂。

這是漫長的時刻。

但另一部分的我也相信
詹姆斯·鮑德溫[3]在同一年所寫的：

我熱愛美國，勝過這世界上的
任何一個國家。正因如此，
我堅持批評她的權利，
永永遠遠。

1 譯注：指美國中情局（CIA）於二〇二〇年七月三十一日以無人機發射「地獄火」導彈（Hellfire），成功擊殺蓋達組織（al-Qaeda）的領袖扎瓦希里（Ayman al-Zawahri）。

2 譯注：艾梅·塞澤爾（Aimé Césaire, 1913.06.26—2008.04.17）是中美洲加勒比海地區法國殖民地馬提尼克（Martinique）出身的黑人詩人、作家暨政治家。

3 譯注：詹姆斯·鮑德溫（James Baldwin, 1924.08.02—1987.12.01）是美國黑人作家、小說家、詩人、劇作家暨社會運動參與者。

爸媽從未批評過這個國家，他們是美國™最想要的感恩難民。談到公平正義時，他們相信上帝。也許因為我不相信這位天主教的上帝，我發現自己可以輕易地不去相信地球上有最偉大的國家，除非該國願意承認其偉大與帝國主義、占領掠奪、畜養奴隸及使用暴力密不可分。就像許多國家（包括我出生的國家）一樣，美國™是一個殘酷又美麗、恐怖又充滿希望的國家。唯有我們面對殘酷與恐怖、唯有我們去軍事化、去資本化、去帝國化、去殖民化、去碳化，我們才能實現美麗與希望。唯有這樣，我們才能夠打造出一個像爸媽心目中的天堂一樣合理（或不合理）、一樣絕美的美國™。唯有這樣，我們才能終結難民的誕生。

在媽過世之後的幾個月，在疫情肆虐的早期階段，爸和我一起去探望媽。我通常會自己一個人去看媽，因為我喜歡獨自一人的感覺，我會打掃她的墓碑，並插上一束鮮花，那些花會在黎明破曉之前就被野鵝和野鹿吃掉。那裡沒有人會批評我的母語說得不夠好，所以我用母語感謝媽的犧牲、奉獻和愛。我因為說出了媽的祕密而向她道歉，請求她的理解和原諒。我答應她會把她的故事說給我的兒子和女兒聽，因為他們在這個國家的根源與媽一同深深扎進了這塊土地，最後也會與爸同在。

我問爸是不是還記得他說過「我們現在是美國人了」這句話，他笑著搖搖頭。但是當我問他是不是想在越南安葬時，他也搖搖頭。他如今的歸屬在這個地方，在媽旁邊。然而，如果這個地方不是他們的祖國，又該如何稱呼這個地方呢？

他們選擇的國家。

他們安頓下來的國家。

他們的避難所。

即便如此，這片土地也只是他們身體的安放處，他們的靈魂不會留在這裡。媽的墓碑上寫著上帝召喚她回家了。這座名為「越南聖地」的墓園，以及他們出生的土地，都只不過是暫時的。也許爸媽堅信永恆天家最重要的信念，幫助他們在淪為無家可歸的難民時倖存下來，就如同我真正的家——我的寫作——幫助我倖存下來一樣。

至於我的老家，我還沒回去。時間還沒到，或許要等到爸過世之後，或許要等到審核委員會同意之後。但或許我不會回去，因為蒙塔尼亞人可能把我視為另一個殖民者。就算我真的返回邦美蜀市，我的原籍也早已消失。這是遺忘的開端，（被領養的）姊姊、回憶的種子、我原本的名字，都已經無可挽回地流離失所。這也是一個戰時故事，一個延宕已久的故事，是過去的未爆彈，埋藏在腦中的地雷。或許有一天我會加以探索並且將它找出來，或許有一天我會寫出那場戰爭的故事，即便我非常厭惡與戰爭有關的故事，但寫作是我所知唯一的戰鬥方式，寫作是我所知唯一的哀悼方式。

媽的戰鬥結束了。她再也不必繼續奮戰。每當我準備離開時，我有時候會躺在媽旁邊的那片草地上，仰望藍色的天幕。我躺在那塊等待爸的一小塊土地上，想到自己已經

忘記了多少事，而且有天也將
不復存在、消失無蹤。
於是我試著去回想
我們的快樂時光。

獻給爸
獻給約瑟夫・清・阮（Joseph Thanh Nguyen）
獻給阮玉清（Nguyen Ngoc Thanh）
獻給我的父親

一九三三—

謝辭

這本書的內容來自我從二〇一五年到二〇二二年的一系列採訪與講座，以及那段期間我發表的大量文章。由於出版媒介及受訪、演講地點太多，我無法一一列舉，但我非常感謝給我機會分享與闡述觀點的每一位編輯和採訪者，還有邀請我發言的每一個機構。我也十分感謝為我安排這些機會的人：星期二動力（Tuesday Agency）的崔尼帝．芮（Trinity Ray）、凱文．米爾斯（Kevin Mills）、萊恩．巴爾克（Ryan Barker）和愛莉兒．勒文頓（Ariel Lewiton），以及我在格羅夫出版社的公關人員黛比．席格（Deb Seager）和約翰．馬克．波林（John Mark Boling）。

我感到相當幸運，因為有柔伊．魯伊斯（Zoë Ruiz）幫忙收集並閱讀這些採訪、演講內容和論文——總共數百篇。她從中整理出構成初稿架構的主題和精采部分。關於初稿及後來修訂版的一些想法，來自我指導的一些關於戰爭與記憶、去殖民化、批判性難民研究的研究生專題討論。我的學生都是可貴的談話對象，他們提出質疑，使我能更清晰且更深入地表達我的觀點，而且他們促使我大量閱讀。

上述的專題討論開設於南加州大學（University of Southern California）。南加州大學贊助我撰寫這本書時極重要的研究資金，包括資助我成立一個手稿研討課。在這個臨時性的手稿研討課中，吉娜・亞波斯托（Gina Apostol）、凱西・朴・洪（Cathy Park Hong）和萊拉・拉拉米（Laila Lalami）寬厚的批判性評論使我獲益匪淺，這本書的書名便是出自她們的建議。我在學術圈的諸多同事也在書稿逐漸有進展時提供回饋，他們是：鄭美玲（Meiling Cheng）、亞德里安・德・利昂（Adrian De Leon）、愛敏・勒・伊思彼利圖・甘地（Evyn Lê Espiritu Gandhi）、珍妮特・霍斯金思（Janet Hoskins）、安妮特・金（Annette Kim）、南西・路特克豪斯（Nancy Lutkehaus）、娜塔莉・孟利納（Natalia Molina）、莉蒂・毛迪利諾（Lydie Moudileno）、克里斯・穆尼茲（Chris Muniz）、凱薩琳・阮（Catherine Nguyen）、彼德・瑞菲爾德（Peter Redfield）和恩尼斯特・威爾森三世（Ernest J. Wilson III）。這本書因為他們的洞見而變得更好。

我的研究助理珍妮・黃（Jenny Hoang）也讀了初稿，還負責監督我於撰寫這本書期間研究與行政方面的大部分支援工作。她之前的研究助理麗貝卡・朴（Rebekah Park）和之後的蒂蒂・阮（Titi Nguyen）也同樣費心，她們管理事務的好本領使我得以專心寫作。一個由大學部學生組成的助理團隊協助她們，這些學生的熱情與精力使我士氣高昂：克麗絲汀・阮（Christine Nguyen）、費絲・阮（Faithe Nguyen）、湯米・阮（Tommy Nguyen）、艾胥莉・陳（Ashley Tran）和喬丹・程（Jordan Trinh）。凱薩琳・黃（Kathleen Hoang）為這本書整理的注釋尤其重要，我永遠感謝這個團隊的幫助。

作家阮藩曲邁（Nguyễn Phan Quế Mai）協助我釐清一些關於越南語言和文化的問題，記者莎朗・西蒙森（Sharon Simonson）透過深入研究聖荷西的檔案以查詢「新西貢」的資料，讓我省下大量的時間。我前往印第安敦堡峽軍事要塞時，崔維斯・穆勒（Travis Mueller）上尉及訓練中心博物館的史蒂芬妮・歐森（Stephanie Olsen）和查理・奧利格（Charlie Oellig）提供我諸多幫助，賓夕凡尼亞州國民警衛隊的布萊德・雷恩（Brad Rhen）還以照片和文章記錄了我的訪問。我的超級粉絲兼友人阿蒂亞哈・史賓克斯—法蘭克林（Adiaha Spinks-Franklin）在我最需要幫助的時候閱讀了最終版的一部分書稿，並且不斷以她投注在多種族及去殖民化正義的熱情激勵我。

作家哈莉娜・迪特洛伊（H'Rina de Troy）和達納爾・尼拉（Y-Danair Niehrah）為我解答了關於蒙塔尼亞的歷史、政治和文化問題，促使我反思我的家人在中央高地扮演的角色。越南研究小組（Vietnam Studies Group）的多位成員也幫忙回答我關於越南天主教徒於蒙塔尼亞重新安頓的問題：布萊德利・坎普・戴維斯（Bradley Camp Davis）、黛安・福克斯（Diane Fox）、艾瑞克・哈姆斯（Erik Harms）、黎軒希（Lê Xuân Hy）、愛德華・米勒（Edward G. Miller）、娜・米勒（Nhu Miller）、麥可・蒙特薩諾（Michael Montesano）、保羅・穆尼（Paul Mooney）、潘光英（Phan Quang Anh）、奧斯卡・薩爾明克（Oscar Salemink）、譚氏順化（Hue Tam Ho Tai）、菲利普・泰勒（Philip Taylor）和西蒙・托納（Simon Toner）。感謝他們分享專業知識，但我對於越南天主教徒重新安頓的解釋出自我個人的看法。

一如既往，我要謝謝我的經紀人奈特・索貝爾（Nat Sobel）和茱迪絲・韋伯（Judith Weber）提供我睿智的指點及鼓勵，還有格羅夫出版社的持續支持與信心，包括優秀的發行人摩根・恩卓金（Morgan Entrekin）、以及艾蜜莉・伯恩斯（Emily Burns）、茱蒂・霍特森（Judy Hottensen）、諾曼・杜托（Norman E. Tuttle）、薩爾・戴斯卓（Sal Destro）、格蕾琴・摩傑薩勒（Gretchen

Mergenthaler），以及為這本書設計出色封面的凱莉・溫斯頓（Kelly Winton）。我十分感謝南西・陳（Nancy Tan）、凱瑟琳・傑高維奇（Kathryn Jergovich）與茱莉亞・伯納—托賓（Julia Berner-Tobin）協助校對書稿，如果有任何錯誤都歸咎於我。最重要的，感謝才華洋溢的編輯彼得・布萊克斯托克（Peter Blackstock）使這本書以及我在格羅夫出版的每一本書都變得更出色。他擁有神奇的本領，不僅提出明智的刪減和修改的建議，同時鼓勵我持續向前邁進。

感謝麥克阿瑟基金會（MacArthur Foundation）多年來提供我獎助金，讓我得以轉換工作跑道並更易於繼續前進，其慷慨的經濟支援使我既能專心寫作，又能陪伴家人，這兩件事情同樣重要。我的孩子艾里森和西蒙妮教我的一切就如同我教他們的一樣多（我希望如此），我的伴侶暨頭號讀者唐蘭（Lan Duong）和我一樣是難民、學者、作家及在加利福尼亞州聖荷西長大的孩子，她為這本書帶來愛與共同經歷的領會，並提供我一把打開這本書最後幾頁內容的鑰匙，為這本書畫上了句點。

最後，我很感謝東哥，我的哥哥。他一直照顧我，是唯一知道我倆共同經歷的人，也是和我一樣了解爸媽的人。謝謝他同意讓我說出這個故事。

【Echo】MO0086

兩張面孔的人
一本自傳，一段歷史，一份紀念

作　　者❖阮越清 Viet Thanh Nguyen
譯　　者❖李斯毅
封面設計❖井十二
內頁排版❖李偉涵
總 編 輯❖郭寶秀
責任編輯❖江品萱
編輯協力❖沈如瑩
行銷企劃❖力宏勳

事業群總經理❖謝至平
發 行 人❖何飛鵬
出　　版❖馬可孛羅文化
臺北市南港區昆陽街 16 號 4 樓
電話：886-2-2500-0888 傳真：886-2-2500-1951
發　　行❖英屬蓋曼群島商家庭傳媒股份有限公司城邦分公司
臺北市南港區昆陽街 16 號 8 樓
客服專線：02-25007718；02-25007719
24 小時傳真專線：02-25001990；02-25001991
服務時間：週一至週五上午 09:30-12:00；下午 13:30-17:00
劃撥帳號：19863813 戶名：書虫股份有限公司
讀者服務信箱：service@readingclub.com.tw
城邦網址：http://www.cite.com.tw
香港發行所❖城邦（香港）出版集團有限公司
香港九龍土瓜灣土瓜灣道 86 號順聯工業大廈 6 樓 A 室
電話：852-25086231　傳真：852-25789337
電子信箱：hkcite@biznetvigator.com
馬新發行所❖城邦（馬新）出版集團
Cite（M）Sdn. Bhd.（458372U）
41, Jalan Radin Anum, Bandar Baru Seri Petaling,
57000 Kuala Lumpur, Malaysia.
電話：+6(03)-90563833　傳真：+6(03)-90576622
電子信箱：services@cite.my
輸出印刷❖前進彩藝股份有限公司
I S B N❖978-626-7520-56-7
E I S B N❖978-626-7520-55-0（EPUB）
初版一刷❖2025 年 01 月
紙書定價❖560 元
電子書定價❖392 元

國家圖書館出版品預行編目 (CIP) 資料

兩張面孔的人 : 一本自傳 , 一段歷史 , 一份紀念 / 阮越清 (Viet Thanh Nguyen) 著 ; 李斯毅譯 . -- 初版 . -- 臺北市 : 馬可孛羅文化出版 : 英屬蓋曼群島商家庭傳媒股份有限公司城邦分公司發行 , 2025.01

432 面 ; 14.8×21 公分 . -- (Echo ; MO0086)

譯自 : A man of two faces : a memoir, a history, a memorial.

ISBN 978-626-7520-56-7(平裝)

1.CST: 阮越清 (Nguyen, Viet Thanh, 1971-) 2.CST: 回憶錄 3.CST: 越南

785.28　　113019504